Über den Autor:
Hans Girod, 1937 geboren, ist Kriminalist. 1975 promovierte er zum Dr. jur., 1983 folgte die Habilitation. Bis 1994 war er Dozent für Spezielle Kriminalistik an der Humboldt-Universität in Berlin. Seine Arbeitsgebiete: Sexual- und Gewaltdelikte, Identifizierung unbekannter Toter, interdisziplinäre Probleme der somatischen Rechtsmedizin und forensische Psychiatrie. Als Autor wurde er mit »Das Ekel von Rahnsdorf und andere Mordfälle aus der DDR« bekannt.

Hans Girod

Der Polizistenmörder von Gera

Spektakuläre Gewaltverbrechen aus der DDR

KNAUR TASCHENBUCH VERLAG

Besuchen Sie uns im Internet:
www.knaur.de

Vollständige Taschenbuchausgabe Mai 2011
Knaur Taschenbuch.
Ein Unternehmen der Droemerschen Verlagsanstalt
Th. Knaur Nachf. GmbH & Co. KG, München
Copyright © 2008 by Das Neue Berlin Verlags GmbH, Berlin
Alle Rechte vorbehalten. Das Werk darf – auch teilweise –
nur mit Genehmigung des Verlages wiedergegeben werden.
Umschlaggestaltung: ZERO Werbeagentur, München
Umschlagabbildung: Gettyimages / Riser / Ranald Mackechnie
Druck und Bindung: GGP Media GmbH, Pößneck
Printed in Germany
ISBN 978-3-426-78304-7

2 4 5 3 1

Inhalt

Vorwort   7

Lauf weg, so schnell du kannst!   10

Geboren und vernichtet   39

Verdorbene Seelen   67

Mörderische Liebschaft   95

... und bist du nicht willig, so brauch ich Gewalt!   119

Haftbeschwerde   163

Der Polizistenmord von Gera   190

Lust auf Gewalt   222

Aufgedeckt, aber nicht aufgeklärt   243
Eine Nachbemerkung

Anhang
   Erläuterung wichtiger Begriffe und Abkürzungen   251
   Literaturverzeichnis   255
   Danksagung   256

Vorwort

Bereits mit dem Band „Blutspuren" war angekündigt worden, die Rückschau auf den speziellen Teil der DDR-Realität, nämlich ihrer spektakulären und unbekannten Tötungsdelikte, zu beschließen, weil unterdessen eine Vielzahl von Autoren dem gleichen Thema Aufmerksamkeit widmet und ein gewisser Sättigungseffekt zu vermuten war. Doch das nicht erlöschende Leserinteresse und die auf den Veranstaltungen zur Buchpräsentation nicht enden wollenenden Fragen zur Gewaltkriminalität der Vergangenheit, Gegenwart und Zukunft boten ausreichend Gründe, nicht nur den Band „Das Skelett im Wald" folgen zu lassen, sondern die Berichte über ausgewählte spektakuläre Tötungsdelikte in der DDR fortzusetzen. Unterdessen dürfte die Buchreihe durchaus den Charakter eines kleinen „Pitavals" erreicht haben.

Mit vorliegendem Band werden zehn Verbrechen aus den 60er und 70er Jahren vorgestellt. Dabei wird versucht, jedem Bericht eine andere Gewichtung zu geben, so dass einmal die Seite der kriminalistischen Aufklärung im Spannungsfeld zwischen Erfolg und Rückschlag, ein anderes Mal die Seite der sozialen und psychologischen Wirkungsfaktoren beim Zustandekommen der Verbrechen bevorzugt oder die strafrechtlichen Probleme des Falles besonders betont werden.

Auch dieses Buch ist ein Buch der Fakten. Weil aber für einige Fälle zutrifft, dass für ihre Auswertung nur unvollständiges Datenmaterial zur Verfügung stand, manche Originalakten auch gar nicht mehr aufzufinden waren, ließ es sich nicht vermeiden, bisweilen Deutungen vorzunehmen. Jedoch wären auch sie nicht ohne eine entsprechende Quantität an Fakten möglich gewesen. Dank des Erinnerungsvermögens einiger seinerzeit an der Untersuchung Beteiligten konnten sie manchmal sogar ergänzt werden. Bei Wahrung der kriminalistischen, psychologischen und kriminologischen Erfahrungssätze erlauben sie insofern eine reale Wiedergabe der Geschehen.

Aus Gründen einer angemessen Kurzfassung der Fallberichte wurden stellenweise bestimmte Handlungsabläufe gestrafft dargestellt, andere wiederum auf die kriminologisch wichtigsten Kernpunkte konzentriert. Die für eine plastische, lebendige Darstellung der Berichte erforderlichen Dialoge sind, falls sie nicht im Original wiedergegeben wurden, nach den Vernehmungsprotokollen rekonstruiert und unter Wahrung ihres Sach- und Persönlichkeitsbezuges nachempfunden worden.

Zum Schutz der Persönlichkeitsrechte von Tätern, Opfern, Hinterbliebenen und Zeugen waren auch diesmal wieder entsprechende Anonymisierungen erforderlich. Natürlich gilt das auch für die Akteure aus dem Bereich der Ermittlungsbehörden. Auch sie sind durchweg keine fiktive Figuren, selbst wenn sich in ihnen bisweilen mehrere Personen ihres dienstlichen Umfelds vereinen. Der mit dem jeweiligen Untersuchungsmilieu Vertraute wird eine individuelle Zuordnung treffen können.

Das beispielhafte Darstellen herausragender Tötungsdelikte aus der DDR rechtfertigt aber auch den Hinweis, dass gerade in den 60er und 70er Jahren unter den Morduntersuchern herausragende Männer wirkten, die als Leitfiguren für etliche Kriminalistengenerationen gelten dürften und deren Leistung niemals angemessen gewürdigt wurde. Es waren vortreffliche Menschenkenner, Beobachter und unbestechliche Spürnasen, deren detektivischer Eifer jeden Mitstreiter anstecken konnte. Namen wie beispielsweise Helmut Herold (Potsdam), Heinz Kabel (Frankfurt/O.), Rolf Kluge (Chemnitz), Gerhard Kobsch (Dresden), Adalbert Winter (Magdeburg), deren Reihe sich fortsetzen ließe, haben das Profil der damaligen Mordkommissionen wesentlich bestimmt. Neulinge lernten an ihren Erfolgen ebenso wie an ihren Rückschlägen. Es waren Autoritäten mit unbestrittener fachlicher und ethischer Kompetenz, die bei Verzicht auf weitere Karriere dem Sachgebiet der Morduntersuchung viele Jahre lang die Treue hielten – ein Umstand, den man heutzutage in der Polizei vermisst.

Da sich das Buch an die Freunde der kriminalistischen Sachliteratur wendet und sich nicht allein mit der reinen Beschreibung der Fälle erschöpfen will, wurden, wie in der Vergangenheit in dieser Reihe auch, in die Fallberichte bisweilen gestraffte kriminologische, forensische und rechtliche Exkurse mit aktuellen Bezügen installiert. Sie sind durch ein anderes Schriftbild kenntlich gemacht. Diese kommentierenden Gedankensplitter sollen als Erläuterung bestimmter Sachverhalte verstanden werden und erheben keinen Anspruch auf Vollständigkeit.

Auch diesmal wird darauf hingewiesen, dass das Buch keine wissenschaftliche Abhandlung ist und die Literaturangaben sich lediglich auf grundsätzliche Quellenangaben beziehen.

Schließlich bleibt anzumerken: Am Schluss des Buches sind die wichtigsten Fachbegriffe und Abkürzungen in einem Glossar zusammengefasst, und die bei den jeweiligen Fallberichten angeführten Aktenzeichen sollen dem beruflich Interessierten den Zugang zum Originalmaterial erleichtern.

Mit der bisherigen freundlichen Aufnahme der Bücher aus dieser Reihe knüpft sich die Erwartung, ihre Inhalte nicht allein auf den Unterhaltungswert zu beschränken, sondern sie auch als Anregung für eine Analyse des Vergangenen zu verstehen. Sie soll gleichsam auch den gegenwärtigen und zukünftigen Blick auf die Rechtssicherheit sensibilisieren, der – durch mancherlei politische und gesellschaftliche Unbilden allzu leicht getrübt – die drohenden Gefahren ihres Abbaus verschleiern könnte. Ihnen entgegenzuwirken ist für den Fortbestand umfassender Rechtssicherheit nötig, und das erfordert unablässig die kritische Aufmerksamkeit aller.

Altdorf/Niederbayern, August 2008

Hans Girod

Lauf weg, so schnell du kannst!

Aktenzeichen Bezirksgericht Cottbus 2 Bs 1/68,
Bezirksstaatsanwalt Cottbus BI 8/67

Vor den südöstlichen Toren Berlins liegt die Ortschaft Groß Köris, eingebettet in eine ausgedehnte Waldlandschaft, die von zahlreichen Kanälen und Seen durchbrochen ist und weiter nach Südosten in den Spreewald übergeht. Dort lebt unweit des Zemminsees die vierköpfige Familie Richter, redlich und unauffällig: Ursula, die Mutter (38), jobbt als Wirtschaftshilfe im nahen Zentralen Pionierlager „Heinrich Rau", in dem alljährlich Hunderte von Kindern die Sommerferien verleben oder außerhalb der Saison FDJ-Funktionäre politisch-ideologisch auf Linie gebracht werden. Klaus Richter (40), der Vater, kutschiert einen „Ikarus"-Bus im Linienverkehr. Katharina, die sechzehnjährige große Tochter der Familie, ist strebsame Schülerin der 10. Klasse einer EOS in Königs Wusterhausen. Und schließlich Christiane (11), dunkelblond, mit Pferdeschwanz, Fünftklässlerin der Polytechnischen Oberschule in der Berliner Straße, ein munteres, fröhliches Kind und das Nesthäkchen der Familie.
Das Leben der Richters vollzieht sich durchweg geordnet in bescheidenem Wohlstand. Und so verstreicht die Zeit. Bis zu jenem Tag, an dem ein unheilvolles Ereignis über den innerfamiliären Alltag hereinbricht, das Bangen und Entsetzen auslöst und trotz seines glimpflichen Ausgangs dennoch eine lebenslange seelische Wunde zurücklässt.
Und dabei beginnt dieser Tag so vielversprechend ...

Es ist Donnerstag, der 4. Mai 1967. Am Morgen. Die Nebelfetzen über dem Zemminsee fliehen vor den wärmenden Sonnenstrahlen. Ein freundlicher Frühlingstag kündigt sich an. Endlich! Schluss mit der Kälte und den heftigen Winden der letzten Wochen. Ursula und Klaus Richter gehen längst ihrem Tagwerk nach, haben auf leisen Sohlen bereits zu früher Stunde das Haus verlassen, um ihre Mädchen nicht zu wecken. Denn es sind Maiferien, wie überall im Land. Also eine Woche lang kein

Schulstress, stattdessen genüssliches Schlafen bis in die Puppen und Tagesgestaltung nach Herzenslust.

Beiläufig bemerkt, bescherte das „einheitliche sozialistische Bildungssystem" den DDR-Schülern jährlich etwa 115 Tage Ferien, während beispielsweise die Schüler in der „selbstständigen politischen Einheit Westberlin" – wie Berlin (West) der politischen Terminologie der DDR-Führung zufolge bezeichnet wurde – pro Schuljahr durchschnittlich nur mit knapp 60 Ferientagen bedacht wurden.

Ihre beiden Töchter viele Stunden allein zu lassen, ist für die Eltern schon lange kein Problem mehr. Denn: Katharina ist selbstständig, fast erwachsen und besitzt inzwischen die notwendige Autorität, um erforderlichenfalls das quirlige Nesthäkchen zur Räson zu bringen. Aber dazu gibt es keinen Anlass, denn Christiane verhält sich auffällig folgsam. Sie wartet frohgemut und begierig auf den nächsten Samstag, ihren Geburtstag. Dann wird sie nämlich zwölf Jahre alt. Katharina hat aus diesem Grund die Gestaltung einer zünftigen Kinderparty übernommen – also Grund genug, die große Schwester nicht zu verärgern.

Nach dem späten Frühstück besprechen die Schwestern letzte Einzelheiten des bevorstehenden Events. Dabei fällt ihnen auf, dass eine weitläufige, allgemein schenkfreudige Verwandte der Mutter, die im 15 Kilometer entfernten Oderin lebt, nicht auf der Gästeliste steht. Katharina weiß, dass ein Brief auf dem Postweg mehrere Tage unterwegs wäre und ein Telefonanruf mangels erforderlichen Apparats sowieso nicht infrage kommt. Deshalb schlägt sie einen persönlichen Besuch vor. Zwar zuckelt mehrmals täglich ein Bummelzug von Groß Köris nach Oderin, doch angesichts des herrlichen Frühlingswetters entschließt sie sich zu einem motorisierten Ausflug mit dem elterlichen Moped. Immerhin ist sie seit einem knappen Jahr stolze Besitzerin des lang ersehnten „Berechtigungsscheins zum Führen von Kleinkraft-rädern" und darf seitdem das Gefährt gelegentlich benutzen. Chris-tiane ist begeistert von dem Angebot, denn eine Spritztour mit dem „Wiesel" – das Moped aus dem VEB Indus-

triewerke Ludwigsfelde – verspricht trotz seiner knochenharten Sitzbank einen viel größeren Spaß.
Kurz nach 11 Uhr sind die Mädchen startbereit und begeben sich zum Schuppen. Katharina befreit das Moped von der schützenden Plane und rollt es ins Freie. Nach einigen Startschwierigkeiten knattern die beiden los, missachten aber die merkwürdigen Nebengeräusche, die der Motor warnend von sich gibt. Katharina hat längst vergessen, dass sich der Vater Tage zuvor bemühte, einen Motordefekt am „Wiesel" zu beheben. Aber er konnte das Gefährt nur notdürftig wieder flottmachen. An diese Begebenheit wird sie sofort erinnert, als nach wenigen Hundert Metern Fahrt, ganz in der Nähe der Gaststätte „Gesellschaftshaus", der offensichtlich morbide Motor einen letzten Seufzer von sich gibt und sich hartnäckig allen weiteren Startversuchen widersetzt. Die Mädchen sind verärgert. Christiane wartet am Straßenrand und verfolgt eine Zeitlang ungeduldig die freilich dilettantischen Aktionen der großen Schwester, den Defekt vielleicht beheben zu können. Genervt stellt Katharina schließlich ihre Wiederbelebungsversuche am „Wiesel" ein. Ihr kommt der Gedanke, das streikende Gefährt einstweilen bei Bekannten, die ganz in der Nähe wohnen, abzustellen. Es bis nach Hause zu schieben, scheint ihre Geduld und Kräfte zu überfordern. Sie überprüft den Inhalt ihrer Geldbörse, blickt auf ihre Armbanduhr und fordert Christiane kurz entschlossen auf: „Warte hier, ich bring die blöde Karre zu Olbrichts. Wir fahr'n mit'm Zug, den schaffen wir noch!"
Und während sie das defekte Moped von dannen rollt, verharrt Christiane brav an Ort und Stelle.
Es vergehen nur wenige Minuten und Katharina ist mit der Gewissheit zurück, dass sich das verdammte Vehikel in sicherer Obhut befindet. Doch sie ist bestürzt, als sie Christiane nicht mehr an der ausgemachten Stelle vorfindet. So sehr sie auch die benachbarten Straßen absucht, die kleine Schwester ist wie vom Erdboden verschluckt. Schließlich eilt Katharina zum Bahnhof, vermutet, Christiane könnte schon vorausgegangen sein. Verzweifelt irrt sie auf dem Bahnsteig zwischen den wartenden Reisenden umher, kann Christiane jedoch nirgendwo entdecken. Der Zug nach Lübben fährt ein, hält für einen Moment, einige

Menschen steigen aus, andere ein, dann verlässt er schnaufend den Bahnhof Groß Köris. Eine Minute später ist der Bahnsteig menschenleer. Katharina fragt den Mann mit der roten Mütze. Doch der zuckt bedauernd mit der Schulter, versichert, dass seinem kritischen Blick ein kleines Mädchen ohne Begleitung nicht entgangen wäre. Katharina verlässt gehetzt den Bahnhof, sucht auf gut Glück weitere Straßen ab, befragt Passanten und Anlieger. Vergeblich. Getrieben von Selbstvorwürfen, die kleine Schwester für kurze Zeit allein gelassen zu haben, eilt sie schließlich nach Hause zurück. Noch hofft sie, Christiane könnte inzwischen dort wieder eingetroffen sein. Doch das Haus ist menschenleer. Herb enttäuscht, dass sich ihre Zuversicht nicht bestätigt, vervielfacht sich Katharinas Ratlosigkeit. Zurück bleibt der schwache Trost, Christiane werde sich ihres gedankenlosen Entfernens von der vereinbarten Stelle am Gesellschaftshaus bald bewusst, um dann rasch heimzukehren. Banges Warten folgt. Doch die kleine Schwester findet sich nicht ein. Von Stunde zu Stunde wachsen Katharinas Zweifel. Schließlich gewinnen dunkle Vorahnungen die Oberhand, Christiane könnte sich womöglich in einer bedrohlichen Lage befinden. Aber Unruhe und Ausweglosigkeit lähmen jede weitere Aktivität. Jetzt erhofft Katharina nur noch die pünktliche Heimkehr der Mutter.

Am gleichen Tag in den frühen Nachmittagsstunden. Etwa sechzig Kilometer südlich von Groß Köris in der Lübbenauer Heide. Dieser Forst bildet zwischen den Ortschaften Groß Lübbenau, Kahnsdorf und Bischdorf etwa die Form eines mehrere Quadratkilometer großen Dreiecks, östlicherseits begrenzt durch die Autobahn nach Cottbus und die Berliner Chaussee. Noch ist nirgends zu spüren, dass wenige Jahre später dieser Wald und die Gemeinde Kahnsdorf dem Kohletagebau zum Opfer fallen werden.
Die dichten Kiefernbestände bieten ein charakteristisches Bild: Fast überall finden sich an den schlanken Baumstämmen die knapp meterlangen, federartig ausgeschabten Rissflächen, die der Förster „Lachten" nennt, in deren Mitte abwärts führende Tropfrinnen herausblutendes Harz in blumentopfähnliche Gefäße leitet. Auf diese Weise wird, wie in vielen anderen Kiefernwäl-

dern der DDR auch, der begehrte Kiefernrohbalsam gewonnen – ein Ausgangsstoff für die Herstellung von Terpentinöl, Kolophonium, optischen Kitten, Farben und diversen Produkten der Pharmazeutik.

Der Ertrag aus der exzessiven Förderung von Rohharz, der im DDR-Maßstab pro Saison immerhin knapp 14000 Tonnen erreicht, besitzt einen beachtlichen volkswirtschaftlichen Stellenwert. Geringfügig dient er dem Eigenbedarf der DDR. Der weitaus größte Teil jedoch ist für den Export in Länder mit harter Währung bestimmt. Fast zehn lange Jahre muss eine Kiefer den rigorosen Aderlass erdulden, ehe sie gefällt wird, um als Brennholz letzte Verwendung zu finden.

Herr über die Rohharzgewinnung in diesem Territorium ist Andreas Herold (57), ein untersetzter, stämmiger Typ von der staatlichen Försterei Groß Lübbenau. Für DDR-Verhältnisse üppig entlohnt, übt er den einsamen Job als sogenannter Harzer aus – ein traditionelles Handwerk, das, nebenbei bemerkt, mit dem Zusammenbruch des Arbeiter-und-Bauern-Staates fortan nicht mehr existieren wird.
Bereits seit den frühen Morgenstunden ist er im Wald unterwegs, überprüft gewissenhaft Baum für Baum, hängt Harztöpfe auf, zieht vorjährige Rissflächen und Tropfrinnen nach und versieht die Rinde von bisher unversehrten Stämmen mit neuen Lachten. Das Lachtenschneiden ist eine anstrengende Tätigkeit, die gehörige Muskelkraft erfordert, aber auch Feingefühl, um lebenserhaltende tiefere Schichten der Kiefernrinde nicht zu verletzen. Die Stunden vergehen, und der sonnige Tag fördert Herolds Arbeitseifer. Immerhin muss er auf die beschriebene Weise ein wöchentliches Pensum von reichlich 2000 sogenannten Lachtenmetern bewältigen.
Aber gegen 14.30 Uhr ist Brotzeit angesagt. Der Harzer unterbricht seine Arbeit, ordnet sein Werkzeug und macht sich auf, durchquert das Unterholz in Richtung des alten Forstwegs. Ziel ist sein angestammter Pausenplatz – eine alte Holzbank, auf der gewöhnlich die Wanderer rasten. Instinktiv orientiert sich Herold an den Verkehrsgeräuschen, die von der fernen Autobahn zu ihm

dringen. So zwängt er sich mit sicherem Schritt durch das teilweise mannshohe Buschwerk. Unter seinen Füßen zerknackt geräuschvoll das am Boden liegende, morsche Geäst. Als er den Waldweg fast erreicht hat, ertönt aus der Nähe plötzlich ein gellender Schrei, der gleich darauf in ein kurzes, erbärmliches Winseln übergeht. Augenblicke später ist Stille. Herold zuckt zusammen, spitzt die Ohren. War das ein Kind? Dieser Schrei kam aus Richtung Autobahn. „Da muss was Schlimmes passiert sein!", sagt ihm sein Instinkt: Vielleicht ein Unfall? Herold ist aufs Äußerste gespannt, hört in den Wald hinein. Doch es ist ruhig wie sonst auch. Schritt für Schritt, leise und bedacht, pirscht er durch das Unterholz, versucht die Stelle zu finden, von der er den Schrei vernahm. Da! Von Bäumen und Strauchwerk halb verdeckt, erspäht er am Rande des Waldwegs einen abgestellten PKW. Es ist ein blau-grauer „Moskwitsch 407" – eine benzinfressende Limousine aus den traditionsreichen Moskauer Autowerken, für das die DDR-Bürger den wenig schmeichelhaften Namen „Rostquietsch" fanden. Ein beiläufiger Blick auf das polizeiliche Kennzeichen, und Herold erkennt aus dem Anfangsbuchstaben „Z", dass es im Bezirk Cottbus amtlich gemeldet ist. Da er niemanden bemerkt, schenkt er dem Fahrzeug zunächst keine weitere Beachtung und schleicht vorsichtig weiter.
Nach reichlich zwanzig Metern, wenige Schritte von einer kleinen Lichtung entfernt, vernimmt er von dort mehrere dumpfe Schläge und ein kurzes, ersticktes Stöhnen. Sofort hält Herold inne, geht hinter einem Baumstamm in sichere Deckung und äugt unbemerkt auf die Lichtung. Was er nun erblickt, ist zwar ein höchst unvollständiges Bild, dennoch lässt es das Blut in seinen Adern erstarren: Im Gras liegt eine ausgebreitete dunkelgraue Decke, darauf ein splitternacktes, offensichtlich lebloses, kleines Mädchen, dessen Kopf heftig blutet. Ein Mann, bekleidet mit einer blau-gelben Windbluse, beugt sich darüber und schlägt eilig die beiden Längsenden der Decke über den kleinen Körper. Mit einer Hand ergreift er eine im Gras liegende, fast halbmeterlange Rohrzange und die Bekleidung des Kindes, mit der anderen packt er die Decke und zerrt sie wie einen schlaffen Sack durch das Dickicht zu dem parkenden Auto. Vor dem Heck legt er den in die Decke lose eingeschlagenen Körper, das

eiserne Werkzeug sowie die Kleidungsstücke ab und öffnet den Kofferraum. Herold stockt der Atem. Sogleich wird ihm klar, Zeuge der letzten Phase eines schändlichen Verbrechens zu sein. Für einen Moment vor Entsetzen und Angst fassungslos, starrt er auf die unwirkliche Szene. Doch er hat alle Sinne wieder beisammen, als der Mann in der blau-gelben Windbluse gerade ansetzt, den leblosen Körper in den Kofferraum zu heben. Entschlossen verlässt Herold seine Deckung und brüllt: „Was ist los hier?" Der Mann am Auto zuckt überrascht zusammen, ist für einen Lidschlag lang total verdattert, ehe er die für ihn bedrohliche Situation erfasst. Blitzschnell ergreift er die am Boden liegende Rohrzange, stürzt drohend auf Herold zu und zischt: „Hier kommst du nicht mehr lebend raus!" Der aber weicht zurück, bemerkt jedoch, wie das nackte, blutende Mädchen zu sich kommt, sich aus der Decke befreit und taumelnd vom Boden erhebt. Und während er vor dem furchteinflößenden Typ mit der Rohrzange im Zickzack durch das Unterholz flüchtet, kann er dem Kind, das unterdessen verwirrt auf dem Forstweg herumtapst, aus Leibeskräften zurufen: „Lauf weg, so schnell du kannst!"
Als Herold einen letzten, flüchtigen Blick auf das nackte Mädchen wirft, ehe er vollends im Dickicht untertaucht, scheint ihm, dass es sich soweit gefasst hat, um geradewegs davon zu laufen. Sodann liefert er sich mit dem Mann, der fortwährend weitere Morddrohungen ausstößt und bedrohlich mit der Rohrzange herumfuchtelt, eine brandgefährliche Verfolgungsjagd durch den Wald. Doch mit einem Mal gibt der Verfolger sein Vorhaben auf, offenbar, weil der Selbstschutz ihn dazu treibt. Denn Herold beobachtet aus sicherer Entfernung, wie der Mann in der blaugelben Windbluse plötzlich zum Moskwitsch zurückhastet, einen Moment vergeblich nach dem nackten Mädchen Ausschau hält, dann überstürzt Decke, Rohrzange und Kleidungsstücke im Kofferraum verstaut, den Wagen startet und mit Vollgas davonfährt, glücklicherweise entgegengesetzt zur Fluchtrichtung des Kindes. Herold atmet auf, ist wieder zu klaren Gedanken fähig. Nun gilt seine Sorge allein dem Kind, und er hofft inständig, dass der Unhold nicht weiter nach ihm sucht, sondern endgültig auf und davon ist.

Inzwischen ist es kurz vor 15 Uhr. Jetzt ist schnelle Hilfe vonnöten, denn das Mädchen ist am Kopf offenbar erheblich verletzt, zudem völlig unbekleidet, und das bedeutet trotz des verhältnismäßig milden Frühlingswetters eine akute, lebensbedrohliche Unterkühlungsgefahr. Eilig durchstöbert Herold das Strauchwerk, das den Forstweg säumt, bis hin zur Berliner Chaussee. Doch er kann das kleine Mädchen nirgends entdecken. Kurz entschlossen bricht er die unsystematische Suche ab. Jetzt bleibt ihm nur die vage Zuversicht, dass sich das Kind inzwischen in Sicherheit bringen konnte. Die Polizei zu alarmieren, hat nun absoluten Vorrang. Und: Im Dauerlauf eilt er zur Försterei. Dort kann er telefonieren.

Was Herold in diesen letzten, aufregenden Minuten nicht wissen kann – seine schwache Hoffnung hat sich auf wundersame Weise längst erfüllt. Denn das verletzte Mädchen kann sich mit letzter Kraft bis zur Berliner Chaussee schleppen, ehe es dort mitten auf der Fahrbahn bewusstlos zusammenbricht.
Ein Kraftfahrer des Fleischverarbeitungsbetriebs Vetschau, der gerade mit seinem „Barkas" unterwegs ist, traut seinen Augen nicht, als er ein völlig unbekleidetes Kind regungslos auf dem Pflaster liegen sieht. Geistesgegenwärtig stoppt er den Transporter, eilt hinzu, nimmt die Kopfverletzung und die merkliche Unterkühlung des kleinen, blassen Körpers, gottlob aber auch ein deutliches, wenn auch langsames, flaches Atmen wahr. Rasch bedeckt er das Kind mit seiner Jacke und trägt es behutsam zu seinem Fahrzeug. Binnen weniger Minuten hat er die Betriebspoliklinik des Großkraftwerks Vetschau erreicht. Aufgeregt übergibt er das bewusstlose Kind, schildert glaubhaft die seltsamen Umstände, unter denen er es vorfand, und überlässt alles weitere den Doktoren, die nicht vergessen, vorsorglich die Personalien des Retters festzuhalten. Die ärztliche Diagnose ist eindeutig: Massive Gehirnerschütterung nach Impressionsfraktur des Schädeldachs. Eine chirurgische Notversorgung folgt. Da aber eine tiefere Verletzung der Hirnsubstanz nicht ausgeschlossen werden kann, besteht die Gefahr der Herausbildung eines sogenannten intrakraniellen Hämatoms, eine auf das Hirn Druck ausübende, raumfordernde, lebensbedrohliche Blutung. Besonders

bedenklich ist die immer noch bestehende Bewusstlosigkeit des namenlosen Mädchens. Unter diesen Bedingungen ist eine unverzügliche intensivmedizinische Spezialbehandlung erforderlich. Die aber kann in der Poliklinik nicht erfolgen.
Es verstreichen nur wenige Minuten, und schon rast ein Krankenwagen mit Blaulicht und Martinshorn über die Landstraße zum reichlich zehn Kilometer entfernten Kreiskrankenhaus nach Calau.
Die Ärzte der Unfallabteilung erkennen sofort den Ernst der Lage und zeigen vollen Einsatz. Dank ihrer Kunst ist kurz nach 17 Uhr die akute Lebensbedrohung erfolgreich abgewendet worden. Die Prognose wird als günstig eingeschätzt, wenn im Nachhinein keine neurologischen Komplikationen auftreten. Operationsbedingt bleibt die kleine Patientin aber auch weiterhin nicht ansprechbar.
Die Mediziner sind sich aber auch der folgenschweren forensischen Bedeutung der Sachlage bewusst. Denn allein die von dem „Barkas"-Fahrer geschilderten absonderlichen Auffindungsumstände und die stumpfe Gewalt gegen den Schädel des namenlosen, splitternackten Kindes begründen den Verdacht einer schweren, möglicherweise sexuell motivierten Straftat. Und ein solcher Umstand ist unverzüglich den zuständigen Behörden zu melden.
Gegen 18 Uhr greift der Oberarzt der Unfallabteilung des Krankenhauses zum Telefon und verständigt den Amtsarzt über die Sachlage. Der wiederum leitet die Informationen gemäß der „Anordnung über die Meldepflicht bei Verdacht auf strafbare Handlungen gegen Leben und Gesundheit" an die Polizei in Calau weiter.

Zur gleichen Zeit im VPKA Calau. Die Anspannung der letzten Monate, die der Politmarathon des VII. Parteitages in Form von Sondereinsätzen, erhöhter Einsatzbereitschaft, wochenlanger Urlaubssperre und unzähligen Überstunden mit sich brachte, hat sich schon vor einigen Tagen gelöst. Der polizeiliche Dienstbetrieb verläuft wieder normal, und pünktlicher Feierabend ist halbwegs gesichert. Nach 17 Uhr ist es daher ruhig in dem sonst so geschäftigen Haus. Nur in den Räumen der Einsatzleitung herrscht die übliche Betriebsamkeit. Hauptmann Jens Klauer (44), der Operative Diensthabende, kurz ODH, befehligt diese Leitstelle für die polizeilichen Aktivitäten im Landkreis. Er steuert die deliktspezifisch genau festgelegten Sofortmaßnahmen, regelt den Kräfteeinsatz, kooperiert mit anderen Dienststellen, erteilt Anweisungen oder gibt sie weiter, erfüllt Meldepflichten gegenüber seinem übergeordneten Amtsbruder in der BDVP Cottbus oder der Zentrale in Berlin. Kurzum, bei ihm konzentrieren sich alle eingehenden Informationen aus der aktuellen polizeilichen Lage, und von ihm aus werden sie an die entsprechenden Adressaten weitergeleitet. Ihm zur Seite steht ein Gehilfe, der gewöhnlich den Papierkram erledigt, Fernschreiben absetzt, den sogenannten Lagefilm führt und manchmal auch den Kaffee kocht.

Klauer selbst thront hinter einem mit topografischen Karten, Karteikästen, Schaltern, Lautsprechern, Mikrofonen und Telefonen überladenen, fast drei Meter langen Tresen. Von dieser Kommandozentrale aus hat er vor einigen Stunden den spektakulären Anruf des in höchstem Maße fassungslosen Harzers Andreas Herold aus Groß Lübbenau entgegengenommen, der über den Polizeinotruf 110 direkt bei ihm landete. Der Mann am anderen Ende der Leitung konnte vor Erregung kaum einen zusammenhängenden Satz von sich geben. Klauer war zunächst argwöhnisch, musste sich die Gesprächsaufzeichnung mehrmals anhören. Fragen tun sich auf: Ist etwas dran an der obskuren Geschichte? Ist der einsame Waldarbeiter etwa Opfer seiner eigenen Fantasie? Tritt womöglich ein Täter auf diese Weise die Flucht nach vorn an?

Klauer ließ in der BDVP gleich überprüfen, ob vor Kurzem der Vermisstenfall eines etwa zehn Jahre alten Mädchens angezeigt wurde. Ergebnis: Fehlmeldung. Um ganz sicher zu gehen, gab er schließlich der Polizeiwache in Lübbenau die Anweisung, schnurstracks Herold in der Försterei aufzusuchen, ihn kritisch zu befragen, den vermeintlichen Tatort in der Waldlichtung und die Parkstelle des verdächtigen Moskwitsch auf dem Forstweg zu inspizieren, ob dort brauchbare Spuren gesichert werden können. „Sofortige Rückmeldung", lautete sein Befehl. Doch bis dahin heißt es abzuwarten.

Dass Klauers Anweisung richtig, sein Argwohn jedoch unnötig war, bestätigen die Ereignisse der nächsten Stunden. Denn es fügt sich bereits günstig, als der Amtsarzt seine Meldung über das unbekannte Kind macht und wenigstens in dieser Hinsicht Herolds abenteuerliche Schilderung bestätigt. Damit zeigt der mysteriöse Fall erste Konturen, wenngleich die bisherige Ausgangslage noch keine Ansätze für offensives polizeiliches Handeln bietet. Also gilt es, weiter zu sammeln und Erlangtes zu objektivieren, bis eine täterbezogene Fahndung möglich ist. Hauptmann Klauer beauftragt nun die Kriminalisten des Bereitschaftsdienstes aus dem Kommissariat III, den Oberarzt des Kreiskrankenhauses und den Kraftfahrer aus dem Fleischverarbeitungsbetrieb Vetschau unverzüglich als Zeugen zu vernehmen.

Endlich, kurz nach 20 Uhr, treffen die ersehnten Rückmeldungen ein. So liefern die uniformierten Gesetzeshüter aus Lübbenau nach dem Gespräch mit dem Anrufer Herold nicht nur eine brauchbare Personenbeschreibung des Unholds mit der Rohrzange, sondern vor allem das komplette amtliche Kennzeichen seines blau-grauen Moskwitsch. Außerdem haben sie die verdächtige Waldlichtung inspiziert und Reifeneindruckspuren an der Parkstelle des PKW auf dem Forstweg vermessen und fotografiert. Der Calauer Kriminaldienst wiederum informiert den ODH über die Befragung des Oberarztes der Unfallstation ebenso wie über die Aussagen des Kraftfahrers aus dem Fleischverarbeitungsbetrieb Vetschau, der übrigens auch die Stelle auf der Berliner Chaussee zeigen konnte, an der das bewusstlose Mädchen lag. Ob die dort gesicherten Spuren allerdings fallrelevant sind, wird sich später zeigen. Allein die bisher vorliegenden Fakten entlasten den Harzer Herold, und Klauers Argwohn gegen ihn schwindet zusehends.

Eine knappe Stunde später telefoniert er mit dem ODH der BDVP in Cottbus und informiert ihn vorab über den aktuellen Stand der Dinge, ehe er seinem Adlatus den offiziellen Text der sogenannten Sofortmeldung diktiert.

Unter der Überschrift „Verdacht des vorsätzlichen Tötungsversuchs an nicht identifiziertem, etwa zehnjährigen Kind weiblichen Geschlechts" tickert wenig später ein mehr als halbmeter-

langes Fernschreiben an die übergeordnete Dienststelle in Cottbus mit dem Vorschlag einer Fahndungsauslösung im gesamten Bezirk. Nach der Entscheidung über die erforderliche Fahndungsstufe wird dann von dort aus die Zentrale in Berlin in Kenntnis gesetzt, die wiederum die Diensthabenden aller Bezirksbehörden im Lande informiert. Es ist ein knapper, dennoch präziser Sachstandsbericht, der die bislang angewiesenen operativen Maßnahmen und deren Ergebnisse ebenso wiedergibt wie das für eine Fahndung unerlässliche Signalement des vermutlichen Täters und das polizeiliche Kennzeichen seines Autos.
Wenn auch die Identität des splitternackten Mädchens aus der Lübbenauer Heide immer noch nicht feststeht, liegen doch, was den unbekannten Moskwitschfahrer anbelangt, beste Voraussetzungen für seine Ergreifung vor. Dann kann auch das Rätselraten um die Herkunft des Kindes bald ein schnelles Ende finden. Klauer ist in dieser Hinsicht zuversichtlich.

Jede moderne Polizei verfügt über ein wohlorganisiertes System abgestimmter und ineinander übergreifender Maßnahmen, um Fahndungsobjekte (Personen und/oder Sachen) schnell und sicher aufspüren zu können.
Die speziellen rechtlichen Gründe für das Auslösen von Fahndungen ergeben sich aus der Strafprozessordnung (in der DDR die §§ 138, 139 StPO bzw. in der Bundesrepublik die Abschnitte 9 und 9a StPO). Sie regelt, dass zur Durchsetzung der Strafverfolgung und -vollstreckung flüchtige oder sich versteckt haltende Beschuldigte oder Angeklagte dingfest zu machen sind (Grundlage ist der Erlass eines Haftbefehls oder Steckbriefs durch den Staatsanwalt).
Aber auch im Zusammenhang mit der Straftatenaufdeckung und -vorbeugung sowie zum Schutz der öffentlichen Sicherheit und Ordnung sind bei Vorliegen der entsprechenden gesetzlichen Voraussetzungen Fahndungen möglich. Sie dienen neben dem Aufspüren von vermissten Personen hauptsächlich der vorläufigen Festnahme, der Zuführung von Verdächtigen im Rahmen der Prüfung von Anzeigen und Mitteilungen, der Vorführung von Angeklagten zur Hauptverhandlung oder zur richterlichen Ver-

nehmung, aber auch von Zeugen, wenn diese trotz ordnungsgemäßer Ladung nicht vor dem „Organ der Strafrechtspflege" erscheinen.
Innerhalb der Volkspolizei wurden die Fahndungsarten „Großfahndung", „Eilfahndung Stufe I", „Eilfahndung Stufe II" und „Dauerfahndung" (wurde später verändert in „Allgemeinfahndung") unterschieden. Für ihre Realisierung standen diverse sogenannte Fahndungsmittel zur Verfügung wie z. B. zentrale Fahndungskarteien, Fahndungsbücher (jeden 2. Monat erfolgte eine aktualisierte Neuauflage), interne Fahndungsinformationen, fahndungsmäßige Nutzung der sogenannten Hausbucheintragungen, der Hotelmeldescheine (Hotels und Pensionen hatten sie jede Nacht der Polizei zur Kontrolle vorzulegen), Lautsprecherdurchsagen, Pressemitteilungen, Sonderdrucke (z. B. Handzettel, Aushänge).
Fahndungsarten, wie sie gegenwärtig in der Polizei gebräuchlich sind, wie z. B. Ziel-, Schleier-, Schleppnetz- oder Schwerpunktfahndungen, waren aufgrund des damaligen Entwicklungsstandes ebenso unbekannt wie die heutzutage nicht mehr wegzudenkenden, vernetzten computergestützten Zugriffe auf fahndungsdienliche Datenbanken. Die Nutzung des Staatsfernsehens für spezielle Fahndungsersuche (ähnlicher Art wie die von Eduard Zimmermann im Jahre 1967 beim ZDF etablierte Sendereihe „Aktenzeichen XY – ungelöst") blieb trotz vorhandener Konzepte der DDR-Kripo verwehrt.
Vor allem in den 50er und 60er Jahren spielte die Fahndungsarbeit bei vielen Volkspolizisten subjektiv eine eher untergeordnete Rolle, was vermutlich auf zwei Ursachen zurückgeht:
Zum einen: Die polizeihistorisch umfangreichste Großfahndung der DDR im sogenannten Tschechenkrieg, Oktober 1953, wurde von unverzeihlichen Führungspannen begleitet. Was war geschehen? Nach mehreren Morden, Sabotageakten und Sprengstoffanschlägen drang eine fünfköpfige Gruppe antikommunistischer Terroristen aus der damaligen ČSR auf der Flucht vor den tschechischen Sicherheitsorganen in das Gebiet der DDR ein, um sich mit Waffengewalt nach Westberlin durchzuschlagen. Trotz des gewaltigen Aufgebots von zehntausend schwer bewaffneten Fahndungskräften (fünftausend Polizisten, fünftausend Soldaten

der sowjetischen Besatzungsmacht) war die Bilanz niederschmetternd: Drei Mitgliedern der Gruppe gelang es, sich den Weg nach Westberlin freizuschießen. Nur zwei Täter konnten verhaftet werden. Sechs Polizisten fanden den Tod, dreizehn wurden zum Teil schwer verletzt (auch durch friendly fire). Allerdings blieben die gravierenden taktischen Fehlleistungen bei dieser Fahndungsoperation für die hochrangigen Hauptverantwortlichen ohne Folgen, die Geschehnisse wurden schnurstracks mit dem Mantel des Schweigens zugedeckt. Doch die angeordnete Verdrängung versagte. Denn bis weit in die 60er Jahre waren die damaligen Vorfälle an der Polizeibasis insgeheim immer wieder Gegenstand von unerwünschten Analysen und hämischen Kommentaren. Lediglich an der Polizeihochschule im fernen Moskau diente der „Tschechenkrieg" als höchstoffizielles Schulbeispiel für vermurkste Fahndungstaktik.
Zum anderen: Abgesehen vom beachtlichen Anteil vermisster Personen blieb bis weit nach dem Mauerbau die Zahl der Fahndungen im Rahmen der allgemeinen Kriminalität gegenüber dem Fahndungsanteil bei Verletzung politischer Tatbestände (vorwiegend „ungesetzlicher Grenzübertritt" gem. § 213 StGB) auffallend gering. Selbst nach vollendeter „Republikflucht" erfolgte die Löschung der Fahndungsausschreibung aber erst später, was den „Grenzkontrollorganen" der DDR noch lange Zeit einen Zugriff ermöglichte, wenn z. B. die Abtrünnigen auf dem Wege von oder nach Westberlin unbedacht DDR-Territorium betraten oder befuhren. Auch diese unliebsame Tatsache dämpfte bei vielen Polizeiangehörigen die von der Obrigkeit geforderte offensive Einstellung zur Fahndungstätigkeit. Dass in einem vertraulichen Ausbildungsdokument der Fachschule des MdI kategorisch eingefordert wurde, endlich Schluss zu machen mit der Unterschätzung der Fahndungsarbeit (s. „Die Dauerfahndung nach Personen und Sachen", Aschersleben 1967, S. 5), dürfte ein Indiz für die Besorgnis der Polizeiführung über den beschriebenen Zustand sein.

Inzwischen ist es 21.30 Uhr. Nach dem Vorabtelefonat mit Hauptmann Klauer und der Sofortmeldung wird der ODH in Cottbus gleich aktiv. Zunächst setzt er den Bereitschaftsdienst der MUK, Oberleutnant Thomas, ein schlankwüchsiger, intelligenter Enddreißiger, in Kenntnis über die Lage. Der ist schnurstracks mit einer „Verfügung über die Einleitung eines Ermittlungsverfahrens gegen Unbekannt" zur Stelle. Es ist nämlich ein beliebter interner, taktischer Kunstgriff, eine Einleitungsverfügung auch bei greifbar nahem Fahndungserfolg flugs mit dem Prädikat „Täter unbekannt" zu versehen, um es bei passender Gelegenheit effektvoll in „bekannt" umzuwandeln. Dann sind die Bürokraten der Führungsetage im Verteilen von Streicheleinheiten großzügig, denn sie können von ihren Schreibtischen aus kaum beurteilen, ob die Ermittlungen zur Namhaftmachung eines unbekannten Verdächtigen besonders aufwändig waren.

Sodann wird ein Hauptwachtmeister der Kraftfahrzeugzulassungsstelle, der sich soeben in Hausbereitschaft befindet und zu spätabendlicher Stunde genüsslich vor dem Fernseher hockt, alarmmäßig zur Dienststelle beordert, um den Fahrzeughalter des verdächtigen Moskwitsch festzustellen. Gleiches widerfährt einer Polizistin aus der Abteilung Pass- und Meldewesen, die ihr heimisches Candle-Light-Dinner abrupt beenden muss, weil sie aus der zentralen Meldekartei alle Daten über den ermittelten Fahrzeughalter an Thomas weiterzuleiten hat.

Eine Stunde später liegt auf dessen Schreibtisch ein Protokoll mit Personalien und Signalement des Mannes, der vermutlich das Verbrechen in der Lübbenauer Heide verübt hat und einen blau-grauen Moskwitsch sein eigen nennt. Er heißt Herbert Schlabitz (36), wohnt in der Cottbuser Hufelandstraße und ist beim städtischen Grünanlagenbau beschäftigt. Da Gefahr im Verzuge ist, gibt es keine Rücksicht auf die nächtliche Ruhe der braven Bürger. In Begleitung zweier couragierter Polizisten der Funkstreife macht sich Thomas augenblicklich auf den Weg in die Hufelandstraße. Er klingelt Sturm an Schlabitz' Wohnung, donnert wiederholt mit der Faust gegen die Tür. Vergeblich. Stattdessen öffnet sich die Tür einer Nachbarwohnung. Ein älterer Mann im Schlafanzug, mürrisch und verschlafen, poltert ungehalten: „Eh, was soll der Krach mitten in der Nacht!"

Thomas hält ihm die Kriminalmarke unter die Augen.

„Schon gut! Da ist aber keiner zu Hause", beruhigt sich der Nachbar schnell und gibt bereitwillig Auskunft. Weil er Frau

Schlabitz und die beiden Kinder mehrere Tage nicht gesehen habe, mutmaßt er, könnten diese sich in der Ferienwoche bei den Großeltern in Peitz – ein kleiner Ort etwa 15 km nördlich vom Stadtzentrum entfernt – aufhalten. Herr Schlabitz indes sei die Woche über allein zu Hause geblieben. „Wahrscheinlich ist er heute Nachmittag auch nach Peitz gefahren", meint der Nachbar, der zufällig beobachtete, wie Schlabitz gegen 16.30 Uhr Hals über Kopf seine Wohnung verließ, um zu seinem vor dem Wohnblock abgestellten Moskwitsch zu spurten und davonzurasen, „als ob der Teufel hinter ihm her wäre". Seitdem sei es mucksmäuschenstill in der Wohnung nebenan. Thomas hakt nach, lässt Schlabitz' Fahrzeug beschreiben und ist zufrieden. Ja, es ist das Auto vom Tatort.

„Wahrscheinlich abgehauen", schlussfolgert einer der Unfomierten voreilig, um irgendetwas zu sagen. Thomas ignoriert die Bemerkung, schaut auf seine Armbanduhr. Es ist bereits kurz nach Mitternacht. Dann mahnt er: „Los Männer, zurück zur Dienststelle!"

In seinem Büro angekommen, tippt er ein kurzes Protokoll über die erfolglosen nächtlichen Bemühungen. Danach taucht er in der Leitzentrale auf. Dort hat sich bereits eine kleine illustre Runde hochrangiger Herren aus der Führungsetage eingefunden, um sich über die aktuelle Lage in diesem ungewöhnlichen Fall zu informieren. Auch der K-Leiter, der Stabschef der Behörde und der Leiter des für Fahndungen zuständigen Dezernats sind mit von der Partie. Der ODH erläutert den Sachverhalt und seine bisherigen Anordnungen. Eine kurze Beratung folgt. Dann wird entschieden, erst zu überprüfen, ob sich Schlabitz tatsächlich bei seiner Familie im nahen Peitz aufhält – ein Part, den Thomas und ein Mitarbeiter des Dauerdienstes übernehmen werden. Sollte dies nämlich zutreffen, müsste der Verdächtige sofort festgenommen werden. So würden sich weitere Fahndungsmaßnahmen erübrigen. Anderenfalls können die Erkundigungen bei der Ehefrau wenigstens für die Vervollständigung des Signalements und die Überprüfung möglicher Aufenthaltsorte ihres Gatten genutzt werden, was die nachfolgenden Maßnahmen erleichtert. Während der K-Leiter die formale Führung über die nachfolgenden Operationen übernimmt, verlassen die anderen Honoratioren der Bezirksbehörde alsbald die Szene. Indes machen sich Thomas und sein Mitstreiter vom Dauerdienst gleich auf den Weg nach Peitz. Vom Ergebnis ihrer Recherchen wird es abhängen, ob der Kripo-Chef eine „Eilfahndung Stufe II" auslösen wird ...

Schlabitz' Nachbar hatte Recht mit seiner Vermutung. Tatsächlich hält sich Frau Schlabitz mit den beiden Kindern bei ihren Eltern in Peitz auf. Der plötzliche mitternächtliche Besuch der beiden Polizisten bringt sie keineswegs aus der Fassung. Als Thomas den Grund seines Erscheinens erläutert, verblüfft sie die Männer mit der Bemerkung: „So was habe ich kommen sehen!" Und sie ist sofort gesprächsbereit: Nein, Schlabitz sei nicht bei ihr, das hätte sie auch nicht gewollt. Mit dem Satz: „Ich will ihn nicht sehen, soll er bleiben, wo der Pfeffer wächst", macht sie ihre Haltung zum Gatten deutlich. Sie glaube, er habe ein paar Urlaubstage genommen, könne aber nicht sagen, wo er sich aufhalte, wenn er nicht in der ehelichen Wohnung ist.
Thomas verwundert die Offenheit der Frau und schlussfolgert richtig, dass zwischen den Eheleuten offenbar nichts mehr stimmt. Jetzt will er mehr wissen. Und Frau Schlabitz beantwortet bereitwillig jede seiner Fragen: Schon lange bestehe ihre Ehe nur noch auf dem Papier. „Mein Mann ist krank, sexuell krank, vestehen Sie!" Und sie schildert, dass man ihn, den einstmals stolzen Oberleutnant der Feuerwehr, der über zehn Jahre als Politstellvertreter und Parteisekretär gearbeitet habe, vor drei Jahren aus der VP mit Schimpf und Schande ausgestoßen habe, „wegen sexueller Sachen", über die sie im Einzelnen aber jetzt nicht sprechen wolle. Dann der Absturz, nur noch Gärtner beim VEB Grünanlagenbau! Seitdem sei das eheliche Klima ausgekühlt, das Intimleben erloschen, und überhaupt wäre die Beziehung jetzt nur noch ein formales Nebeneinander, garniert mit seinen Jähzornsausbrüchen und Eigenbröteleien. Und was das Schlimmste sei: Irgendwie verlasse sie das beklemmende Gefühl nicht, dass ihr Mann vielleicht auch „was mit den eigenen Kindern anfangen" könnte. Um es gar nicht erst soweit kommen zu lassen, werde sie alsbald mit ihnen nach Peitz zu ihren Eltern ziehen und die Scheidung einreichen ...

Oberleutnant Thomas würde die Befragung am liebsten auf der Stelle fortsetzen, doch die Zeit drängt. Er ist sich sicher: Allein diese knappen Aussagen sind ein Hinweis auf jede Menge weiteres kriminogenes Potential, das freigelegt werden muss.
Er gibt mit einer stummen Geste seinem Mitstreiter zu verstehen, jetzt aufzubrechen. Und mit den Worten „Wenn wir ihn festgenommen haben, unterhalten wir uns in aller Ruhe!", verabschieden sich die Männer von der Frau, in deren Seele sich offenbar eine unauslöschliche Aversion angestaut hat gegen den Mann, dem sie einst das Jawort gab.

5. Mai, kurz vor 1 Uhr. Als die Beiden in die Dienststelle zurückkehren, liegen bereits brandaktuelle Meldungen aus dem Kreisamt Königs Wusterhausen vor. Inhalt: Der zuständige ABV von Groß-Köris hat in den gestrigen Abendstunden die Vermisstenanzeige einer Frau Ursula Richter aufgenommen, deren elfjährige Tochter Christiane seit Vormittag spurlos verschwunden ist. Alle bisherigen Suchaktionen im Ort und dessen Umgebung seien erfolglos verlaufen. An einem Zusammenhang zu dem namenlosen Kind aus der Lübbenauer Heide zweifelt niemand.
Da Thomas und der Mann vom Dauerdienst den dringend verdächtigen Herbert Schlabitz nicht festnehmen konnten, wird ihm der Status „flüchtiger Täter" verpasst. Damit liegen alle Voraussetzungen für die offizielle Auslösung der „Eilfahndung Stufe II" vor. Und das bedeutet zunächst, diverse Informationspflichten gegenüber „anderen Dienststellen" zu erfüllen. Sodann werden nach festgelegtem Maßnahmekatalog alle im Dienst befindlichen Polizeikräfte des Bezirks Cottbus über die Fahndung nach Schlabitz in Kenntnis gesetzt. Diese haben in ihrem jeweiligen Tätigkeitsbereich geeignete Ermittlungen und Kontrollen durchzuführen und dazu möglichst viele sogenannte gesellschaftliche Kräfte zu mobilisieren. Auf diese Weise soll in den nächsten Stunden ein engmaschiges Netz geknüpft sein, durch das es kein Entrinnen gibt.
Die erfahrenen Ermittler vermuten richtig: Schlabitz ist auf der Flucht, befindet sich somit in einer psychischen Ausnahmesituation. Die Untat lastet auf ihm. Er weiß, es gibt Zeugen, und er ahnt zu Recht, dass die Häscher ihm bereits auf den Fersen

sind. Jetzt wird er von dem absurden Gedanken getrieben, sich mit aller Macht dem Arm des Gesetzes zu entziehen, solange es eben geht. Seine Sinne aktivieren Wachsamkeit, Vorsicht und Misstrauen. Gleichzeitig engt die gewaltige innere Anspannung alle Fähigkeiten zu vernünftigem Handeln ein, macht ihn unberechenbar, chaotisch und vielleicht auch gefährlich. Und genau das berücksichtigt die Fahndungstaktik.

Doch während die Männer in der Einsatzzentrale das strategische Vorgehen abstimmen, ereignet sich auf der Fernverkehrsstraße F 156, ganz in der Nähe der Kreisstadt Spremberg ein Zwischenfall, der auf die Zielgerichtetheit der anlaufenden Fahndungsaktion entscheidenden Einfluss haben wird: Die zweiköpfige Besatzung eines Streifenwagens der Verkehrspolizei des VPKA Spremberg erspäht nämlich gegen 1.15 Uhr am Ortseingang der Gemeinde Graustein einen am Straßenrand unvorschriftsmäßig abgestellten blau-grauen Moskwitsch. Auf dem Fahrersitz schläft offenbar ein Mann.

Während einer der Polizisten im Funkwagen verbleibt, nähert sich der andere dem Fahrzeug, leuchtet mit einer Taschenlampe den Schlafenden an und klopft an die Scheibe der Fahrertür, eigentlich nur, um den Mann zu ermahnen, dass er an falscher Stelle und dazu noch ohne Standlicht parkt. Als der aufgeschreckte Fahrer den Uniformierten erblickt, startet er sein Auto und rast augenblicklich davon. Flugs registrieren die verdutzten Polizisten das Zulassungskennzeichen des Moskwitsch, melden die Wahrnehmungen über Funk an ihre Leitstelle weiter und nehmen die Verfolgung auf. Eine filmreife Szene folgt. Als sich nach wenigen Hundert Metern Fahrt das Polizeiauto auf gleicher Höhe mit dem Fluchtauto befindet, das eigentlich überholt, ausgebremst und gestoppt werden sollte, touchiert das Fluchtfahrzeug den Polizeiwagen und versucht, diesen von der Fahrbahn zu drängen. Dann zieht es plötzlich scharf nach links und wieder geradeaus, wobei es mit der Breitseite gegen den Streifenwagen prallt. Dieser landet unsanft auf dem Bankett, gerät ins Schleudern und überschlägt sich mehrmals, ehe er auf dem Dach liegen bleibt. Unterdessen fährt der nur geringfügig lädierte Moskwitsch mit Vollgas in Richtung Weißwasser davon. Der Sachschaden am Einsatzfahrzeug ist beträchtlich,

doch zum Glück sind die beiden Wachtmeister nur leicht verletzt.
Als die Information über diesen Zwischenfall gegen 1.45 Uhr die Einsatzleitung in Cottbus erreicht, ist sofort klar, dass der Verursacher dieses Verkehrsunfalls Herbert Schlabitz ist. Man reagiert schnell, und es bedarf nur einiger kurzer Telefonate über ein polizeiinternes Sondernetz, um alle Polizeidienststellen des Bezirks anzuweisen, nach dem Befehl über die Besetzung der sogenannten Kontroll-Passier-Punkte (KPP) zu handeln, was bedeutet, die in einem besonderen Einsatzdokument festgelegten, polizeitaktisch wichtigen Verkehrsknotenpunkte umgehend unter Kontrolle zu bringen.
Bereits 2.15 Uhr sind alle KPP besetzt. Kurz darauf meldet die Verkehrspolizei Senftenberg, dass das verdächtige Fahrzeug im Stadtgebiet gesichtet wurde, der Fahrer aber die Aufforderung zum Anhalten missachtete und sich nunmehr mit überhöhter Geschwindigkeit vermutlich in Richtung Autobahnauffahrt Klettwitz bewegt. Unverzüglich wird der KPP an der Raststätte Freienhufen informiert, falls das Auto nach Norden in Richtung Berlin fahren sollte. Gleichzeitig wird der ODH des Bezirks Dresden um Unterstützung ersucht, die Autobahn nach Süden abzusichern. Dieser befiehlt allen verfügbaren Funkstreifenwagen die sofortige Besetzung der KPP auf der Autobahn rings um die Stadt.
Anderthalb Stunden später durchbricht der Flüchtige, zum Äußersten entschlossen und mit durchgetretenem Gaspedal, eine Polizeisperre in Dresden-Hellerau. Die Gesetzeshüter müssen bei dieser Aktion blitzschnell dem blau-grauen Moskwitsch ausweichen, um ihr Leben nicht zu gefährden. Ein Fahrzeug nimmt die Verfolgung des Moskwitsch auf, wird kurz vor dem Abzweig Nossen aber von diesem auf den Grünstreifen gedrängt, überschlägt sich und landet auf der Gegenfahrbahn. Fazit: ein übel zugerichteter PKW, ein mittelschwer Verletzter. Weitere Einsatzfahrzeuge erscheinen, und die Jagd geht weiter. Der Moskwitsch verlässt bei Nossen die Autobahn und fährt auf der Landstraße zunächst in Richtung Waldheim, dann nach Leisnig weiter. Kurz vor Zschoppach im Kreis Grimma fallen plötzlich Schüsse aus einer Polizeipistole. Zwei Projektile treffen das Fahrzeug des

Flüchtigen, ein Reifen zerfetzt, der Tank leckt. Geräuschvoll schlingert das Auto noch einige Sekunden lang über das Holperpflaster, ehe es quer zur Fahrbahn zum Stehen kommt. Regungslos, körperlich jedoch unversehrt, verharrt Schlabitz, das Lenkrad mit beiden Händen fest umklammernd, auf seinem Platz und starrt wie teilnahmslos in die Morgendämmerung. Nur unbewusst nimmt er hinter sich die blinkenden Blaulichter etlicher Funkwagen wahr und die Polizisten mit ihren Pistolen im Anschlag, die sich vorsichtig seinem Fahrzeug nähern. Stumm und völlig erschöpft fügt er sich nun in sein Schicksal. Es ist kurz vor 7.30 Uhr, und die Treibjagd auf den unheimlichen Mann aus der Lübbenauer Heide ist beendet.
Nach kurzem Verhör durch die Dresdener Kripo wird Herbert Schlabitz nach Cottbus zur haftrichterlichen Vernehmung gebracht. Als er sich zu dem erhobenen Tatvorwurf des versuchten Mordes nach sexuellem Missbrauch äußern soll, schlägt er ängstlich die Augen nieder und schweigt, reagiert lediglich mit einem leichten Kopfnicken, das als stumme, verschämte Zustimmung gedeutet werden könnte. Dann hat er hinter Schloss und Riegel für mehrere Stunden Ruhe.

Bereits seit Nachmittag nehmen Spezialisten des Kriminalistischen Instituts den Tatort in der Lübbenauer Heide unter die sprichwörtliche Lupe. Mit eindrucksvollem Ergebnis: Die gesicherten Fragmente der Reifenspuren auf dem alten Forstweg verraten Spurweite, Radstand und Profilmerkmale und erlauben so die Art- und Typbestimmung des spurenverursachenden Kraftfahrzeugs, das nur Schlabitz' Moskwitsch sein kann. Auf dem Waldboden der fraglichen Lichtung und am nahen Buschwerk werden insgesamt 47 unterschiedliche Fasertypen aufgespürt. Eine derart hohe Anzahl unterschiedlicher Fasertypen ist erfahrungsgemäß aber keineswegs in nur einem einzigen Textil verarbeitet worden. Folglich waren an der Spurenentstehung unterschiedliche Gewebe beteiligt. Diese Fasern bestehen überwiegend aus dunkelgrauer, graublauer und farbloser mattierter Viskose, wie sie in handelsüblichen Reisedecken verarbeitet wird. Damit bestätigt sich die Wahrnehmung des Harzers Herold, der Täter habe eine dunkelgraue Decke besessen. Die restlichen

Fasern könnten aus der Bekleidung des Opfers und des Täters stammen oder Fremdfasern sein, mit der die Decke bereits kontaminiert war. Und schließlich: Alle Spuren eignen sich für spätere Vergleichsuntersuchungen.
Doch bevor der Tag sich neigt, ist Oberleutnant Thomas nach wenigen Stunden Schlaf wieder in seinem Büro und lässt den Untersuchungsgefangenen zur Vernehmung vorführen. Für Beide beginnt damit eine weitere lange Nacht.
Herbert Schlabitz ist von Anbeginn gesprächsbereit, beantwortet jede Frage und jeden Vorhalt seines Gegenüber, wenn auch mit Einschränkungen. Denn bei bestimmten, heiklen Handlungsdetails verschanzt er sich hinter schwammigen, untauglichen Rechtfertigungsversuchen oder angeblichen Erinnerungslücken. Aber den sexuellen Missbrauch des kleinen Mädchens gesteht er ebenso ein wie seine Absicht, es anschließend töten zu wollen. Jetzt aber wünsche er sich nur, „dass die Kleine wegen der Schläge auf den Kopf nicht stirbt". Schlabitz' Bemerkung, so vermutet Thomas, ist eine vorgeschobene, unechte Reue, die lediglich seine Angst vor einem vollendeten Mord kaschiert, der ja mit einer viel höheren Strafe geahndet würde.
Alles in allem: Seine Einlassungen sind zwar über weite Strecken konfus und widersprüchlich, offenbaren seine innere Zerrissenheit, dennoch ist Thomas zufrieden. Denn diese erste intensive Begegnung mit dem Beschuldigten verläuft ruhig, sachlich und konfliktfrei und stellt so alle weiteren Vernehmungen auf eine solide psychologische Basis. Thomas weiß aber auch, dass letztlich nur eine zusammenhängende Bewertung aller Vernehmungen und Expertisen ein komplettes, beweisrelevantes Bild über Schlabitz' Innenwelt, seine Motive, Antriebe und die Tat ergibt. Doch das wird erst zum Abschluss der Ermittlungen erfolgen können. Zum jetzigen Zeitpunkt heißt es erst einmal, Fakten sammeln und ordnen.

Einige Tage später widmen sich die kriminaltechnischen Experten hingebungsvoll dem demolierten, sichergestellten Moskwitsch, der in einer Polizeigarage für die spurenkundlichen Aktionen bereitsteht. Wieder ist die Ausbeute überwältigend. Denn im Innen- und Kofferraum werden unzählige Fasern ent-

deckt. Sorgfältig katalogisiert, lassen sie sich 58 unterschiedlichen Fasertypen zuordnen. Auch dieser Spurenkomplex ist für spätere Untersuchungen bestens geeignet, etwa beim fasertypisierenden Vergleich mit der Bekleidung des missbrauchten Mädchens. Zwischen den 47 Fasertypen vom Tatort und den Spuren aus dem PKW wurde immerhin eine 81-prozentige Identität festgestellt. Und das bedeutet, wie es später dazu im Gutachten heißen wird: „Die große Anzahl übereinstimmender Fasertypen ist nur dadurch erklärbar, dass beide Orte (Tatort und Kraftfahrzeug) mit den gleichen Textilien in Kontakt gekommen sind ..."
Bereits nach zwei Wochen ist Christiane Richter körperlich wieder so fit, dass sie das Calauer Krankenhaus verlassen kann. Doch die psychotherapeutische Betreuung des traumatisierten Kindes muss noch längere Zeit fortgesetzt werden. Denn nicht nur Schlabitz' Schandtat hat die junge Seele erschüttert. Auch die Scham- und Schuldgefühle, sich gefügig, unbesonnen und somit tatbegünstigend verhalten zu haben, lasten auf ihr.
Christiane ist eine wichtige Zeugin in eigener Sache. Nachdem die Ärzte zustimmen, steht ihrer Vernehmung nichts mehr im Wege. Im Bemühen, das Gespräch mit dem Kind später nicht fortführen zu müssen, veranlasst Oberleutnant Thomas eine einmalige, ausführliche und gründlich protokollierte Vernehmung im Beisein einer erfahrenen Kinderpsychologin. Eine begleitende Tonbandaufzeichnung soll Christianes persönliches Erscheinen vor Gericht verzichtbar machen.
Thomas' Ermittlerteam stürzt sich voller Tatendrang auf den „Vorgang Schlabitz". Zusehends wachsen die Aktenstapel, unverdrossen sind die Kriminalisten aktiv. Der Aufwand, den die Männer betreiben, kann in diesem Report nur angedeutet werden. Er widerspiegelt sich in der Vielzahl der Vernehmungsprotokolle, Dokumente über Rekonstruktionen, Bewegungsabläufe, Gegenüberstellungen, der Berichte über die verkehrspolizeilichen Unfallaufnahmen und die kraftfahrzeugtechnischen, medizinischen, psychologischen und kriminaltechnischen Gutachten. Monate vergehen, bis die Ermittlungen im Spätsommer schließlich ihren Abschluss finden. Ihre Ergebnisse sind in sechs prallgefüllten Aktenbänden konserviert, verifizieren ein schweres Sexualverbrechen und vorsätzlich begangene Verkehrsdelikte.

Jetzt ist der Zeitpunkt gekommen, der ein vollständiges, beurteilbares Bild über die Vorgänge am 4. und 5. Mai ermöglicht. Und nun hat der Staatsanwalt das Wort.

Herbert Schlabitz, zur Tatzeit 35 Jahre alt, verheiratet, Vater zweier minderjähriger Kinder, wächst mit mehreren Geschwistern in einer kommunistischen Arbeiterfamilie auf, ist ein unauffälliger Schüler mit durchweg befriedigenden Leistungen, ausgestattet mit durchaus guter Intelligenz. Nach der Grundschule erlernt er den Beruf eines Gärtners, wird Mitglied der SED und arbeitet mehrere Jahre in einer Großgärtnerei. Im Jahr 1952, knapp 22 Jahre alt, verpflichtet er sich für eine Offizierslaufbahn bei der Volkspolizei, besucht erfolgreich Polizei- und Parteischulen und avanciert im Laufe der Zeit zum Oberleutnant. Ab Anfang der 60er Jahre im Dienstzweig Feuerwehr als Politstellvertreter und Parteisekretär tätig, wirkt er, der mächtigen Politverwaltung unterstellt, hauptamtlich an der politischen Indoktrination in seinem Dienstbereich mit. Äußerlich sozial angepasst und linientreu, prägen ihn jedoch Einzelgängertum, Egoismus, Eitelkeit und latente pädophile Neigungen. Dies und der Mangel an emotionaler Stabilität führt mit der Zeit zu einer unterkühlten, zweckorientierten und förmlichen Beziehung zu seiner Frau. Im Frühjahr 1963 werden Schlabitz verschiedene sexuelle Übergriffe auf Kinder zum Verhängnis. Zwar bleibt ihm ein Erscheinen vor den Schranken des Gerichts und damit eine Vorstrafe erspart, doch führen die Vorkommnisse, die vermutlich aus Gründen des politischen Renommees nur polizeiintern untersucht werden, zu seiner „unehrenhaften Entlassung aus den Organen des MdI". Seither arbeitet er beim Städtischen Grünanlagenbau, äußerlich sozial unauffällig und integriert. Inwieweit Herbert Schlabitz auch in der Folgezeit seinen pädophilen Neigungen nachgab, lässt sich nicht nachweisen. Mehrfach erfolgen in der kriminalpolizeilichen Vernehmung Vorhaltungen in dieser Hinsicht, die er entrüstet zurückweist.
In der Woche der Maiferien, in der sich seine Frau und die Kinder bei den Großeltern in Peitz aufhalten, genießt er nach der Arbeit das Alleinsein, sitzt beim abendlichen Bier bis zum Sendeschluss vor dem Fernseher, begnügt sich mit masturbatori-

schen Gedanken, in denen Kinder eine Rolle spielen. Am 4. Mai jedoch bleibt er wegen eines angeblichen Arztbesuches der Arbeit fern, will „einfach mal blau machen". Die ganze Zeit aber spukt bereits in seinem Kopf, die sexuellen Fantasien der vergangenen Tage Wirklichkeit werden zu lassen, freilich mit einem Kind. Ein Mädchen müsste es sein, so etwa zehn Jahre alt, möglichst blond und mit Pferdeschwanz. Ein ungestümer innerer Druck treibt ihn nach dem Frühstück aus dem Haus, um mit seinem Moskwitsch im Cottbuser Stadtgebiet „einfach so umherzufahren". Vielleicht bietet sich bei diesem Streifzug die Chance, ein Kind anzulocken. Doch er muss auf der Hut sein, darf unter keinen Umständen Verdacht erwecken. Die quirlige Großstadtatmosphäre behindert die Durchführung seines Vorhabens. Dennoch fährt er eine Zeit lang kreuz und quer durch Cottbus. Vergeblich, es bietet sich keine günstige Gelegenheit. Dann zieht es ihn aus der Stadt, geradewegs auf die Autobahn in Richtung Norden zu den waldreichen Gebieten am Rande des Spreewalds. Es ist gegen 11.30 Uhr. Fast 80 Kilometer ist er gefahren, und Schlabitz erreicht die Ortschaft Groß Köris. Als er das Gesellschaftshaus passiert, erspäht er auf der anderen Straßenseite plötzlich ein etwa zehnjähriges Mädchen mit dunkelblondem Pferdeschwanz, das unbekümmert auf und ab schlendert. Es ist Christiane Richter, die auf ihre große Schwester wartet. Der Anblick des Mädchens löst bei Schlabitz augenblicklich einen heftigen sexuellen Impuls aus. Nun will er die sich bietende Chance nutzen. Doch zunächst fährt er an dem Kind vorbei, vergewissert sich, dass niemand Notiz von ihm nimmt. Dann wendet er. Im Schritttempo geht es nun zurück. In Höhe des Gesellschaftshauses stoppt er sein Fahrzeug, kurbelt die Scheibe auf der Beifahrerseite herunter und winkt das arglose Mädchen mit hinterlistiger Freundlichkeit zu sich: „Hallo Kleine, du kennst dich doch bestimmt hier aus. Wie komme ich denn zum Bürgermeister?" Christiane nickt mit dem Kopf. Natürlich weiß sie Bescheid.
„Da müssen Sie aber nach Teupitz", antwortet sie beflissen und tritt näher.
Schlabitz öffnet die Fahrzeugtür. Er hat zum Schein eine Autokarte vor sich ausgebreitet: „Steig doch ein und zeig's mir!"

Hilfsbereit folgt das arglose Mädchen seinem Wunsch und nimmt neben ihm Platz. Zu spät, die Falle schnappt zu. Blitzschnell verriegelt er die Fahrzeugtür und fährt los. Christiane zuckt überrascht zusammen, starr und sprachlos vor Schrecken. Schlabitz beherrscht die Situation mit Eiseskälte und nutzt die minutenlange Schreckstarre seines Opfers für eine zügige Fahrt aus. Hinter Märkisch Buchholz, irgendwo bei den Krausnicker Bergen, biegt er schließlich in einen stillen Waldweg ab. Jetzt ahnt das Kind drohendes Unheil und jammert: „Ich hab Angst, lassen Sie mich raus, bitte, ich muss zu meiner Schwester!" Doch Schlabitz bleibt unbeeindruckt, meint nur: „Sei still, dir passiert schon nichts, ich werde dich schon zurückbringen!" Doch bereits zu diesem Zeitpunkt weiß er, dass dies eine Lüge ist. Der Wagen hält. Stumm und in angstvoller Erwartung verharrt das Kind auf dem Sitz, während Schlabitz sich entblößt, augenscheinlich in höchster sexueller Erregung. Lüstern betatscht er den Körper des Mädchens und befiehlt streng: „Los, hol mir einen runter!" Angewidert und zitternd vor Angst folgt Christiane der Aufforderung, dem Unhold hilflos preisgegeben. Eine Viertelstunde später. Schlabitz ordnet seine Bekleidung. Die Begierde ist abgeklungen, aber nur für kurze Zeit. Schon strebt er eine Wiederholung des unappetitlichen Vorgangs an, und längst ist ihm klar, das Kind zu töten, damit es ihn nicht verraten kann. Christiane schluchzt: „Ich will nach Hause!"
Wieder lügt er: „Ich fahr dich jetzt zurück!"
Und während Schlabitz weiterfährt, beruhigt sich das Kind in der Hoffnung, bald wieder daheim zu sein. Welch ein fataler Irrtum! Schlabitz steuert seinen Moskwitsch jetzt in Richtung Lübben, bleibt auf den kleineren Landstraßen und vermeidet das Durchqueren größerer Ortschaften.
Es ist inzwischen 14.30 Uhr. Einige Kilometer weiter südlich, zwischen Groß Lübbenau und Kahnsdorf verlässt Schlabitz die Landstraße und folgt einem unbefestigten, schmalen Waldweg. In der Tiefe des Waldes parkt er seinen Wagen, verlässt ihn, öffnet den Kofferraum, entnimmt ihm eine dunkelgraue Decke und versteckt darin eine fast halbmeterlange Rohrzange. Sodann fordert er das verängstigte Mädchen zum Aussteigen auf, erfasst mit festem Griff dessen Hand und zerrt es durch die Büsche bis

zu einer kleinen Lichtung. Dort breitet er die Decke aus und fordert das eingeschüchterte Kind auf, darauf Platz zu nehmen. Mit einigen unechten verbalen Freundlichkeiten kann er es einigermaßen beruhigen. Wollüstig und mit zweifelhaftem Zartgefühl entkleidet er das Mädchen und legt sich zu ihm. Als es komplett entblößt und hilflos bei ihm liegt, steuert seine Erregung den ersehnten Höhepunkt an. Jetzt wiederholt er die schändliche Prozedur von vorhin, nur diesmal zügellos und länger, sorgsam darauf bedacht, das Ejakulat im eigenen Textil aufzufangen. Nachdem der Rausch abgeklungen ist, sieht Schlabitz den Zeitpunkt gekommen, das Kind zu töten. Kaltherzig ergreift er die Rohrzange und schlägt mehrmals kräftig auf den Schädel seines Opfers, das nur kurz aufschreit. Nackt, blutüberströmt und reglos liegt es nun auf der Decke inmitten seiner Kleidungsstücke. Schlabitz glaubt, es sei tot. Eilig schlägt er die Enden der Decke über dem Körper zu einem Bündel zusammen und zerrt dieses durch das Strauchwerk bis zu seinem Fahrzeug. Gerade will er das unhandliche Paket im Kofferraum verstauen, da ertönt aus dem nahen Unterholz eine kräftige Männerstimme: „Was ist los hier!" Schlabitz erschreckt bis ins Mark, als er plötzlich einen Waldarbeiter wahrnimmt, der sein Treiben offenbar beobachtet hat. Im unerwarteten Auftauchen dieses Zeugen sieht er plötzlich eine viel größere Gefährdung seines Selbstschutzes als durch den leblosen Körper, der eingewickelt vor dem Auto liegt, und den er nun beseitigen will. Als er überdies bemerkt, dass wider alle Erwartung das Mädchen zu sich kommt und der Waldarbeiter ihm zuruft, wegzulaufen, ergreift er wutentbrannt die Rohrzange, stößt Morddrohungen gegen den Mann aus und jagt ihm nach. Der aber kann erfolgreich im Dickicht abtauchen, und Schlabitz gibt nach einer Minute auf. Als er zu seinem Auto zurückkehrt, ist das Mädchen verschwunden. Eilig verstaut er das Tatwerkzeug, die Decke und die Bekleidung des Mädchens im Kofferraum. Dann heißt es nur noch, den Tatort schleunigst zu verlassen.

Über Vetschau und Burg erreicht er irgendwo das Spreeufer. An einer geeigneten Stelle kann er die verräterischen Utensilien aus dem Kofferraum, mit Steinen beschwert, unbemerkt in den Fluten versenken, wo sie später, trotz intensiver Suche durch die

Polizei, niemals gefunden werden. Kurz vor 16 Uhr trifft er zu Hause ein. Seine Nerven sind bloßgelegt. Zu Recht befürchtet er, dass der Arm des Gesetzes sich bereits nach ihm ausstreckt. Flucht ist jetzt der alles beherrschende Gedanke, der das Wohin als Nebensache erscheinen lässt. Nur wenige Minuten gönnt er sich, um sich zu waschen, umzukleiden und etwas zu essen. Dann verlässt er Hals über Kopf das Haus, setzt sich in seinen Moskwitsch und fährt los. Ziellos, planlos, einfach irgendwohin, nur raus aus Cottbus. Als es dämmert, muss er tanken. Es beruhigt ihn, dass niemand Notiz von ihm nimmt. Plötzlich kommt ihm die Idee, nach Frauenstein ins Erzgebirge zu fahren. Dort wohnt ein alter Kumpel, der ihm vielleicht Unterschlupf gewährt. Doch wie soll er diesem das Ansinnen begründen? Auf halber Strecke verwirft er den absurden Plan und kehrt um, nach Norden in Richtung Spremberg. Als die Nacht hereinbricht, überrascht ihn einige Male ein gefährlicher Sekundenschlaf. Bald ist er hundemüde. Kurz vor der Ortschaft Graustein hält er am Straßenrand und stellt den Motor ab. Völlig erschöpft schläft er auf dem Fahrersitz ein. Irgendwann weckt ihn der scharfe Lichtstrahl einer Taschenlampe. Als er einen Polizisten erkennt, ergreift ihn panische Angst. Blindlings fährt er davon. Der Streifenwagen folgt ihm. Schlabitz kann ihn schließlich mit tollkühnen Fahrmanövern von der Straße drängen. Dass sich das Polizeifahrzeug dabei überschlägt, nimmt er sieghaft wahr. Rigoros und zu allem entschlossen setzt er seine Amokfahrt fort. Einige Male entdeckt er in der Ferne die Sperren der Polizei. Doch er kann unbemerkt wenden, sie umfahren und verschwinden. Als er den Polizeikordon in Dresden-Hellerau mit Brachialgewalt durchbricht, ist ihm nicht nur die Aussichtslosigkeit seiner Flucht bewusst, sondern auch, menschliches Leben gefährdet zu haben. Doch er will nicht aufgeben. Nahezu ungerührt von der Möglichkeit der Selbstvernichtung setzt er seine Aktion fort, bis Pistolenschüsse der Polizei und eine ungeheure Erschöpfung seine sinnlose Flucht beenden.

Anfang des Jahre 1968 hat der 1. Strafsenat des Bezirksgerichts Cottbus über die von Herbert Schlabitz begangenen Straftaten zu befinden. Der versuchte Mord gem. § 112 StGB in Tateineinheit mit sexuellem Missbrauch von Kindern gem. § 148 StGB steht im Mittelpunkt des Prozesses. Am unbedingten Tötungsvorsatz gibt es keinen Zweifel. Dass Schlabitz die Tat nicht vollendete, war keineswegs das Ergebnis eines freiwilligen und endgültigen Rücktritts vom Versuch, sondern die Wirkung der sich ihm entgegenstellenden, äußeren Faktoren. Denn die Vollendung der Mordhandlung wurde nur dadurch gestoppt, weil in letzter Sekunde wie aus dem Nichts ein rettender Engel in Gestalt des Harzers Andreas Herold erschienen war. Angesichts der ohnehin zu erwartenden hohen Strafe sind die von Schlabitz auf der Flucht begangenen Straftaten im Verkehrsgeschehen hinsichtlich der Strafhöhe so geringfügig, dass sie keinen Einfluss auf das Gesamtstrafmaß haben. Denn der Richterspruch lautet: „Der Angeklagte wird zu einer lebenslangen Freiheitsstrafe sowie zur Aberkennung der staatsbürgerlichen Rechte für dauernd verurteilt."

Die folgenden Jahre verbringt er in verschiedenen Strafvollzugseinrichtungen. Im September 1975 wird durch einen Amnestiebeschluss seine Haftzeit auf 15 Jahre herabgesetzt, die er allerdings bis zum letzten Tag absitzen muss. Ob er wegen seiner pädophilen Neigungen im Gefängnis therapiert wurde, ist unbekannt. Ende des Jahres 1982 wird der 51-jährige Schlabitz für ein Weiterleben in freilich kontrollierter Freiheit aus der Haft entlassen. Seitdem lebt er unbescholten irgendwo in Sachsen-Anhalt. Auskünften Anfang des Jahres 2007 zufolge verbringt der nunmehr 76-jährige, schwer zuckerkranke Schlabitz seinen Lebensabend in einer großstädtischen Sozialeinrichtung für betreutes Wohnen.
Christiane Richter ist inzwischen über 50 Jahre alt, eine gestandene Frau mit eigener Familie. Sie für ein Interview darüber zu gewinnen, ob posttraumatische Belastungsstörungen ihr weiteres Leben beeinträchtigt haben und wie sie mittlerweile über die Geschehnisse von damals reflektiert, ist dem Autor nicht gelungen. Der Brief an sie blieb unbeantwortet.

Geboren und vernichtet

Aktenzeichen Bezirksstaatsanwalt Potsdam BI C1.66
Kriminalpolizei VPKA Rathenow Tgb.-Nr. 35/66
Rechtsmittelentscheidung des Obersten Gerichts 5 Ust 62/66

Als im Sommer 2005 der wahrlich extreme Fall einer neunfachen Kindestötung im brandenburgischen Brieskow-Finkenheerd bekannt wird, geht ein verständlicher Aufschrei des Entsetzens durch Deutschlands Medienlandschaft. Flugs sind der brandenburgische Innenminister Schönbohm und Niedersachsens Starkriminologe Pfeiffer mit kriminologischen Deutungsversuchen zur Stelle, um das Klischee der höheren Gewaltbereitschaft der Ostdeutschen gegenüber Kindern zu bedienen und zu unterstellen, dass dieses Verbrechen letztlich Ergebnis und Symptom der „erzwungenen Proletarisierung der Menschen im Osten durch das SED-Regime" und „der Verarmung, dieser geistigen Verelendung unter Hochhausexistenzen" sei. Schnell lässt sich aus einem angeblich wachsenden Gewaltpotential der Ostdeutschen auch die These vom Anstieg der Kindestötungen in den neuen Bundesländern ableiten. Verdrängt und vergessen bleiben dabei die jüngsten Fälle aus dem Westen der Bundesrepublik (z. B. in Bremen, Hamburg, Kaiserswerth). Indes soll der brave Bürger glauben, die DDR-Verhältnisse hätten Verwahrlosung und Gewalt gegen Kinder in besonderer Weise hervorgebracht. Doch derartige Thesen sind so absurd, als würde man behaupten, der Ausnahmefall des Kannibalen von Rotenburg a.d. Fulda (2001) wäre ein Indiz für die wachsende Neigung der westdeutschen Bevölkerung zum Kannibalismus.

Was den Tatbestand der Kindestötung betrifft, sind zunächst einige grundsätzliche Bemerkungen erforderlich: Zunächst bezieht sich der Begriff „Kindestötung" aus Gründen der besonderen strafrechtlichen Privilegierung ausschließlich auf die Tötung eines Neugeborenen durch die Mutter in oder gleich nach der Geburt, d.h., solange die durch Schwangerschaft und Geburt bedingten psycho-physischen Ausnahmezustände unmittelbar

wirken. Die Tötung von Kindern außerhalb des Zeitraums „in oder gleich nach der Geburt" kann indes nur Mord, Totschlag oder fahrlässige Tötung sein.
Vielfach findet unter dem Begriff „Kindestötung" eine unzulässige Verknüpfung mit den Begriffen „Tötung von Kindern", krimineller „Schwangerschaftsabbruch" gem. § 218 StGB und „vorgeburtliche Kindestötung" statt. Abgesehen davon, dass der stigmatisierende Begriff „vorgeburtliche Kindestötung" weder als Synonym für den straflosen Schwangerschaftsabbruch (§ 219 StGB) noch im Zusammenhang mit Kindestötung verwendet werden sollte, verfälscht eine derartige Begriffskopplung die Statistik und behindert die differenzierte Beurteilung der jeweiligen kriminologischen und psychologischen Besonderheiten.
Verlässliche Rückschlüsse aus dem Trendverlauf der Kindestötungen ohne langfristig angelegte wissenschaftliche Untersuchungen sind bei der geringen jährlichen Belastung (weit unter 1 % der vorsätzlichen Tötungsdelikte) ohnehin nicht möglich. Ein kurzer, beispielhafter Blick auf die Statistik vermittelt dies: So wurden z. B. im Jahr 1996 in den alten Bundesländern 24, ein Jahr zuvor 23 und in den neuen Bundesländern im gleichen Zeitraum sieben, ein Jahr zuvor neun Fälle von Kindestötungen erfasst.
Wie andere Deliktgruppen unterliegt natürlich auch die Kindestötung statistischen Schwankungsbreiten. Die aber machen zwischen den alten und den neuen Bundesländern kaum einen nennenswerten Unterschied aus. Auch der Extremfall aus Brieskow-Finkenheerd ändert nichts daran.
Unter dem Aspekt des Dunkelfeldes besitzen die statistisch ermittelten Belastungsziffern bei Kindestötungen allerdings nur einen eingeschränkten Wert. Grund: Sie beziehen sich lediglich auf aufgedeckte Fälle und vermögen folglich nicht, die tatsächlichen Verhältnisse widerzuspiegeln. Wichtige, auf das Dunkelfeld wirkende Einflüsse bleiben nämlich dabei außer Acht, wie z. B. Ermittlungsfehler der Polizei, falsche Todesursachenfeststellung im Rahmen der ärztlichen Leichenschau, Verzicht auf notwendige Obduktionen, objektive Grenzen spurenkundlicher Befunderhebung, unpräzise Datenerfassung und -verarbeitung durch

die Behörden und unzureichendes Anzeigeverhalten des sozialen Umfelds der Täterin.
In der DDR wurde ein beachtlicher gesetzlicher und methodischer Aufwand zur Einschränkung der Latenz betrieben (z. B. allein durch die obligatorische Autopsie bei allen Verstorbenen, die bei Todeseintritt das 16. Lebensjahr noch nicht vollendet hatten). In dieser Hinsicht schnitt die DDR gegenüber der Bundesrepublik wesentlich günstiger ab. Selbst wenn die Belastungsziffern in der Statistik gelegentlich geringfügig höher ausfielen, bestätigte dies nur die nahezu hundertprozentige Aufklärungsquote.

Unter kriminalphänomenologischem und -psychologischem Aspekt sind Kindestötungen typische Konvergenzdelikte. Sie lassen sich nur aus dem komplexen Wirken einer Reihe von prädisponierenden Faktoren erklären, die den mit der Schwangerschaft zusammenhängenden besonderen psycho-physischen Zustand der Täterinnen bewirken. Dazu gehören: geringe Intelligenz und/oder defizitäre Sozialisierung der Täterin, Egozentrik, sexuelle Triebhaftigkeit, Alkoholmissbrauch, mangelnde Affektkontrolle, soziale Bindungsarmut, Gleichgültigkeit und Verantwortungslosigkeit. Im Gegensatz zu vergangenen Zeiten spielen bei der Motivbildung existenzielle wirtschaftliche Probleme und das Odium öffentlicher Brandmarkung kaum eine Rolle mehr.
Die Reduzierung der Ursachen und Bedingungen auf nur einen Wirkungsfaktor (z. B. „geistige Verelendung unter Hochhausexistenzen") stellt deshalb eine unzulässige Vereinfachung dar und wird der Komplexität des Motivationsprozesses nicht ausreichend gerecht.

Der nachfolgende Report beschreibt exemplarisch einen im Januar 1966 aufgedeckten Fall fortgesetzter Tötung von Neugeborenen und die Schwierigkeiten der Beweisführung bei dieser Deliktgruppe. Der Fall stammt aus einer Zeit, als die kostenlose Abgabe von Ovulationshemmern noch kein Thema und legale Schwangerschaftsunterbrechungen nur möglich waren, „wenn die Austragung des Kindes das Leben oder die Gesund-

heit der schwangeren Frau ernstlich gefährdet oder wenn ein Elternteil mit schwerer Erbkrankheit belastet ist" (Gesetz vom 27. September 1950 über den Mutter- und Kinderschutz und die Rechte der Frau).

Nebenbei bemerkt, führte mehr als 20 Jahre später die Inanspruchnahme des Rechts der Frau, in eigener Entscheidung innerhalb von zwölf Wochen nach Beginn der Schwangerschaft eine Unterbrechung vornehmen zu lassen (Gesetz vom 9. März 1972 über die Unterbrechung der Schwangerschaft), nur zu einem zwei Jahre andauernden Verschwinden der Kindestötung. Danach erreichte dieses Delikt wieder das alte statistische Niveau, das sich schließlich bis zur Implosion der DDR annähernd unverändert hielt.

Auch galt damals der klassische Tatbestand der Kindestötung gem. § 217 StGB sowohl in der DDR als auch in der BRD gleichermaßen. In dieser Zeit lagen die Belastungsziffern (Anteil pro 100000 Einwohner) für die DDR und für die BRD jeweils bei maximal 0,2. Allerdings: Mit der Einführung des sozialistischen Strafgesetzbuches der DDR (im Jahr 1968) war dann eine direkte Analyse nicht mehr ohne weiteres möglich, weil der § 217 (Kindestötung) gestrichen wurde, als Alternative in den § 113 StGB (Totschlag) einging und in der offiziellen Kriminalstatistik nur der Totschlag insgesamt, nicht aber seine einzelnen Tatbestandsalternativen erfasst wurden.

Nach der Wiedervereinigung entstand eine analoge Situation auch im Strafrecht der Bundesrepublik, als nämlich im Jahr 1998 der § 217 (Kindestötung) aufgehoben wurde. Fortan ist die Kindestötung vom § 212 (Totschlag) bzw. § 213 (minder schwerer Totschlag) subsumiert. Ihre gesonderte kriminalstatistische Erfassung erfolgt damit auch nicht mehr.

Neujahr 1966 in einer Gemeinde nördlich der Kreisstadt Rathenow. Ein trüber, sternenloser Nachthimmel, aus dem es schon seit Stunden regnet, liegt über dem schönen Havelland, und es ist viel zu warm für diese Jahreszeit.

Die Turmuhr der spätgotischen Kirche schlägt die vierte Stunde des neuen Jahres, als im rappelvollen Saal des Dorfkrugs die Musiker, die zum traditionellen Silvestertanz aufspielten, ihre

Instrumente zusammenpacken und der Wirt unmissverständlich das Ende des langen nächtlichen Vergnügens verkündet, zu dem die florierende LPG „Walter Ulbricht" eingeladen hatte. Die heiter lärmenden Gäste verlassen allmählich das Etablissement und zerstreuen sich in alle Himmelsrichtungen.

Und genau in diesen frühen Morgenstunden des 1. Januar findet – wie die späteren polizeilichen Ermittlungen ergeben – reichlich Hundert Meter vom Gasthof entfernt insgeheim ein Vorgang statt, der an Grauen kaum zu überbieten ist. Der Ort des Geschehens befindet sich auf einem kleinen Anwesen, bestehend aus einem einhundertjährigen, eingeschossigen Wohngebäude aus rotem Backstein, mit Hof, Stall und Garten. Es ist das Domizil der LPG-Bäuerin Elfriede Härtel (35) und ihres ein Jahr älteren Angetrauten Reinhold, der im nahen Betonwerk als Maurer seinem Broterwerb nachgeht. Es sind die Akteure der folgenden Szenen.

Wegen ihrer Verschrobenheit im Ort nicht sehr beliebt, leben die Eheleute ziemlich zurückgezogen. Und weil sie, wie alljährlich, auch diesmal die Einladung zu dem Silvestertrubel im Dorfkrug ausschlugen, hat sie dort auch niemand vermisst.

Diesmal gibt es jedoch einen viel wichtigeren Grund für ihr Fernbleiben. Denn Frau Härtel ist hochschwanger, steht kurz vor der Niederkunft und niemand, außer ihrem Gatten, weiß davon. Eine Zeit lang konnte sie die körperlichen Veränderungen vor den aufmerksamen Kolleginnen durch Abschnüren des Leibes erfolgreich verbergen. Im November jedoch, als sie einmal gefragt wurde, ob sie vielleicht ein Kind erwarte, bestritt sie dies zwar nicht, behauptete aber, erst im dritten Monat schwanger zu sein, obwohl sie bereits im siebten war.

Jetzt aber haben die Wehen eingesetzt, und sie bereitet sich auf die bevorstehende heimliche Niederkunft vor. Als der Morgen dämmert, hat sie, assistiert vom Ehemann, auf dem Küchensofa einen Jungen geboren. Der Gatte legt das schreiende Kind in einem Babykorb ab und bedeckt es mit einem Küchenhandtuch. Während Elfriede sich von der Geburtsanstrengung erholt, verbrennt Reinhold im vorgeheizten Küchenherd die vom Fruchtwasser durchnässten Textilien, die Wachstuchunterlage und auch die Nachgeburt. Nach einer reichlichen halben Stunde

erhebt sich Elfriede, um ihren Körper zu reinigen. Sie wirft beiläufig einen eiskalten Blick auf das Neugeborene, das stumm und scheinbar leblos im Körbchen liegt. Dann meint sie entschlossen und feindselig: „Ich will's nicht, verbrenn' es!"
„Der Ofen ist voll, ich vergrab's im Garten", entgegnet Reinhold Härtel ebenso herzlos. Beflissen verlässt er das Haus, um draußen eine geeignete Grube auszuheben. Ohne das Kind zu beachten, bereitet Elfriede seelenruhig das Frühstück vor. Nach geraumer Zeit ist ihr Mann zurück: „Fertig, das Loch ist tief genug!" Elfriede ergreift das Kind und verlässt das Haus in Richtung Garten. Reinhold folgt ihr. Auf dem Weg zur Grube fängt der Säugling plötzlich an zu schreien. Um die Aufmerksamkeit der Nachbarn nicht auf sich zu ziehen, verschwinden sie flugs wieder im Haus. Elfriede legt das schreiende Kind unsanft zurück in der Korb, kramt eilig aus der Schrankschublade eine 35 cm lange, buchenhölzerne Reibekeule hervor, deren eigentliche Zweckbestimmung im Anrühren von Kuchenteig liegt. Die Keule in der Hand tritt sie mit unvorstellbarer Kaltschnäuzigkeit an ihr Kind heran und versetzt ihm zwei heftige Schläge auf den Kopf. Augenblicklich ist es still. Sodann umhüllt sie es mit einer Decke, übergibt das Bündel dem Ehemann, der es sogleich in der ausgehobenen Grube verschwinden lässt.
Drei Tage später erscheint Elfriede wieder zur Arbeit auf der LPG, in guter körperlicher Verfassung und arbeitsam wie sonst auch.
Vierzehn Tage später. Zwei Bäuerinnen der LPG „Walter Ulbricht" erscheinen im Rat der Gemeinde und wollen den Bürgermeister sprechen. Die Angelegenheit sei wichtig. Willi Hopfe (48), der Gemeindechef, bittet die Frauen zu sich.
Es ginge um Elfriede Härtel aus ihrer Brigade, beginnen die beiden Besucherinnen ihre vertrauliche Information zaghaft. Sie beide und die Elfriede seien für das Anlegen und die Wartung der Mieten mit den Speise- und Saatkartoffeln zuständig. Und bei einem Pausengespräch Anfang November habe Elfriede ihnen offenbart, im dritten Monat schwanger zu sein und im Mai niederzukommen. Daraufhin hätten sie sich geeinigt, Elfriede bei der Winterfestmachung der Mieten körperlich nicht so stark zu belasten. Seitdem mache sie mit dem Pflanzenschutzwart die

Kontrollen und führe das Mietenbuch. Über Weihnachten und Silvester hätte Elfriede Urlaub genommen und sei seit Anfang Januar wieder auf Arbeit. Und da ihr Bauch mit einem Mal flach war, hätten sie verwundert nachgefragt, was denn vorgefallen sei. Elfriede habe erst abgewiegelt, es sei nichts, beklagte dann aber, dass sie über Silvester ins Krankenhaus nach Rathenow musste, weil sie einen plötzlichen Fruchtabgang hatte. Jetzt aber wäre alles wieder in Ordnung. Auf die Frage, warum im Betrieb niemand davon wusste und sie offiziell auch nicht krankgeschrieben worden sei, habe sie abgewinkt und gemeint, wegen solcher Kleinigkeit wolle sie sich nicht gleich krankschreiben lassen, zumal sie ja Urlaub hatte. Als beide mehr über ihren Krankenhausaufenthalt erfahren wollten, sei Elfriede plötzlich kiebig geworden und habe herumgebrüllt, dass das niemanden etwas anginge, man solle sie gefälligst in Ruhe lassen, sie hätte schon genug Probleme ...
Nach diesem Bericht beherrscht einen Moment lang nachdenkliche Stille das Büro, bis Bürgermeister Hopfe ziemlich ratlos fragt: „Und was soll ich jetzt dabei tun?"
„Na, überprüfen! Das stimmt doch hinten und vorne nicht, die Elfriede spinnt doch, und das nicht das erste Mal", drängen die Besucherinnen energisch.
Jetzt begreift der Gemeindechef den schweren Verdacht, den seine Besucherinnen hegen. Natürlich weiß er, dass eine künstliche Schwangerschaftsunterbrechung nur nach medizinischer Indikation erlaubt ist. Jetzt erinnert er sich an die zwei Jahre zurückliegenden Verdächtigungen, Elfriede Härtel habe damals abgetrieben, aber auch an die Tatsache, dass es keine Beweise dafür gab.
„Zieht bitte keine voreiligen Schlüsse, so etwas muss die Polizei untersuchen", mahnt er nachdrücklich und schließt das Gespräch mit der Bemerkung ab: „Gut, dass ihr zu mir gekommen seid. Das Gespräch bleibt unter uns. Ich kümmere mich um die Angelegenheit!"
Die beiden Frauen verlassen erleichtert die Diensträume des Bürgermeisters.
Nicht nur unter den LPG-Mitarbeiterinnen wird im Dorf schon seit Tagen getuschelt, mit Elfriede Härtel stimme irgendetwas

nicht. Denn die Zunahme ihres Leibesumfangs war folgerichtig längst als untrügliches Zeichen einer Schwangerschaft wahrgenommen worden. Als seit Anfang des Jahres diese Auffälligkeit plötzlich verschwunden ist, erinnert man sich wieder an den Klatsch über Elfriede Härtel, der vor zwei Jahren in der Gemeinde schon einmal die Runde machte. Wieder ist die Vermutung „Elfriede hat das Kind weggemacht" in aller Munde. Und das Rätselraten über das Wer, Wo und Wie dieser heimlichen Aktion füllt die Gespräche hinter vorgehaltener Hand. Aber auch diesmal kann niemand einen stichhaltigen Beweis liefern. So bleiben die Verdächtigungen vage. Irgendwann werden sie, genau wie damals, in allgemeiner Vergessenheit versickern.
Doch der Gemeindechef Willi Hopfe erkundigt sich im Paracelsus-Krankenhaus Rathenow. Dort aber ist eine Patientin namens Elfriede Härtel ebenso unbekannt wie die angeblich zum Jahresende erfolgte Notfallversorgung nach spontanem Abort. Umgehend erstattet er im VPKA Anzeige.

Montag, 17. Januar. In der winterlichen Morgendämmerung machen sich zwei Kriminalisten des Kriminaldauerdienstes in Begleitung des örtlichen ABV zur routinemäßigen Prüfung der Anzeige auf den Weg zu den Härtels. Der Uniformierte lässt die beiden Kriminalisten wissen, dass sie mit schwierigen Leuten zu tun haben werden. Elfriede Härtel, von einfachem Gemüt, launisch und willensschwach, leistet zwar in der LPG eine gute, zuverlässige Arbeit, doch prägen ebenso Verschlagenheit und Streitsucht ihre Persönlichkeit. Zu ihrem Gatten Reinhold, mit dem sie seit 17 Jahren verheiratet ist, scheint eine, auf Gegenseitigkeit beruhende starke sexuelle Bindung zu bestehen. Auch er ist ein seltsamer Zeitgenosse, der seine begrenzten geistigen Fähigkeiten mit beeindruckendem Geltungsdrang kompensiert. Zudem ist er ein sich ständig mit den Nachbarn anlegender, chronischer Rabauke. Der 16-jährige eheliche Sohn Ulrich fühlt sich längst in einem Halberstädter Lehrlingswohnheim pudelwohl und kommt nur selten heim. Die fast 18-jährige Tochter Christa ist zwar polizeilich noch bei ihren Eltern gemeldet, wohnt aber seit einiger Zeit bei ihrem 20-jährigen Freund im gleichen Ort, um den permanenten innerfamiliären Scharmützeln zu entgehen.

Überhaupt ist die Beziehung beider Kinder zu den Eltern auffallend unterkühlt.

Als die Polizisten das Härtelsche Gehöft erreichen, ist das Hoftor verriegelt. Alles ist ruhig und dunkel. Energisch pochen die Männer gegen das hölzerne Tor. Doch drinnen bleibt es still. Nur irgendwo in der Nachbarschaft kläfft ein Hund. Aber so schnell geben die Männer nicht auf. Mit Nachdruck wiederholen sie ihr Einlassbegehren. Nach einiger Zeit schlurft jemand über das Kopfsteinpflaster des Hofes heran, öffnet geräuschvoll das Tor, aber nur einen Spalt weit. Es ist Reinhold Härtel, ein mittelgroßes Muskelpaket mit schütterem Haar.

„Was is'n?", knurrt er genervt. Die Männer präsentieren ihre messingfarbenen Dienstmarken: „Kriminalpolizei, Herr Härtel, wir müssen mit Ihrer Frau sprechen, wenn's geht, sofort!"

„Die ist krank, liegt im Bett", lügt Härtel brummig.

„Können wir trotzdem reinkommen?", drängen sie.

Zögerlich gewährt der knurrige Mann ihnen den Zutritt. Unbeirrt schreiten die Männer voran ins Haus. Härtel, argwöhnisch und wachsam, bleibt ihnen dicht auf den Fersen. Doch entgegen seiner Behauptung liegt die Angetraute nicht im Bett, sondern hantiert putzmunter in der Küche. Der plötzliche, ungebetene Besuch der Staatsmacht bereitet der kleinen, rundlichen Frau mit dem aschfahlen Gesicht höchstes Unbehagen. Die Nervosität ist ihr anzusehen.

Die Männer kommen gleich zur Sache: „Nur eine Frage: Was ist mit dem Kind in Ihrem Bauch?"

Elfriede blickt ängstlich um sich, ehe sie lakonisch bekennt: „Ist nicht mehr da!"

„Was heißt nicht mehr da?"

Sie fingert nervös an ihrer Kittelschürze und stammelt: „Ist abgegangen, lebt eben nicht mehr!"

„Und wo ist es jetzt?", fragen die Polizisten streng.

„Vergraben, im Garten", stößt Elfriede Härtel heraus. Sekunden später scheint ihr bewusst zu werden, dass sie dies nicht hätte sagen dürfen. Denn als die Männer sie auffordern, die Stelle zu zeigen, verliert sie plötzlich die Beherrschung und schreit hysterisch: „Haut ab, lasst mich gefälligst in Ruhe, ich sage überhaupt nichts mehr!"

Nun hat es Reinhold Härtel offenbar auch satt. Er blickt die Polizisten böse an, weist auf die Tür und zischt: „Schluss jetzt – und raus!"
Um eine gefährliche Eskalation zu vermeiden, ziehen die drei einen schnellen, taktischen Rückzug vor und verlassen den Schauplatz. Als Härtel die Hoftür hinter ihnen verriegelt, atmen sie erleichtert durch, melden augenblicklich der Einsatzzentrale den Stand der Dinge und fordern Verstärkung an.
Ihr Bericht setzt auch unverzüglich weitere Aktivitäten der Polizei in Gang, und schon bald okkupieren mehrere zivile und uniformierte Polizisten des VPKA Rathenow das Härtelsche Anwesen. Angesichts der staatlichen Übermacht verhält sich das Ehepaar Härtel diesmal ruhig. Beide werden umgehend befragt.
Gleich beim ersten Gespräch mit der Kripo räumt Elfriede ein, dass sie angeblich im vierten Monat schwanger war und in der Silvesternacht einen spontanen Fruchtabgang hatte. Einzelheiten des Vorgangs kann sie allerdings nicht beschreiben, zu groß seien ihre Gedächtnislücken. Sie spricht leise, stockend, mit einfachen Worten, verhält sich wie ein verschämtes Kind. Ansonsten verliert sie sich in zusammenhangslosen und wenig plausiblen Erklärungen, versichert aber: „Alles, was rauskam, haben wir dann im Ofen verbrannt." Die Frage, warum sie keinen Arzt gerufen habe, beantwortet sie mit einem hilflosen „Ich weiß nicht!" Dass Frau Härtel nur über ein eingeschränktes intellektuelles Leistungsvermögen verfügt, ist den Kriminalisten längst aufgefallen. Argwöhnisch, aber kommentarlos, nehmen sie ihre konfusen Einlassungen zur Kenntnis.
Indes erklärt ihr Angetrauter Reinhold, bei der angeblichen Fehlgeburt nicht dabei gewesen zu sein. Er räumt freundlicherweise aber ein, auf Drängen seiner Frau den kleinen Leichnam später im frostfreien Boden des Gartens vergraben und „was sonst noch so rauskam" im Küchenofen verbrannt zu haben. Allerdings: Ob es ein Junge oder Mädchen gewesen sei, wisse er nicht. „Was Sie gemacht haben, war Beihilfe!", urteilt einer der Polizisten voreilig. Doch Härtel wiegelt ab und meint, das Kind sei ja nicht lebensfähig gewesen, und seine Frau habe es, in eine Decke eingewickelt, ihm mit den Worten übergeben: „Mach mal, Tote müssen unter die Erde." Und das habe er auch getan.

Kurz darauf führt er die Polizisten auch an die Stelle hinter den Sträuchern, an der er das Bündel etwa einen Meter tief bestattet haben will.

Allein die rechtliche Bedeutung der bisherigen, sonderbaren Einlassungen des Ehepaars Härtel stützen trotz der Widersprüche zumindest die Vermutung einer heimlichen Abtreibung, mehr jedoch einer Kindestötung. Einen angeblich unvorhergesehenen Abort halten die Kriminalisten schlichtweg für eine typische Schutzbehauptung, wie sie auch bei anderen Kindestötungen immer wieder vorgebracht wird. Also: Auch wenn es zur Zeit an materiellen Beweisen mangelt, besteht der dringende Verdacht eines Delikts gegen das Leben. Er rechtfertigt nicht nur die Einleitung eines Ermittlungsverfahrens, sondern auch eine vorläufige Festnahme. Da unter den gegebenen Umständen eine Fortsetzung der Vernehmung im vertrauten Milieu der Wohnstube taktisch und psychologisch unklug wäre, sind Elfriede und Reinhold Härtel umgehend zuzuführen.

„Sie müssen mit nach Rathenow", kündigen die Polizisten an und fragen nicht ohne Hintergedanken: „Falls es länger dauert, kümmert sich unterdessen Ihre Tochter um die Hühner?" Wahrscheinlich wissen Härtels nicht, ob ihre Tochter diese Aufgabe übernehmen wird. Denn sie blicken sich ratlos an, zögern mit einer klaren Antwort. Genervt beenden die Kriminalisten schließlich die Druckserei mit einem entschlossenen: „Na gut, wir klären das!" Und unter den wachsamen Augen des Gesetzes treten die Eheleute Härtel sodann die unfreiwillige Fahrt zum VPKA nach Rathenow an.

Schon bald nach der Ankunft im VP-Kreisamt widmen sich zwei Sachbearbeiter des Kommissariats III dem beschuldigten Ehepaar. Zeitgleich und nur wenige Büros voneinander entfernt werden Elfriede und Reinhold erstmalig förmlich vernommen. Sie ahnen nicht, dass sie sich erst Monate später im Gerichtssaal wiedersehen werden.

Grundlage für das Erkundungsgespräch bilden Bürgermeister Hopfes Anzeige und der Bericht der Polizisten, die Härtels deshalb einen offiziellen Besuch abstatteten. Immerhin hatten die Eheleute dabei die entscheidenden Argumente für die Begründung des Tatverdachts einer strafbaren Abtreibung, wenn nicht sogar einer Kindestötung, selbst geliefert. Doch die Vernehmung der beiden gestaltet sich schwierig, denn noch fand keine Ereignisortuntersuchung statt, folglich liegen auch keine spurenkundlichen Ergebnisse vor. Zwar nehmen die zwei die Beschuldigung widerspruchslos zur Kenntnis, wiederholen gebetsmühlenartig ihr bisheriges Eingeständnis, doch Einzelheiten zur Sache wollen sie nicht preisgeben. Mehrere Versuche, sie zu präzisen Aussagen zu bewegen, folgen. Vergeblich. Schließlich müssen die Vernehmungen, die weder weitere belastende noch entlastende Fakten zutage fördern, abgebrochen werden. Dennoch ändert dies nichts am dringenden Tatverdacht. Allemal liegen die Voraussetzungen für den Erlass eines Haftbefehls vor, denn der Verdacht bezieht sich auf eine Tat, die mit Freiheitsentzug bedroht ist. Gemäß interner Weisungen, wonach Haftsachen grundsätzlich vom Dezernat II in der Bezirksbehörde bearbeitet werden, sind nun die Rathenower Vernehmer an die Grenze ihrer Zuständigkeit gestoßen. Jetzt muss die Mordkommission den Fall übernehmen. Deshalb werden die bisherigen Ermittlungsergebnisse in einer sogenannten Spitzenmeldung zusammengefasst und umgehend an die Zentrale in Potsdam weitergeleitet. Auch der Staatsanwalt wird sogleich informiert.

Am gleichen Tag gegen Mittag. Die Spitzenmeldung des Rathenower Kripochefs an die Bezirksbehörde erreicht postwendend auch den Chef der Potsdamer Mordkommission, Hauptmann Helmut Heinemann. Er, der dunkelhaarige, stattliche Endvierziger mit den eindrucksvollen buschigen Augenbrauen und der rastlosen Energie, ist ein erfahrener Mörderjäger, der sofort weiß, welche Arbeit auf ihn und seine Mannschaft zukommt. Denn kriminelle Aborte und Kindestötungen verlangen eine spezifische Untersuchungsmethodik. Es sind höchst diffizile Sachverhalte, die Kriminalisten und Gutachter hinsichtlich der materiellen Beweisführung vor allem dann besonders herausfordern, wenn die Tat längere Zeit zurückliegt. Heinemann durchdenkt die ersten Schritte: Zunächst sind die Eheleute Härtel rasch nach Potsdam zu überführen, getrennt versteht sich, damit heimliche Absprachen zwischen ihnen verhindert werden. Noch vor der nächsten Vernehmung ist Frau Härtel gynäkologisch zu untersuchen, um die zurückliegende Schwangerschaft nachzuweisen, den Zeitpunkt der Geburt einzugrenzen oder mögliche Abtreibungsverletzungen festzustellen. Doch davor steht erst einmal die Spurensuche am vermutlichen Tatort, die auch die Anwesenheit eines Gerichtsarztes erforderlich macht. Da im Bezirk Potsdam keine gerichtsmedizinische Prosektur besteht, wird der diensthabende Oberarzt Dr. Dietz vom Gerichtsmedizinischen Institut der Berliner Charité angefordert. Weil aber der „antifaschistische Schutzwall" um die Exklave Westberlin sich als unüberwindliches Hindernis erweist, muss der lästige Umweg über den Berliner Außenring der Autobahn berücksichtigt werden, weshalb mit der Ankunft des Arztes am Ereignisort nicht sobald gerechnet werden kann.

Am Rande erwähnt, verfügten die DDR-Bezirke Potsdam und Frankfurt/Oder seit dem Jahre 1983 jeweils über ein eigenständiges gerichtsmedizinisches Bezirksinstitut. Der nach dem sogenannten Ländereinführungsgesetz im Jahre 1990 erfolgte Zusammenschluss der DDR-Bezirke Potsdam, Frankfurt/Oder und Cottbus zum Land Brandenburg führte, begleitet von einer 60-prozentigen Reduzierung des Personalbestandes, zur Fusion beider Institute. Dabei übernahm das Institut in Potsdam die Aufgabe als „Brandenburgisches Landesinstitut für Rechtsmedizin", das in Frankfurt/Oder fungierte als Nebenstelle. Die Bildung des Bundeslandes Brandenburg hatte eine beträchtliche Erweiterung des gerichtsmedizinischen Versorgungsbereichs zur Folge. Verglichen mit der Situation zu DDR-Zeiten erhöhte sich damit die Obduktionsrate um über das Fünffache. Dennoch muss die renommierte Einrichtung heutzutage wegen weiterer rigoroser Einsparmaßnahmen des Landes um ihr Fortbestehen fürchten.

Nachdem Heinemann die nun unmittelbar bevorstehenden Maßnahmen mit dem Dezernatsleiter abgestimmt hat, ruft er seine Mannschaft zusammen, informiert sie über den Sachstand und verteilt die Aufgaben. Beflissen schwärmen die Männer aus. Er selbst und der versierte Kriminaltechniker Roland Bethge, ein hagerer, unauffälliger Mann etwa im Alter seines Chefs, treffen

die Vorbereitungen für die Durchsuchung des Härtelschen Anwesens. Deshalb gehören die nächsten Minuten dringenden Telefonaten: Einsatzkräfte und Leichensuchhunde werden angefordert, Fahrzeuge müssen bereitgestellt werden, Staatsanwalt Decker ist über die bevorstehende Aktion zu informieren, aber auch der örtlich zuständige ABV.
Bereits eine halbe Stunde später befinden sie sich auf dem Weg zum knapp 100 Kilometer entfernten Härtelschen Anwesen, das solange von Schutzleuten aus Rathenow gesichert wird.
Vorsorglich statten der örtliche ABV und Bürgermeister Willi Hopfe Härtels Tochter und ihrem Verlobten einen Besuch ab. Schließlich muss geklärt werden, wie es nach Beendigung der polizeilichen Schnüffeltour auf dem Grundstück der festgenommenen Eheleute weitergehen soll. Denn die kleine Wirtschaft muss ja irgendwie weitergeführt werden. Nach hartnäckiger Überzeugungsarbeit gelingt es ihnen auch, dem jungen Paar die Bereitschaft abzutrotzen, sich für die ungewisse Dauer der staatlich erzwungenen Abwesenheit der Eltern um Haus, Hof und Federvieh zu kümmern.
Unterdessen haben sich im Kreisamt die beschuldigten Eheleute, getrennt voneinander, im kargen Interieur der Zuführungszellen ihrem weiteren Schicksal ergeben. Noch sind Ungewissheit und Warten angesagt. Einzige und ungewollte Abwechslung: die erkennungsdienstlichen Formalitäten, die sie widerwillig über sich ergehen lassen.

Etwas später an diesem Nachmittag beginnt unter der Regie Helmut Heinemanns und seines Kriminaltechnikers Bethge eine Schar Polizisten mit der Durchsuchung des Härtelschen Anwesens.
Dass Reinhold Härtel im Garten eine Kindesleiche vergraben haben soll, ist schnell Gesprächsthema Nummer eins im Dorf. Es belebt auch das alte, längst vergessene Gerücht, wonach Elfriede Härtel vor zwei Jahren wahrscheinlich schon einmal eine angebliche Fehlgeburt auf gleichem Wege verschwinden ließ. Der Einsatz der Spürhunde hat deshalb Vorrang. Die Vierbeiner verweisen zunächst mit bestechender Sicherheit auf die Stelle im Garten, an der Härtel den in eine Decke gewickelten

toten Säugling vergraben haben will. Darüberhinaus aber bleiben ihre Schnüffelbemühungen ohne Erfolg. Danach kommen die Suchkräfte zum Einsatz. Jede Nische, jedes Behältnis, jeden Winkel des Grundstücks nehmen sie in kritischen Augenschein. Auch Staatsanwalt Decker, der die Durchsuchung anordnete und nun für ihre Durchführung die rechtliche Verantwortung trägt, lässt sich das Event nicht entgehen. Offizielle Zeugen der Polizeiaktion sind Christa Härtel und ihr Verlobter, die, nachdem sie sich um das leibliche Wohl des elterlichen Federviehs gekümmert haben, mit ungutem Gefühl den Lauf der Dinge stumm verfolgen. Schließlich trifft auch der Berliner Gerichtsarzt Dr. Dietz (Anfang 50) ein, der etwas brummig wirkende Kettenraucher, dessen schwerfälliger Gang Thromboseschmerzen in den Beinen erahnen lässt.

Heinemanns Augenmerk gilt unterdessen der verdächtigen Grabestelle. Auch das Interesse des Gerichtsarztes und des „KT-Mannes" Bethge ist längst geweckt. Und während die Suchtrupps unbeirrt das umliegende Gelände durchstöbern, hebt Bethge, nachdem er einige Übersichtsfotos geschossen hat, von einem etwa einen Quadratmeter großen Areal das Erdreich aus und schaufelt sich behutsam in die Tiefe vor. Die Witterungsbedingungen sind günstig. Das regenreiche, ungewöhnlich milde Wetter der letzten Wochen begünstigt die Aktion, denn der Erdboden ist nur oberflächlich gefroren, so dass der Aushub mühelos erfolgen kann.

Bethge hat fast einen Kubikmeter Erdreich ausgehoben, als er den Spaten aus dem feuchten Boden zieht und zu verstehen gibt, auf einen textilen Widerstand gestoßen zu sein. Voller Spannung starren Heinemann und Dr. Dietz in die Grube, während er die Exhumierung mit der Sorgfalt einer prähistorischen Ausgrabung fortsetzt. Zwischendurch macht er immer wieder Fotos. Bald steht fest, dass der textile Widerstand eine Decke ist, die zu einem reichlich halbmetergroßen, unförmigen Bündel zusammengeschnürt wurde. Bethge hebt das Bündel behutsam aus der Grube und übergibt es Dr. Dietz, der es in das Härtelsche Wohnhaus trägt. Heinemann und Bethge folgen ihm.

Auf dem Terrakotta-Fußboden des Hausflurs wird die Verschnürung gelöst und das Bündel geöffnet. Wieder klickt der Fotoapparat des Kriminaltechnikers. Der Inhalt des Bündels erweist sich nicht als ein nur wenige Monate alter Fetus, sondern als totes, nacktes männliches Baby, das der Gerichtsarzt sofort unter fachkundigen Augenschein nimmt. „Bei der Kühlschranktemperatur im Boden gut erhalten und beurteilbar", stellt er lakonisch fest. Sodann tastet er den kleinen Leichnam an verschiedenen Stellen ab und kommentiert seine Feststellungen: „Der Todeszeitpunkt dürfte nach erster Einschätzung nicht im Widerspruch zu den zeitlichen Angaben der Beschuldigten stehen." Am Hinterkopf des Kindes entdeckt er mehrere großflächige Eindellungen des Schädeldachs mit auffälligen, platzwundenartigen Verletzungen, die auf eine heftige Gewalteinwirkung hinweisen. „Stumpfe Einwirkung mit verhältnismäßig großer Auftrefffläche – ein Knüppel oder ähnliches", meint der Doktor. Mit einem kleinen Maßband vermisst er schließlich den Körper. Dann resümiert er weiter: „Allein die Körperlänge von 49 cm spricht für ein reifes Neugeborenes, ebenso die gut ausgebildeten Knorpel an Nase und Ohren. Auch die Hoden sind genau dort, wo sie hingehören. Also, die Dame hat das Kind regulär ausgetragen!"

„Hat es gelebt?", fragt Heinemann.

Der Oberarzt hält dies für wahrscheinlich und weist auf die Hinterhauptverletzungen: „Anderenfalls wäre es nicht nötig gewesen, derart nachzuhelfen. Aber ganz sicher bin ich erst nach der Autopsie!"

Heinemann rechnet mit einer klassischen Kindestötung. Er kennt die Verschleierungstaktik so mancher Täterin, ihr soziales Umfeld mit Vorbedacht und überzeugend in die Irre zu führen, wenn sie den tatsächlichen Termin der Niederkunft verschweigt und einen viel späteren vorgibt. Nach erfolgter Geburt und Tötung des Kindes bezweifelt kaum jemand eine angebliche Fehlgeburt. Der erfahrene Kriminalist schließt daraus folgerichtig, dass sich auch Elfriede Härtel so verhalten haben könnte. Und das offenbart einen frühzeitigen Tötungsvorsatz.

Stunden später. Es ist kalt und trotz der frühen Abendstunden bereits nachtdunkel.

Bis auf den Leichenfund an der von Härtel bezeichneten Stelle im Garten führt die weitere Durchsuchung des Gartens, des

Schuppens und des Hühnerstalls zu keinen neuen Erkenntnissen.
Die Männer nehmen sich das Wohnhaus vor. Es ist ein eingeschossiges, kleines, unterkellertes Gebäude mit vier spärlich eingerichteten Stuben, einer geräumigen Wohnküche und einem mit Gerümpel vollgestopften Dachboden, strahlt wegen seiner Unordnung aber wenig Behaglichkeit aus. Oberleutnant Bethge macht Fotos von dem kärglichen Ambiente.
Feuerstelle und Aschekasten des Küchenherdes sind spurenkundlich ohne relevanten Befund. In einer Schublade des Küchenschranks finden die Männer Elfriede Härtels Sozialversicherungsausweis. Dieses wichtige, amtliche Dokument, in dem alle Arbeitsverhältnisse, beitragspflichtigen Einkünfte, Arztbesuche, Arbeitsbefreiungen, Krankenhausaufenthalte, Heilverordnungen und Schutzimpfungen akkurat vermerkt sind, wird vorsorglich beschlagnahmt. Und in einer Kammer neben der Küche wird ein alter Schuhkarton mit Gegenständen entdeckt, die Heinemann mit sicherem Blick als typische Abtreibungsinstrumente erkennt: ein Irrigator für Scheidenspülungen, verschiedene Rohreinsätze und dünne Sonden. Christa Härtel und ihr Begleiter starren fassungslos auf die unbekannten, merkwürdigen Utensilien, die Heinemann ebenfalls förmlich beschlagnahmt. Später, beim Unterschreiben des Durchsuchungsprotokolls, wendet sich Christa Härtels Verlobter verlegen an den Staatsanwalt: „Erlauben Sie, dass ich die Hühner morgen hole, die können doch auf unseren Hof."
„Natürlich! So wie es aussieht, müssen Sie sich in der nächsten Zeit sowieso um die Wirtschaft kümmern", gibt Decker zu verstehen.

Es ist fast Mitternacht, als Hauptmann Heinemann mit der erlösenden Nachricht „Schluss für heute, morgen ist auch noch ein Tag!" das Signal zum Abbruch der Aktion gibt. Dr. Dietz macht sich sogleich wieder auf den Weg nach Berlin, im Kofferraum seines Wartburg eine Kühlbox, darin der kleine Leichnam und die Decke. Auch Staatsanwalt Becker verlässt die Szene.
Eigentlich ist Heinemann mit der Bilanz des Tages zufrieden. Immerhin: Was das illegale Grab im Garten betrifft, treffen Reinhold Härtels Aussagen zu. Auch die ersten, groben Ergebnisse

der Exhumierung des toten Babys bestätigen den Tatverdacht und liefern schon in dieser frühen Ermittlungsphase hinreichenden Stoff für die Vernehmung der beiden Beschuldigten. Während Heinemann die Haustür und das Hoftor mit amtlichen Siegeln versieht, bespricht er mit Roland Bethge die Maßnahmen des nächsten Tages, wozu auch die wenig verlockende Aufgabe zählt, die Fäkaliengrube hinter dem Gebäude auszupumpen, um auch dort nach weiteren verbrecherischen Relikten zu suchen. Dann endlich fahren die Männer zurück nach Potsdam.

Anderentags ist Bethge, begleitet von einem weiteren Mitarbeiter der MUK, wieder vor Ort, um die Spurensuche fortzusetzen, während die Feuerwehr mittels geeigneter Technik die Härtelsche Abortgrube leert. Stunden später steht jedoch fest: Keine weitere Spur, kein zusätzlicher verwertbarer Hinweis.
Helmut Heinemann indes nutzt den Vormittag für die gedankliche Vorbereitung der Vernehmung des beschuldigten Ehepaars. Im beschlagnahmten Sozialversicherungsausweis entdeckt er, dass Elfriede Härtel im Frühjahr 1954, im Frühjahr 1957 und im Herbst 1958 wegen akuter Adnexitis bzw. eines inkompletten Aborts eine Zeit lang im Paracelsus-Krankenhaus Rathenow stationär behandelt wurde. Er argwöhnt: Gibt es einen Zusammenhang zwischen Klinikaufenthalt und ursächlichen Abtreibungsmanipulationen? Allemal begründet dies die Einholung von medizinischen Gutachten.
Auch die Befunde der am Morgen erfolgten gynäkologischen Untersuchung begünstigen dieses kritische Denken, denn der Arzt bestätigt nicht nur die bisherigen Ermittlungsergebnisse, wonach im Zeitraum der letzten zwei bis drei Wochen eine Geburt stattgefunden haben muss, sondern stellt bei Frau Härtel auch „ältere, vernarbte, vaginale Schleimhautdefekte unbekannter Genese" fest.
Könnten die sichergestellten Instrumente derlei verursacht haben? Ist der Fund der Säuglingsleiche nur die sprichwörtliche Spitze des Eisberges?
Heinemann muss natürlich bekennen, dass der Nachweis einer weiteren kriminellen Schwangerschaftsunterbrechung oder gar einer Kindestötung mit kompletter Beseitigung der Leiche nach

so langer Zeit ein schier aussichtsloses Unterfangen ist. Es sei denn, die Beschuldigten überraschen mit einem Geständnis, das freilich unter diesen Bedingungen nur dann Beweiskraft hat, wenn es detailliertes Tatwissen offenbart.

Kurzum: Die Vernehmung der schrulligen, sprachlich wenig gewandten Eheleute Härtel stellt auch in dieser Hinsicht eine besondere taktische Herausforderung dar. Um ihre Aussagebereitschaft zu fördern, muss eine konfliktfreie, ruhige Vernehmungsatmosphäre herrschen. Es gilt, sich mit den charakterlichen Eigenheiten, Stärken und Schwächen der beiden vertraut zu machen. Ihr soziales Umfeld, die Art und Qualität ihrer inneren und äußeren Beziehungen und Einstellungen, ihre ethisch-moralischen Wertvorstellungen und wichtige biografische Stationen sollen in Erfahrung gebracht werden, immer davon ausgehend, dass ihre Selbstdarstellung selektiv erfolgt und subjektiv gefärbt ist. Kriminaltaktisch vorteilhaft erweist sich aber die Tatsache zweier Beschuldigter. Ihre getrennte Vernehmung ermöglicht ein schnelles taktisches Reagieren auf die Aussageinhalte hinsichtlich ihres Wahrheitsgehaltes, ihrer Übereinstimmung oder Widersprüchlichkeit. Doch solange kein Sektionsgutachten vorliegt, soll das erste Gespräch den eigentlichen Untersuchungsgegenstand möglichst ausklammern und sich nur auf die Erlangung persönlichkeitsbezogener Informationen beschränken.

Am Nachmittag lässt Heinemann jene Sachbearbeiter der MUK, die er in die Bearbeitung des Falls Härtel einbezieht, zu sich kommen und macht sie mit seinen strategischen Überlegungen vertraut. Etwas später, gerade zurück vom Härtelschen Grundstück, stößt auch Oberleutnant Bethge zu dieser Männerrunde. Natürlich will man von ihm wissen, ob er spurenkundliche Neuigkeiten bereithält. Aber Bethge zuckt mit den Schultern. Nur ein kurzes, enttäuschtes „Nix!" kommt über seine Lippen. Schade. Die Enttäuschung bei den Männern verfliegt schnell, und sie wenden sich ihrem eigentlichen Thema zu.

Länger als eine Stunde analysieren sie die Ausgangsdaten, diskutieren über Versionen, legen Untersuchungskomplexe fest und leiten die erforderlichen Maßnahmen ab. Heinemann entlässt seine Mitstreiter erst, nachdem die Ermittlungsaufträge, Verantwortlichkeiten und Termine feststehen.

Nach dem Rapport bei Heinemann machen sich zwei seiner Männer sofort auf den Weg zur Untersuchungshaftanstalt, um sich die Beschuldigten zur ersten großen Vernehmung vorführen zu lassen.
Anfangs verläuft das peinliche Gespräch bei beiden ziemlich schleppend. Geduldig müssen sich die Vernehmer auf die unbeholfene Rhetorik der Beschuldigten einstellen. Weil aber die heiklen Fragen zum Tatvorwurf vorerst unterbleiben, löst sich deren Verklemmung alsbald und sie geben bereitwillig Auskunft ...

Tags darauf vertieft sich Heinemann in die Vernehmungsprotokolle, analysiert ihre Inhalte unter kriminologischem Blickwinkel und gelangt zu dem Schluss: Die biografischen Selbsteinschätzungen der beiden Beschuldigten belegen, dass bereits frühzeitig schwerwiegende Sozialisationsdefizite auftraten, die im Zusammenspiel mit ihrer Intelligenzschwäche die Herausbildung krimineller Einstellungen gefördert haben. Wie sich später herausstellen wird, sollte Heinemann recht behalten. Als nämlich die psychiatrisch-psychologische Expertise über die Härtels vorliegt, findet er eine eindruckvolle Bestätigung:
Elfriede, ein Einzelkind, verlebte eine triste, wenig glückliche Kindheit im elterlichen Anwesen, das sie immer noch bewohnt. Sie litt unter den drastischen Züchtigungen des strengen, trunksüchtigen Vaters. Auch die gutmütige, aber psychisch instabile Mutter wurde ständig von ihm schikaniert, mitunter auch geschlagen. So bestimmten Handgreiflichkeiten, Alkohol und Geldsorgen das innerfamiliäre Leben. Zeit für eine unbeschwerte Kindheit blieb ihr versagt. Schon frühzeitig wurde sie in Haus- und Hofarbeiten eingespannt, hatte mitunter schwere körperliche Arbeiten zu verrichten, vor allem als der Vater an der Front war. Den Besuch der Volksschule empfand sie als ungeheure Belastung, weil das Lernen ihr schwerfiel. Folgerichtig blieben ihre Leistungen unterdurchschnittlich, und sie blieb mehrmals sitzen. Nach vorzeitiger Schulentlassung begann sie, in der kleinen elterlichen Landwirtschaft zu arbeiten. Die Rückkehr des Vaters aus der Kriegsgefangenschaft bedeutete wieder Streit, Gewalt und Trunksucht innerhalb des Familienlebens. Zwei Jahre später

suizidierte sich die Mutter nach einem Streit mit dem verfeindeten Ehemann. Fortan musste Elfriede mit dem ungeliebten Vater unter einem Dach in engem sozialen Verbund leben. Dessen Trunksucht und die so verursachten finanziellen Sorgen verschärften ihre Aversionen gegen ihn. Permanenter Zwist war die Folge. Der psychische und körperliche Verfall zwang den Vater schließlich zu einem Aufenthalt in einer geschlossenen Pflegeeinrichtung, in der er bis zu seinem Tod verblieb.

Auch bei Reinhold Härtel sind ähnliche Sozialisierungsdefizite festzustellen. Er stammt aus dem ostpreußischen Allenberg. Sein Vater, den er kaum kannte, verunglückte noch vor Kriegsbeginn tödlich. Die Mutter verstarb frühzeitig an einem Krebsleiden. Er kam in ein Kinderheim, später zu Pflegeeltern, verließ die Hilfsschule, bevor er sie regulär beendete, begann ziellos umherzustreunen, schloss sich kurz vor Kriegsende einem Flüchtlingstreck in Richtung Westen an, bis es ihn nach weiterer unsteter Wanderschaft nach Brandenburg verschlug. Er war neunzehn Jahre alt, als er Elfriede kennenlernte. Bis dahin vom Leben hin und her geworfen, wollte er nun bei ihr sesshaft werden, ließ sich in ihrem Dorf nieder und bestritt als Hilfsmaurer seinen Lebensunterhalt. Schnell wurden sie ein Paar. Doch der erste intime Kontakt hatte sogleich eine ungewollte Schwangerschaft zur Folge. Beide empfanden dies als Desaster, ließen aber, wenn auch widerwillig, dem werdenden Leben seinen Lauf. Gegen Ende des Jahres 1949, kurz vor Elfriedes Niederkunft, gaben sie sich das offizielle Jawort. Es war eine Pflichtehe, gefordert von der herrschenden öffentlichen Moral, aber stabilisiert durch sexuelle Harmonie, die bis in die Gegenwart anhielt. Im Frühjahr 1950 wurde die Tochter Christa geboren, ein reichliches Jahr später erblickte der Sohn Ulrich das Licht der Welt. Auch er war ein ungewolltes Kind. Mitte des Jahres 1952 wurde ein weiterer Sohn geboren, ein schwächliches Kind, das unter nicht ganz klaren Umständen nach wenigen Monaten verstarb. Elfriede und Reinhold Härtel machen keinen Hehl daraus, dass sie sich durch den Nachwuchs in ihrer ursprünglichen Lebensplanung sehr behindert fühlten. Ihr abgestumpftes Gemüts- und Gefühlsleben produzierte so eine tiefgreifende Abneigung gegen die Kinder. Zwar gewährleisteten sie deren vitale Grundversor-

gung, doch zu einer echten, warmherzigen Eltern-Kind-Beziehung mit positiver Wertorientierung waren sie nicht fähig.
Seit der Gründung der LPG „Walter Ulbricht" im Jahr 1957 ist Elfriede dort tätig, während Reinhold sich in der nahen Betonfabrik abrackert. Beider Monatslohn von zusammen 650 MDN und das Zubrot aus der individuellen Hühnerhaltung sichern ihnen eine zufriedenstellende wirtschaftliche Lebenssituation.

Zwei Tage später liegt das vorläufige Gutachten über die Autopsie des männlichen Säuglings auf Heinemanns Schreibtisch. Die Vermutungen des Oberarztes bestätigen sich. Alle Zeichen des Neugeborenseins konnten nachgewiesen werden. Die Lungen waren gut beatmet. Also: Das Kind hatte gelebt, wäre damit zu einer Weiterexistenz außerhalb des Mutterleibes fähig gewesen. Aber zwischen Geburt und Todeseintritt müssen mehrere Stunden vergangen sein. Und hinsichtlich der Todesursache gelangt Dr. Dietz gegenüber seiner Vermutung bei der Leichenschau zu einer anderen, überdies beklemmenden Feststellung: Der Tod des Kindes ist nicht unmittelbare Folge stumpfer Gewalt gegen den Schädel, sondern der Kombination von Unterkühlung und Erstickung, verursacht durch die winterlichen Temperaturen und das Erdreich, mit dem Reinhold Härtel die Grube wieder füllte.
Heinemann gelangt nun zu einem wichtigen Schluss: Die verhältnismäßig große Zeitspanne zwischen Geburt und Tod des Kindes steht dem für eine Kindestötung zutreffenden Tatbestandsmerkmal „gleich nach der Geburt" insofern entgegen, da Frau Härtel nach so langer Zeit nicht mehr unter dem geforderten „unmittelbaren Eindruck der Geburt" gestanden haben kann. Und für ihren Gatten trifft zu, dass eine Mittäterschaft bei der Kindestötung ohnehin ausgeschlossen ist, denn nach juristischer Denkart ist nur der Mittäter, der auch Alleintäter sein kann. Damit lautet der strafrechtliche Vorwurf nicht mehr Kindestötung, sondern vielmehr Mord.
Diese Erkenntnis beeinflusst die nächste Vernehmung der Beschuldigten. Zunächst begegnen sie dem Mordvorwurf mit wirkungslosem Verteidigungsverhalten, das alsbald von der Strategie gegenseitiger Beschuldigung abgelöst wird. Die so entstandenen Widersprüche werden vernehmungspsychologisch

genutzt, um die Härtels geschickt gegeneinander auszuspielen. Auf diese Weise gelingt es schließlich, dass sie sich bereits am folgenden Tag zu jenen Ereignissen der Silvesternacht bekennen, die eingangs in diesem Report beschrieben wurden.

Damit hat Heinemann das erste Glied der vermuteten Kette freigelegt. Doch er weiß auch, dass dieses Geständnis maßgeblich durch die wahrheitsfördernde Wirkung der objektiven gerichtsmedizinischen Befunde begünstigt wurde. Schwieriger werden die künftigen Vernehmungsergebnisse zu bewerten sein, denn bis auf wenige Indizien gibt es keinen materiellen Beweis, der die Aussageninhalte bestätigen oder widerlegen könnte. Dennoch ist Heinemann zuversichtlich, dass Elfriede und Reinhold Härtels Kooperation auch unter diesen Bedingungen erhalten bleibt. Nur müssen in besonderem Maße alle ihre Einlassungen so originär und detailliert wie möglich erfasst werden, damit sie gegen den Vorwurf, womöglich auf suggestive Weise entstanden zu sein, abgesichert sind, hingegen ihre Schlüssigkeit und Überzeugungskraft nicht bezweifelt werden können, auch wenn sie später widerrufen werden sollten. Sie müssen schließlich als Beweis vor Gericht bestehen.

Monate hartnäckiger Ermittlungsarbeit folgen. Um die Beschuldigten psychisch nicht zu überfordern, verlaufen deren Vernehmungen streng schwerpunktbezogen und jeweils zeitlich ungewöhnlich eng begrenzt, im Hintergrund meist von einem forensisch versierten Psychologen begleitet. Nach Abarbeitung eines Vernehmungsschwerpunkts steht die mitunter mühevolle Überprüfung des Wahrheitsgehalts der entsprechenden Aussage, die diverse Zeugenbefragungen und Sachverständigengutachten nach sich ziehen. Darüber hinaus wird auch die, Staatsanwalt Decker interessierende, Frage beantwortet, ob das simple Gemüt der Beschuldigten womöglich strafmildernden Einfluss auf ihre Einsichts- und Handlungsfähigkeit haben könnte. Doch nach der psychiatrischen Begutachtung steht fest: Trotz des engen Zusammenhangs zwischen ihrer intellektuellen Minderbegabung und Gefühlsrohheit bzw. sexuellen Triebhaftigkeit besteht bei Härtels grundsätzlich die Fähigkeit zu motiviertem Handeln, auch wenn ihr abstraktes Denken ziemlich begrenzt ist.

Bis in den Sommer hinein dauern die Ermittlungen, dann kann Heinemann die Akten schließen, um sie an Staatsanwalt Decker zur Anklageerhebung zu übergeben. Solange hat es gedauert, bis sich ein umfassendes Bild über das kriminelle Wirken des Ehepaars Härtel ergeben hat, das sich wie folgt skizzieren lässt:

Seit Elfriede und Reinhold ein Paar sind, bestimmt ein ungewöhnlicher Gleichklang in der sexuellen Bedürfnisbefriedigung die Stabilität ihrer Beziehung. Die in dieser Hinsicht hyperaktiven Eheleute Härtel mögen keine lustbremsenden, antikonzeptionellen Vorbereitungen, vielmehr lieben sie die Spontaneität, weshalb sie herkömmliche Verhütungsmittel wie „Tutus-Creme" und „Nona-Gel", Pessare, Stifte oder Kondome ebenso hartnäckig ablehnen wie die alte Knaus-Ogino-Regel, deren rechnerische Anforderung sie zu überfordern scheint. Doch mit der Geburt ihrer unerwünschten Kinder Christa und Ulrich entspinnt sich zwischen Elfriede und dem Gatten wiederholt eine Diskussion über die Vermeidung weiterer Schwangerschaften. Mehrere untaugliche Versuche folgen, als sie ein Jahr nach der Geburt des Sohnes Ulrich wieder ungewollt schwanger wird. Doch noch hat sie keine Erfahrung mit wirksamen Abtreibungspraktiken. So trägt sie das Kind offiziell aus, das standesamtlich den Namen Wilhelm erhält. Ein halbes Jahr lang kann sie ihre Abneigung gegen dieses Baby noch zurückhalten. Doch an einem Abend kurz vor Weihnachten des Jahres 1952 ist der Hass so übermächtig, dass sie das Kind mit einem Kissen erstickt. Reinhold, der teilnahmslos die barbarische Szene verfolgt, verständigt am nächsten Morgen einen längst ergrauten Sanitätsrat aus dem Nachbarort. Mit äußerster Verschlagenheit und virtuos gespieltem Herzeleid gelingt es dem Paar, den alten Doktor über die wahren Umstände des Kindstodes zu täuschen, so dass er im Totenschein einen natürlichen Tod vermerkt, der auch durch die pathologische Sektion bestätigt wurde, weil die gefundenen Erstickungszeichen offenbar falsch interpretiert wurden. Zwischen Weihnachten und Neujahr wird der kleine Leichnam auf dem Gemeindefriedhof unter unechten Tränen für immer und ewig begraben. Härtels sehen ein, dass dies ein höchst riskantes Unternehmen war, das, obgleich es für sie glücklich endete, in ähnlicher Weise sich nicht wiederholen darf. Nach dieser Episode gilt ihr Augenmerk fortan der kriminellen Geburtenregulierung. Elfriede sucht deshalb Rat bei einer greisen Frau mit zweifelhaftem Ruf, der nachgesagt wird, früher heimlich Abtreibungen vorgenommen zu haben. Offenbar wird sie gut beraten, denn sie beschafft sich alsbald eine sogenannte Mutterspritze und verschiedene sondenartige Instrumente, die sie sorgfältig verwahrt. In den Folgejahren stellt Elfriede mehrmals untrügliche Schwangerschaftszeichen fest. Mittels der heimlich angeschafften Instrumente, in nahezu artistischer Körperhaltung und unter Verwendung eines Spiegels, spritzt sie erfolgreich wehenauslösende Chemikalien in die Scheide, die offenbar sogar bis in den Muttermund gelangen. Sie hat keine Ahnung von den lebensbedrohlichen Risiken solcher Manipulationen, weiß aber, dass Selbstabtreibungen nach DDR-Gesetzen strafrechtlich nicht verfolgt werden. Die wiederholten Aktionen führen mit der Zeit folgerichtig zu einer klinischen Symptomatik, die jeweils in den Jahren 1954, 1957 und 1958 ihren stationären Krankenhausaufenthalt erforderlich macht, ohne dass die Ärzte den wahren Hintergrund erkennen.

In der Folgezeit ist Elfriede mit weiteren, selbst bewerkstelligten Schwangerschaftsunterbrechungen zurückhaltend. Später jedoch assistiert ihr Ehemann Reinhold dabei, der einige Male die Einspritzungen auch selbst vornimmt und sich damit strafbar macht. Elfriede schätzt, dass bis Ende des Jahres 1962 mindestens zehn Schwangerschaftsabbrüche hinter ihr liegen.

Es vergehen nur wenige Monate, und sie ist erneut schwanger. Wieder praktiziert sie die gefährlichen wehenauslösenden Einspritzungen, diesmal jedoch ohne Erfolg. Enttäuscht gibt Elfriede auf und unterlässt weitere Abtreibungsversuche. So trägt sie das Kind weiter aus. Am 24. Januar 1964, einige Wochen vor der regulären Niederkunft, wird sie von heftigen Presswehen überrascht. Über einem Kücheneimer geht sie in die Hocke und gebärt einen Jungen. Dass er lebt, erkennen die Eheleute an seinen Bewegungen, auch wenn diese schwach sind. Schnell sind sie sich einig: „Weg damit!" Den Gedanken, das Kind im Garten zu vergraben, verwerfen sie schnell, zu fest gefroren ist der winterliche Boden. Als Reinhold frische Holzscheite im

Küchenherd nachlegt, steht es fest: Das Baby wird verbrannt! Ohne jegliche Rührung packt Elfriede das armselige Geschöpf und wirft es in die Ofenglut. Danach gehen die Eheleute zur Tagesordnung über.
Später versucht Elfriede, den Nachbarn und Kolleginnen weiszumachen, sie hätte eine Fehlgeburt erlitten. Nur wenige glauben ihr. Und schon ist die Saat des großen Zweifels ausgestreut. Doch bis zum Nachmittag des 14. Januar 1966 wird es noch dauern, ehe sie endgültig aufgeht, als nämlich zwei besorgte Bäuerinnen der LPG den Bürgermeister aufsuchen, um ihr Gewissen zu erleichtern ...

Im Sommer des Jahres 1966 findet vor dem Bezirksgericht Potsdam der Prozess gegen die Eheleute Härtel statt. Die Hauptverhandlung dauert mehrere Tage. Offenbar unter dem Einfluss ihres Offizialverteidigers widerruft Elfriede ihr Eingeständnis, das Kind Wilhelm vorsätzlich getötet zu haben. Nun behauptet sie, der Erstickungstod sei nicht vorsätzlich herbeigeführt worden, obwohl sie den Tatvorsatz nicht nur vor der Kriminalpolizei, sondern auch im Rahmen der psychiatrischen Explorationen mehrmals eingestanden hatte.
Staatsanwalt Decker, der die Anklage vertritt, wirft beiden Angeklagten fortgesetzten gemeinschaftlichen Mord vor und fordert am Ende für sie eine Verurteilung zu lebenslangem Zuchthaus. Elfriedes Verteidiger hingegen beantragt für seine Mandantin ein geringeres Strafmaß. Dem kommt das Gericht auch nach und verkündet folgendes Urteil:
„Die Angeklagte Elfriede Härtel wird wegen Totschlags und fortgesetzten, in Mittäterschaft begangenen versuchten und vollendeten Mordes zu einer Gesamtstrafe von 15 Jahren Zuchthaus und der Angeklagte Reinhold Härtel wegen fortgesetzten, gemeinschaftlichen, versuchten und vollendeten Mordes zu lebenslangem Zuchthaus verurteilt."
Staatsanwalt Decker kritisiert das für beide Angeklagte unterschiedliche Strafmaß. Seiner Auffassung nach hat das Gericht den Sachverhalt nicht nur unvollständig festgestellt, sondern auch die Strafgesetze fehlerhaft angewendet. Er geht deshalb in förmlichen Protest und fordert hinsichtlich der Tötung des

Kindes Wilhelm für beide Angeklagte eine Verurteilung wegen vollendeten Mordes.
Der Verteidiger Elfriede Härtels legt indes gegen das Urteil Berufung ein, weil das Gericht nicht berücksichtigt habe, dass seine Mandantin infolge ihrer intellektuellen Defizite zu einer Tötungshandlung aus niedrigen Beweggründen nicht fähig gewesen sei und daher nicht wegen Mordes, sondern nur wegen Totschlags hätte verurteilt werden dürfen.
Auch Reinhold Härtels Offizialverteidiger geht in Berufung. Er wiederum strebt an, seinen Mandanten von der Anklage des Mordes an dem Kind Wilhelm freizusprechen. Denn: Es sei nicht bewiesen, dass das Kind lebensfähig war, als dessen Ehefrau es den Flammen übergab. Auch er wendet sich gegen den Mordvorwurf, weil er bei Reinhold Härtel aus gleichem Grund wie bei dessen Ehefrau keine niedrigen Beweggründe erkennen könne.
Damit landet das Verfahren zur sogenannten Rechtsmittelentscheidung beim Obersten Gericht. Ergebnis: Die Berufung der beiden Angeklagten wird als nicht begründet zurückgewiesen. Denn Elfriede Härtels Geständnis verliert deshalb nicht an Wert, weil sie es in der Hauptverhandlung widerrufen hat. Seine Beweiskraft ergibt sich aus seiner mehrfachen detaillierten Wiederholung sowohl vor der Kriminalpolizei als auch im Rahmen der psychiatrischen Untersuchung.
Und Reinhold Härtels Argumente werden mit der Begründung abgeschmettert, dass selbst wenn die Lebensunfähigkeit des Kindes festgestellt worden wäre, für die rechtliche Beurteilung allein gilt, ob das Kind zum Tatzeitpunkt lebte, nicht aber, ob es lebensfähig war.
Schließlich trifft der Sachlage nach auf beide Angeklagte zu, dass sie aus niedrigen Beweggründen handelten.
Der staatsanwaltliche Protest jedoch hat Erfolg. Das Oberste Gericht stimmt Deckers Einwänden zu und verweist das Verfahren zurück an das Bezirksgericht mit der Order, nach erneuter Hauptverhandlung beide Angeklagte wegen Totschlages und fortgesetzten gemeinschaftlichen Mordes gemäß §§ 212, 211 Abs. 2 StGB zu lebenslangem Zuchthaus zu verurteilen. Und so geschieht es am 17. März 1967 auch.

Nachsatz:
Die staatlich erzwungene lange Abwesenheit der Eheleute Härtel nutzt deren Tochter Christa, mit ihrem zukünftigen Ehemann zurück ins Haus ihrer Eltern zu ziehen.
Im Rahmen der am 17. Juli 1987 erfolgten „Generalamnestie anlässlich des 38. Jahrestages der DDR-Gründung" öffnen sich auch für Elfriede und Reinhold Härtel die Gefängnistore. Von da an verliert sich ihre Spur.
Nebenbei bemerkt: Einer Mitteilung des Bundesverbandes „pro familia" zufolge standen in der Bundesrepublik im Jahre 1966 weit mehr als 800 Frauen wegen Selbstabtreibung gemäß § 218 StGB vor den Schranken des Gerichts. Erst zehn Jahre später wurde dieser Tatbestand reformiert. In der DDR wurde er bereits im Jahre 1950 aufgehoben, so dass fortan lediglich die sogenannte Fremdabtreibung unter Strafe stand.

Verdorbene Seelen

Fall 1:
Aktenzeichen Bezirksstaatsanwalt Frankfurt / O. II S 25/61
Tgb.-Nr. VPKA Strausberg 1008/61

Berlin, an einem Abend im Juni 1961. Ein kurzer Blick auf die Situation in jener Zeit: In wenigen Wochen werden die Grenzen zum Westen der Stadt geschlossen sein. Noch aber ist ein unbehindertes Hin und Her zwischen dem Ostteil und den „kapitalistischen" Westsektoren möglich. Auch der Strom der Sozialismus-Müden gen Westen hält unvermindert an, das Notaufnahmelager Marienfelde platzt längst aus allen Nähten. Im Zuge der einst von Chruschtschow eingeleiteten Entstalinisierung wurde Anfang des Jahres die Stalinallee offiziell in Karl-Marx-Allee umbenannt. Der lästernde Volksmund bezeichnet die Vorzeigeavenue nun als „Stalin alle". Das eiserne Monument des „Vaters aller Werktätigen" zwischen Andreas- und Koppenstraße darf verbleiben, aber nur bis zum Spätherbst, dann wird es klammheimlich abgerissen und eingeschmolzen. Lancierter Unmut sozialistischer Arbeitskollektive über die knapp fünfzigtausend Berliner, die im Westteil arbeiten, jedoch im Osten leben und ihr Westsalär in den Wechselstuben eins zu fünf in Ostmark umrubeln können, füllt die SED-gesteuerte Tagespresse. „Die Grenzgänger helfen mit ihrer Arbeitskraft den kalten Kriegern ... Sie schaffen keine Werte für unsere Gesellschaft, leben aber auf Grund des Schwindelkurses billiger und im Grunde genommen auf Kosten unserer Werktätigen ...", mosert Paul Verner, 1. Sekretär der SED-Bezirksleitung, in der „Berliner Zeitung". Es sind die Vorboten einer repressiven Verordnung des Ostberliner Magistrats, um dem „Schmarotzertum der Grenzgänger" Einhalt zu gebieten. Unsinnigerweise wird sie noch wenige Tage vor dem 13. August erlassen. Doch noch herrscht in der Stadt die übliche, bizarre Normalität.
Am Bahnhof Friedrichstraße fährt die S-Bahn aus Richtung Strausberg ein. Letzte Station im „demokratischen Berlin". Zischend öffnen sich die Türen. Menschen steigen aus, andere ein. Es herrscht das geschäftige Treiben wie auf allen großen

Bahnhöfen der Welt. Im verqualmten Raucherwaggon sitzt der 17-jährige Lothar Wenzel, ein Blondschopf mit pickeligem Kindergesicht, aber sonst bereits ganz ein Mann. Er ist in Fredersdorf zugestiegen, wo unweit des Butterbergs sein Zuhause ist. Doch dahin will er nicht zurück. Wieder würde es eine Riesenschererei mit den Eltern geben, wenn sie erfahren, dass seine Freundin Ruth schwanger von ihm ist. Einige Monate zuvor kam es bereits zu heftigen Auseinandersetzungen mit ihnen. Damals hatte ihm sein Betrieb fristlos gekündigt. Aus Scham verschwieg er es den Eltern, bis sie zufällig dahinterkamen. Nein, einem neuen Ärger mit ihnen will er ebenso ausweichen wie den bedrohlichen Veränderungen seiner Lebensplanung, die Ruths Schwangerschaft für ihn bedeuten würde. Das alles will er zurücklassen, einfach vergessen. Jetzt hat er nur noch ein Ziel: Untertauchen, der Freiheit wegen. Zurück nach Fredersdorf zieht es ihn also nicht mehr.

Lothar Wenzel pafft an seiner Zigarette und starrt sinnierend aus dem Fenster gegen die schmutzblinde Scheibenwand der gläsernen Bahnhofsüberdachung. Ein ernst dreinblickender Volkpolizist in der dunkelblauen Uniform der Trapo betritt den Waggon, schreitet mit prüfendem Blick Sitzreihe für Sitzreihe ab, verlässt wortlos das Abteil und verschwindet im nächsten Wagen, um dort das Kontrollritual zu wiederholen, das eigentlich dem Zweck dient, „Republikflüchtige, Schieber und Spekulanten" aufzuspüren und zur peinlichen Visitation der Bahnhofswache zuzuführen. Wenige Minuten später ertönt die blecherne Stimme aus dem Bahnhofslautsprecher: „Staaken zurückbleiben!" Zischend schließen sich die Türen, und der Zug setzt sich in Richtung Westen in Bewegung. Lothars Ziel ist zunächst das Filmtheater „Delphi" unweit des Bahnhofs Zoo. Dort wartet „Der Hund von Baskerville", ein Film, eingestuft mit dem Prädikat „wertvoll". Und das bedeutet, ein Entree eins zu eins für Ostmark. Nach dem Kino zieht es Lothar zu seinen neuen Kumpels, eine kleine Gruppe von Gammlern und Schnorrern, die meist keine Bleibe haben und auch keine wollen, und die neuerdings zwischen Bahnhof Zoo und Gedächtniskirche ihren Treffpunkt haben. Unter ihnen fühlt er sich wohl, findet er Akzeptanz. Zu gerne würde er mit ihnen leben, in vermeintlich unbegrenzter Freiheit. In der ungewöhnlichen Bierrunde seiner Kumpels am Fuße der Gedächtsniskirche begegnet ihm ein neues Gesicht, ein Mädchen seines Alters, Ausreißerin aus Luckenwalde. Sie will den Zwängen von Elternhaus und Schule entkommen, fühlt so wie Lothar den unbändigen Drang nach Freiheit. Beide finden erotisches Gefallen aneinander. Fast zwei Wochen lang leben sie es aus, in Grünanlagen, Kellernischen und einer verwaisten, kriegsbeschädigten Fabrik am Cottbuser Tor. Eines Morgens hat sich die neue Freundin heimlich auf und davon gemacht. Enttäuscht bleibt Lothar zurück. Jetzt empfindet er, dass die Nächte kühl und unbehaglich sind. Und es dauert nur wenige Tage, dann hat er die Beschwerlichkeiten, die seine selbstgewählte Freiheit inmitten des unerreichbaren Glanzes und Überflusses mit sich bringen, satt. Bilanz der letzten Wochen: Das Vagabundenleben entspricht doch nicht seinen Vorstellungen von Freiheit. So treiben Hunger, Müdigkeit und körperliche Verwahrlosung ihn Ende Juli wieder nach Fredersdorf zurück zu den ungeliebten Eltern, bei denen er wenigstens ein eigenes Zimmer hat. Vielleicht wissen sie noch nichts von Ruths Schwangerschaft, vielleicht findet er auch eine andere Lösung, sich aus der bedrohlichen Zwangslage zu befreien ...

Wer ist dieser ruhelose Blondschopf mit dem pickeligen Kindergesicht, der sich so männlich gibt und überhaupt nicht reif fürs Leben ist?
Lothar Wenzel ist ein Einzelkind. Beide Eltern sind berufstätig. Die Erziehung obliegt überwiegend der gesundheitlich angegriffenen, durchsetzungsschwachen und überforderten Mutter. Seine ersten Schuljahre verlaufen unauffällig. Doch dann manifestieren sich mit der Zeit Lernunwilligkeit und Disziplinlosigkeit. Lügen, Stehlen und Schuleschwänzen bestimmen immer mehr die Lebenshaltung des Jungen. Notwendige erzieherische Maßnahmen zu Hause und in der Schule führen keineswegs zu selbstkritischen Einsichten, sondern verprellen den Jungen immer mehr. Den miserablen schulischen Leistungen und permanenten Disziplinverstößen können die überforderten Eltern bald nichts mehr entgegensetzen. Ihre an Härte zunehmenden erzieherischen Maßnahmen, die immer weitere Einengung von Frei-

heiten prallen an Lothar wirkungslos ab, fördern indes Störrigkeit und Jähzorn. Als er die 5. Klasse wiederholen muss, ziehen sich die Eltern ohnmächtig aus der aktiven erzieherischen Einflussnahme zurück und reduzieren ihre Rolle auf die bloße materielle Versorgung des Knaben. Auf diese Weise bleibt er meist sich selbst überlassen. Um des lieben Friedens willen kommen sie seinen Forderungen weitgehend nach. Die beruflich freilich eingespannten Eltern, aber auch die längst resignierenden Lehrer nehmen offenbar nicht wahr, dass Lothars inzwischen manifeste Verhaltensgestörtheit eigentlich eine heilpädagogische Einflussnahme dringend erforderlich macht.

Durch Späteinschulung und Sitzenbleiben ist der Knabe der Älteste in der Klasse. Folgerichtig fällt er durch körperliche Überlegenheit auf, die seine soziale Position unter dem Mitschülern ebenso verstärkt wie seinen negativen Einfluss. Erst mit vierzehn Jahren beendet er die 6. Klasse der Grundschule, die er danach verlässt. Hinsichtlich ethisch-moralischer Wertnormen bleibt er völlig ungeformt. Eine Zeitlang bemühen sich die Eltern um eine Lehrstelle für ihn. Vergeblich. Lothars Traum, den Uhrmacherberuf zu erlernen, zerplatzt angesichts seines schlechten Zeugnisses und Leumunds. Auch in anderen Gewerken scheitern alle Bemühungen um einen Ausbildungsplatz. So bleibt ihm nur die Perspektive eines ungelernten Arbeiters. Beim Bahnpostamt am Ostbahnhof erhält er Ende des Jahres 1959 schließlich eine Anstellung als Pack- und Sortierhilfe.

Lothars Beziehung zu Gleichaltrigen beschränkt sich auf Burschen, von denen er keinen Widerstand erwartet, und die sich seinem Einfluss fügen. So gelingt es ihm, im Umfeld von Fredersdorf eine lose Gruppe von Gleichgesinnten um sich zu scharen. Müßiggang, Nikotin, Alkohol und oberflächliche Sexualkontakte sind deren dominierende Freizeitinhalte.

Mitte des Jahres 1960 lernt er ein gleichaltriges, aus einfachen Verhältnissen stammendes, biederes Mädchen aus Neuenhagen namens Ruth Heuer kennen und freundet sich mit ihr an. Sie befindet sich inmitten der Berufsausbildung zur Fachverkäuferin. Zwischen beiden kommt es bald zu einer intimen Bindung, die von seiner Seite aus vorwiegend sexuell geprägt ist. Jetzt teilt er die Freizeit mit Ruth und der Clique.

Januar 1961. Ein reichliches Jahr ist er nun schon bei der Bahnpost beschäftigt. Zwar bummelt er hin und wieder und muss deshalb zurechtgewiesen werden, doch im Allgemeinen bleibt er unauffällig und um Pflichterfüllung bemüht. Nur in akuten Forderungssituationen ist er fahrig, unkonzentriert und gereizt. Dann unterlaufen ihm Fehler, denen berechtigte Kritik folgt.
Eines Tages kommt es auf der Arbeitsstelle zu einem folgenschweren Zwischenfall: Wegen einer Nachlässigkeit erhält er von seinem Brigadier einen gehörigen Rüffel. Lothar hält die harsche Kritik für ungerecht und ist darüber sehr aufgebracht. Wenig später stürzt er einen Elektrokarren vom Bahnsteig in das Gleis. Der materielle Schaden ist beträchtlich. Vorsätzliches Handeln will man ihm zwar nicht unterstellen, eine den Unfall auslösende Pflichtverletzung aber schon. Die Konsequenz ist hart: Lothar Wenzel wird fristlos entlassen. Seitdem arbeitet er nicht mehr, bemüht sich auch nicht um eine neue Tätigkeit. Geraume Zeit kann er dies vor seinen Eltern verbergen. Als sie irgendwann doch von seiner fristlosen Entlassung erfahren, kommt es zu einem heftigen Donnerwetter. In höchstem Maße verärgert, verweigern sie ihm jegliche Unterstützung bei der Suche nach einer neuen Arbeitsstelle und fordern, wenn er im November volljährig ist, sich schleunigst eigenen Wohnraum zu besorgen, denn seine Art der Lebensgestaltung vergifte das Familienklima. Lothar lässt die Androhung ziemlich kalt. Insgeheim hat er ja schon lange vor, mit Vollendung seines achtzehnten Lebensjahres ihr Haus zu verlassen. Nur um die Eltern zu beruhigen, unternimmt er einige halbherzige Bewerbungsversuche um einen neuen Arbeitsplatz. Ohne Erfolg. So bleibt er seit seinem Rausschmiss aus dem Bahnpostamt auch künftig arbeitslos, und daran will er bis zu seiner Volljährigkeit auch nichts ändern. Ihm genügt es, sich bis dahin von den Eltern versorgt zu wissen, wie es im Übrigen ja auch deren juristische Pflicht ist. Lothar lebt in den Tag hinein, treibt sich häufig in der Umgebung des Bahnhofs Zoo herum oder verbringt die Zeit mit seiner Freundin Ruth und in seiner Fredersdorfer Clique.
Anfang Juni dann die schockierende Nachricht: Ruth Heuer teilt ihm mit: „Ich bin im dritten Monat, kriege ein Kind von dir!" Lothar ist fassungslos. Zunächst bezweifelt er energisch, der

Verursacher ihres Zustands zu sein. Ruth ist über die Unterstellung ziemlich aufgebracht, dementiert sie aber wirksam durch simples Vorrechnen. Lothar muss klein beigeben. Nun versucht er, sie zu überreden, das Kind abtreiben zu lassen. Vergeblich, Ruth ist über das Ansinnen erbost, äußert heftigen Widerstand. Trotz ihres jugendlichen Alters will sie das Kind haben, auch wenn die Lehrausbildung noch nicht beendet ist. Lothar versteht die Welt nicht mehr: Mit achtzehn Jahren bereits Vater sein zu müssen und das Leben noch nicht genossen zu haben? Nein, damit will er sich nicht abfinden. Ruth bittet ihn, sie in dieser Lage nicht im Stich zu lassen, appelliert an sein Verantwortungsgefühl. Lothar zeigt aber keine Einsicht, stur beharrt er auf einer Abtreibung. Doch Ruth will sich seinem Willen nicht beugen. Der Disput nimmt an Schärfe zu. Lothars Enttäuschung schlägt plötzlich in Abneigung gegen die vermeintliche Verursacherin der drohenden Schwierigkeiten um. Hochgradig gereizt gibt er Ruth zu verstehen: „Mit mir nicht, sieh zu, wie du alleine klarkommst!" Dann verlässt er sie.

Nun denkt er an Flucht in den Westteil der Stadt. Sie würde seine Probleme lösen. Nur eine kurze S-Bahnfahrt, und schon könnte er in der Anoymität verschwinden. Nicht politische Motive bewegen ihn jetzt, es sind vielmehr die mulmigen Gefühle der Feigheit vor der neuen, unbekannten Herausforderung, vor den Einschränkungen, vor den kommenden, viel zu frühen Vaterpflichten. Es treibt ihn aber auch das schlechte Gewissen vor den Eltern, denen er die bevorstehende Vaterschaft verheimlichen will, um zusätzliche Auseinandersetzungen zu vermeiden. Schließlich will er Ruth nicht wiedersehen, mit der er zwar seinen Spaß hatte, aber niemals eine länger andauernde Beziehung eingehen wollte. Das alles festigt seinen Entschluss: Fort von hier und niemals zurück!

Einige Tage später verhökert Lothar sein Transistorradio „Sternchen" an einen Kumpel. Zu Hause nutzt er einen günstigen Augenblick für einen heimlichen Griff in die Geldbörse seiner Mutter. Er hinterlässt eine kurze schriftliche Mitteilung, dass er von nun an „drüben" bleiben will, und macht sich auf den Weg in die ungewisse Zukunft am Bahnhof Zoo.

Trotz aller nervenaufreibenden Querelen mit ihrem Spross sind

Lothars Eltern wegen seines überstürzten Verschwindens besorgt. Sie erstatten beim zuständigen ABV eine Vermisstenanzeige. Da der Verdacht einer „Republikflucht" besteht, erfolgt eine formelle Fahndungsausschreibung. Deren polizeilicher Erfolg ist unter dem Druck der ungeheuren Flüchtlingsflut in dieser Zeit allerdings schon deshalb höchst fraglich, weil die Betreffenden üblicherweise längst über alle Berge sind.
Trotz des milden Frühsommers dauert sein Leben unter den Gammlern nicht einmal drei Wochen. Nur kurz ist die Episode mit der Ausreißerin aus Luckenwalde. Dann ist der Traum von der grenzenlosen Freiheit ausgeträumt. Deshalb sitzt er bald wieder in der S-Bahn in Richtung Osten. Ohne festes Konzept, wie er sich angesichts der Schwangerschaft Ruths künftig verhalten wird, richten sich seine Überlegungen zunächst darauf, wie er das wochenlange Fernbleiben den Eltern plausibel machen kann. Lothar hält es schließlich für ratsam, Zerknirschtheit und Reue zu zeigen, um sie auf diese Weise milde zu stimmen.
Auf dieser Rückfahrt spielt er aber auch ein wenig mit der Idee, wie sich alle Schwierigkeiten in Nichts auflösen könnten, wenn Ruth nicht mehr am Leben wäre.

Begreiflicherweise ist der Empfang zu Hause alles andere als herzlich. Die Eltern bombardieren ihn mit Vorwürfen, die ihn aber ziemlich kalt lassen. Es beruhigt ihn einigermaßen, dass sie von Ruths Schwangerschaft offenbar nichts wissen. Am Ende der Zurechtsweisung verspricht er scheinheilig, sich zu bessern und um Arbeit zu bemühen. Tagsdarauf geht die Mutter mit ihm zum ABV, um seine die Rückkehr zu melden. Der Polizist befragt Lothar zu seinem Aufenthalt in den letzten Wochen, fertigt darüber ein Protokoll, belehrt den Jungen mit hinlänglich bekannten Floskeln über die jugendgefährdenden Einflüsse, die in der kapitalistischen Welt des Westens lauern, preist die Vorzüge der sozialistischen Gesellschaft und ihres frohen Jugendlebens in der FDJ, denen sich Lothar nicht verweigern sollte, und droht mit staatlichen Erziehungsmaßnahmen, falls er seine bisherige Lebensgestaltung nicht aufgibt. Nach dieser politisch-moralischen Belehrung dürfen Mutter und Sohn gehen.
Lothar Wenzel hat den lästigen Gang zum örtlichen Vertreter

der Staatsgewalt schnell wieder vergessen. Anderes ist für ihn wichtig. Seine Überlegungen gelten allein der Frage, wie er sich das Problem mit seiner Freundin vom Hals schaffen könnte. Er erwägt eine Abtreibung auch gegen Ruths Willen, denkt an erneute Flucht in den Westen, will vielleicht in der französischen Fremdenlegion untertauchen, tüftelt aber auch daran, wie er Ruth umbringen und ihre Leiche unauffindbar beseitigen könnte. Doch so viel er auch darüber brütet, eine zufriedenstellende Lösung kann er nicht finden.
Schließlich fällt Lothar ein, den Rat eines Kumpels aus seiner Fredersdorfer Clique einzuholen. Seine Wahl fällt auf den gleichaltrigen Norbert Tuschnik, der in Bruchmühle wohnt. Kurz entschlossen radelt Lothar zu ihm. „Ich muss was mit dir besprechen, fahren wir in den Wald zum Breiten Luch." Tuschnik ist auch gleich bereit und folgt ihm. Kurze Zeit später hocken die beiden Burschen irgendwo im Dickicht und halten Kriegsrat. Lothar versichert sich des absoluten Stillschweigens seines Kumpels und verrät ausführlich die Gründe seines Kummers und die Absicht, Ruth umzubringen. Nur über die Methode sei er sich nicht sicher. Tuschnik schmeichelt der ungewöhnliche Vertrauensbeweis seines Freundes, und gleich ist er mit bösen Hinweisen zur Stelle.
„Mach sie besoffen, dann schubst du sie 'ne Treppe runter!", ist sein erster Vorschlag. „Nee, das ist nicht sicher, da bricht sie sich nur die Knochen und ist nicht tot", wendet Lothar ein. Tuschnik konkretisiert seine Überlegungen und rät: „Wenn sie voll ist, stoß sie vor ein Auto oder vor die S-Bahn. Im Dunkeln von der Brücke auf die Autobahn runterstürzen oder ihr einen Stromschlag verpassen, das geht auch."
„Und dann ab in den Westen, zur Fremdenlegion, da kriegt man'n anderen Namen und verdient'n Haufen Knete", frohlockt Lothar mit naiver Fantasie.
„Aber volljährig musst du sein", dämpft Tuschnik die Euphorie Lothars, der aber gleich ergänzt: „Bis November kann ich ja warten! Nur, was mache ich bis dahin, damit nix auffällt?"
„Verlob dich doch, dann gibt die Braut Ruhe und du kannst ficken ohne aufzupassen. Noch mal schwanger werden, geht ja nicht", kichert Tuschnik.

„Scheiße, muss die gleich'n Kind kriegen", klagt Lothar. Doch sein Kumpel bedauert ihn nicht, sondern frotzelt schadenfroh: „Tja, Pech gehabt. Zehn Minuten Rittmeister und schon bist'de achtzehn Jahre Zahlmeister."

Dieses oberflächlich anmutende Gespräch der beiden Jungen, ist zutiefst ernstgemeint, denn beide gehen am Ende davon aus, dass Lothars Absicht, Ruth auf die eine oder andere Art zu töten, kein bloßer Gedankenmord bleibt, sondern bittere Realität wird. Schon bald taucht Lothar bei Ruth auf und bittet um eine Aussprache. Gekonnt spiegelt er ihr vor, sein schroffes, ablehnendes Verhalten während des letzten Gesprächs überdacht zu haben. Jetzt wolle er alles wieder gut machen. Ruth, zu Beginn skeptisch und distanziert, wird im Verlaufe der Aussprache immer nachsichtiger und ist zum Schluss gänzlich beglückt, als Lothar mit vorgetäuschtem Ernst ankündigt, sie heiraten zu wollen, sobald er achtzehn Jahre alt ist. „Damit es klar ist, wir sind jetzt verlobt", sagt er, und sie ist sprachlos vor freudiger Überraschung. Dann vereinbaren die beiden ein weiteres Treffen am Sonntag, dem 13. August. Sie wollen die gemeinsamen Besuche bei ihren und seinen Eltern vorbereiten und die Details der bevorstehenden Verlobung besprechen.
Doch dazu kommt es nicht. Plötzlich und unerwartet ist nämlich alles bisher Wichtige bedeutungslos geworden. Denn: Die Menschen der Spreemetropole erstarren an dem strahlenden Sommermorgen des 13. August vor Entsetzen und Ohnmacht, weil sie erleben müssen, wie Volkspolizei und bewaffnete Betriebskampfgruppen Ostberlin von den übrigen Sektoren hermetisch abriegeln. Fassungslos müssen sie zusehen, wie in wenigen Tagen die deutsche Teilung zementiert wird. Von diesem Tage an ist der ungehinderte Zugang zu den Westsektoren nicht mehr möglich, und Flucht wird zum lebensbedrohenden Risiko oder endet hinter Zuchthausmauern. Bald wird in Ost und West klar, dass das den Sozialismus vom Kapitalismus trennende Bollwerk anscheinend für die Ewigkeit errichtet wurde. Auch wenn die Erbitterung bleiben wird, die meisten Menschen fügen sich notgedrungen der Gewalt, richten sich ein, orientieren sich neu, das Leben geht schließlich weiter.

Lothar und sein Kumpel Norbert Tuschnik haben den gesellschaftlichen Schock nach wenigen Wochen überwunden. Sobald Lothar 18 Jahre alt ist und seinen tödlichen Plan realisiert hat, wollen sie trotz der Absperrmaßnahmen Ostberlin illegal verlassen. Sie glauben unbeirrt an die Möglichkeit, jederzeit von den Kleingartenanlagen in Berlin-Wilhelmsruh aus ohne Risiko und unbemerkt in den Westteil der Stadt gelangen zu können. Lothar, der immer noch keine Arbeit hat, hält sich tagsüber entweder bei seiner „Braut" in Neuenhagen oder bei seinem Kumpel in Bruchmühle auf. Ruths Eltern tolerieren angesichts der fortgeschrittenen Schwangerschaft ihrer Tochter die häufige Gegenwart des jungen, angehenden Vaters. Zu Hause in Fredersdorf beschränkt sich seine Anwesenheit nach wie vor auf Essen, Schlafen, Wäschewechseln. Verbindliche, innerfamiliäre Kommunikation findet kaum statt. Lothar hat bisher auch vermieden, die Eltern mit Ruth bekannt zu machen. Folglich wissen sie immer noch nichts von deren bevorstehenden Mutterfreuden. Insgesamt aber sind ihm die sozialen Dissonanzen in seiner Familie ziemlich egal. Für die hilflosen Eltern jedoch stellen sie eine erhebliche psychische Belastung dar, zumal der behördliche Druck, wegen Lothars „negativer Einstellung zur Arbeit" von Amtswegen erzieherisch einzugreifen, zunimmt.

Nebenbei bemerkt: Jahre später wäre sein „arbeitsscheues Verhalten" als „asoziale Lebensweise" strafrechtlich bedeutsam gewesen und hätte gem. § 249 StGB mit einer zweijährigen Freiheitsstrafe sanktioniert werden können.

Am Mittwoch, dem 1. November, einen Tag vor Lothar Wenzels achtzehntem Geburtstag. Der große Sprung in die Welt der Erwachsenen steht unmittelbar bevor. Sich endgültig von den elterlichen Fesseln zu befreien, selbst zu entscheiden, was man künftig für richtig hält, das sind die Sehnsüchte, die sich für ihn ab morgen erfüllen. Mit diesen zweckoptimistischen, naiven Vorstellungen vom Leben erwartet Lothar den nächsten Tag. Das soziale Umfeld in Arglosigkeit zu wiegen und sich selbst unauffällig zu verhalten, gehört zu seinem mörderischen Vorhaben, über das er immer wieder nachgedacht hat und dessen Verwirklichung nun greifbar nahe ist. Lothars perspektivisches Denken richtet sich nun immer stärker auf die Vernichtung Ruths, die Flucht nach Westberlin in den französischen Sektor und die Verpflichtung zum Dienst in der Söldnertruppe der Fremdenlegion. Und wenn alles gut geht, ist sein zweifelhafter Kumpel Tuschnik auch mit von der Partie.

An diesem 1. November ist Lothar auffallend wohlgelaunt und nahezu aufgekratzt. Da er die Zeit für gekommen hält, dass Ruth auch seine Eltern kennenlernt, hat er mit ihr verabredet, dass sie am Nachmittag bei ihm zu Hause erscheinen soll. Als Lothar ihnen am Morgen kurz und knapp mitteilt: „Heute Nachmittag lernt ihr meine Braut kennen!", sind die Eltern über alle Maßen verblüfft. Fassungslos nehmen sie die Mitteilung entgegen. Dass er in fast zwei Monaten Vater sein wird, verschweigt er aber immer noch. Die zu erwartende emotionale Detonation schreckt ihn von einem Bekenntnis ab. Deshalb denkt er schlichtweg, wenn sie Ruth sehen, werden sie wissen, was Sache ist, und reißen sich zusammen.

Wie mit Lothar ausgemacht, ist Ruth kurz vor 16 Uhr zur Stelle, freundlich, frisch, aufgeputzt und ziemlich nervös. Die untrüglichen Merkmale ihrer fortgeschrittenen Schwangerschaft versetzen Lothars Eltern auf der Stelle in eine Art psychische Starre. Sofort knistert die Luft. Wenigstens gelingt es ihnen, das Mädchen, wenn auch kühl, so doch freundlich, zu empfangen. Während Lothars Mutter mit Ruth ein kurzes, oberflächliches Gespräch über die bevorstehende Mutterschaft führt, nimmt Vater Wenzel seinen Sohn kurz zur Seite und fragt leise: „Bist du der Vater?"

Lothar bejaht die Frage mit einem Kopfnicken. Der Vater blickt die Mutter vielsagend an, die mit Mühe ihre Tränen unterdrückt. Aus Gründen der Höflichkeit beteiligt er sich an dem Gespräch der beiden Frauen, aber nur wenige Minuten lang. Dann hält er sich nicht mehr zurück, erhebt sich, wendet sich an seine Frau und platzt heraus: „Komm Mutter, ich muss raus hier. Das muss ich alles erst verdauen!"

Sie wirft einen Blick des Bedauerns auf Ruth und folgt artig ihrem Mann. Kurz darauf fällt die Haustür ins Schloss, und die Eltern sind fort. Lothar und Ruth bleiben zurück.

Nicht einmal eine halbe Stunde dauert die seltsame, verkrampfte Szene der ersten Begegnung zwischen Ruth und Lothars Eltern. Als es wieder still ist im Haus, stellt das Mädchen besorgt fest: „Deine Alten sind ganz schön sauer."
„Macht nix, die beruhigen sich schon wieder. Jetzt gehen sie erst mal in die Kneipe, ich kenn' das schon", meint Lothar, der die Reaktion seiner Eltern aus Erfahrung richtig zu deuten weiß. Dann hat er anderes im Sinn: „Komm mit hoch, ich zeig' dir meine Bude!"
Ruth folgt ihm unbefangen in sein Zimmer im Dachgeschoss. Kaum dort angekommen, begrapscht Lothar mit unverblümten Beischlafabsichten ihren Körper. Aber Ruth ist nicht in Stimmung zu bringen und wehrt ab: „Lass sein, nicht in diesem Zustand." Doch Lothar ist so erregt, dass er geradewegs seine Befriedigung ansteuert. Ruth gibt ihren sanften Widerstand schließlich auf. Lustlos und gar nicht bei der Sache lässt sie ihn gewähren. Kaum ist bei Lothar der geile Kitzel abgeklungen, kommt die Ernüchterung. Während er zusieht, wie Ruth sich ankleidet, fällt ihm wieder ein, wie sehr sie sein Leben behindert. Und als sie auch noch beginnt, ihm Vorwürfe zu machen, weil er keinerlei Bemühungen um eine feste Arbeit zeigt und lieber faul in den Tag hineinlebt, lodern plötzlich die feindseligen Gefühle auf, die schon seit Monaten in seiner verdorbenen Seele glimmen. „Halt die Schnauze!", faucht er sie an. Sie kontert: „Fauler Hund!" Ein Wort ergibt das andere, der verbale Zusammenprall wird immer heftiger. Ruth ist schließlich so entnervt, dass sie gehen will. Lothar versperrt den Weg zur Tür. „Weg hier, ich will raus!", faucht sie ihn an. Doch ehe sie sich versieht, versetzt Lothar ihr einen harten Handkantenschlag gegen den Hals, der sie auf der Stelle zu Boden wirft. Lothar stürzt sich blindlings auf die Wehrlose, schlägt noch mehrmals mit der Handkante kräftig gegen ihren Kehlkopf, umschließt dann mit beiden Händen ihren Hals und drückt aus Leibeskräften zu.
Ruths Gegenwehr ist schwach und wirkungslos. Lothar verharrt minutenlang in der Würgeposition und lockert die Hände erst wieder, als ihr Leben erloschen ist. Um sicher zu sein, dass Ruth auch wirklich tot ist, eilt er die Treppe herunter, um aus der

Abstellkammer einen Strick zu holen, den er mehrfach um den Hals der Toten schlingt und fest verschnürt. Dann gönnt er sich eine Atempause zum Überlegen. Jetzt wird ihm bewusst, dass er von einer plötzlichen unzähmbaren Gefühlsaufwallung getrieben wurde, wodurch die Systematik seines ursprünglichen Vorgehens durcheinander gerät. Zwar hat er sein Ziel erreicht, doch Zeitpunkt und Art und Weise der Verwirklichung des tödlichen Geschehens hatte er so nicht gewollt. Sie wurden allein durch die aktuelle Situation bestimmt. Nun steht er vor vollendeten, unumkehrbaren Tatsachen. Neue Überlegungen sind nötig. Doch die Zeit drängt. Denn ehe die Eltern zurückkehren, muss er die Spuren seiner Untat beseitigt haben.

Unter Aufwendung aller Körperkräfte schleppt er den Leichnam die schmale Treppe von seiner Dachstube nach unten bis zur Haustür und öffnet sie einen Spalt weit. Draußen in der feuchten Novemberkälte ist es inzwischen dunkel geworden, obwohl es noch nicht ganz 18 Uhr ist. Lothar vergewissert sich, ob ihn jemand bemerken könnte. Doch die Straße ist menschenleer. Aus dem Schuppen schafft er einen Handwagen heran, hebt den schweren, toten Körper darauf, bedeckt ihn mit alten, abgelegten Säcken und verschnürt das Ganze mit Stricken. Dann zerrt er den Wagen mit der unheimlichen Fracht vorsichtig hinters Haus. Dort bringt er ihn zunächst hinter einem unbenutzten Kaninchenstall in Deckung. Später, im Schutze der Nacht, will er ihn bis zur nahen Baumschule rollen, um die Leiche dort zu vergraben.

Wenige Minuten später ist er wieder im Haus, schweißgebadet und ängstlich beklommen. In dieser Zeit ist es ein für ihn willkommener Umstand, dass die Eltern offenbar immer noch in ihrer Stammdestille hocken, um ihren Ärger herunterspülen.

Die körperliche und nervliche Anspannung der letzten Stunden zeigt jetzt eigenartige, paradoxe Wirkungen. Ihn befällt plötzlich ein Hungergefühl, das ihn unaufhaltsam zu den elterlichen Speisevorräten zieht. Doch er muss auch wiederholt die Toilette aufsuchen, weil sein Darm anhaltend nach Entlastung drängt. Lothar ist hundemüde und zugleich innerlich aufgekratzt und getrieben, fühlt sich zwar als zufriedener Sieger über eine Situation, die er schon lange angestrebt hat, ist aber gleichzeitig bis

ins Mark erschüttert, dass sie nun eingetreten ist. Unter seiner Schädeldecke herrscht ein einziges Gedankenchaos.
Als er an der Haustür ein vertrautes Klopfzeichen vernimmt, weiß er, dass es sein Kumpel Tuschnik ist. Der will ihn eigentlich nur überreden, mit ihm in der Nacht über den Teltowkanal nach Westberlin zu flüchten. Lothar, der augenblicklich seine Fassung zurückgewinnt, empfängt seinen Freund beherrscht und souverän wie ein Kriegsheld nach erfolgreicher Schlacht: „Es ist aus mit der Ruth!" Mit knappen Worten setzt Lothar seinen Kumpel über die Geschehnisse der letzten Stunden ins Bild. Tuschnik ist überwältigt und sprachlos. Er hat Mühe, sein eigentliches Anliegen zu formulieren. Lothar ist auch gleich einverstanden: „Klar komm' ich mit, muss sie aber noch verbuddeln, hilfst du mir dabei?"
Tuschnik zögert einen Augenblick, scheint zu überlegen, wehrt dann aber ab: „Nee, mach du mal, ich warte hier auf dich."
Lothar vertraut seinem Kumpel und geht. Aus dem Schuppen verschafft er sich einen Spaten und schleicht durch die Dunkelheit bis zum Kaninchenstall, hinter dem er den Handwagen mit Ruths Leiche versteckt hatte. Dann zieht er diesen vorsichtig einige Hundert Meter weit bis zu der benachbarten Baumschule. Dort will er ein Loch graben, um die Tote darin verschwinden zu lassen. Doch der wurzelreiche Boden widersteht seinen Grabeversuchen, so dass er dieses Vorhaben bald wieder aufgibt. Nun bugsiert er den Leichnam bis zu einer Erdvertiefung und legt ihn dort ab. Mit Ästen und feuchtem Herbstlaub bedeckt er ihn ziemlich oberflächlich. Dann fährt er den Handwagen zurück, verstaut ihn im Schuppen und verschwindet im Haus, wo Tuschnik auf ihn wartet.
Gegen 19.30 Uhr sitzen die beiden Burschen in der S-Bahn in Richtung Ostkreuz. Dort steigen sie um, fahren nach Süden bis Baumschulenweg und laufen in Richtung Johannisthaler Chaussee. Doch die bedrohliche Präsenz der sozialistischen Ordnungshüter in der Nähe der den Teltowkanal überquerenden Straßen hält sie von der Durchführung des Vorhabens ebenso ab wie die Erwägung, anderenfalls irgendwo durch das eiskalte Wasser schwimmen zu müssen. Auch die topografische Unkenntnis und die Dunkelheit fördern die schnelle Ernüchterung.

Tuschnik ist enttäuscht, meint nur: „Scheißidee mit dem Kanal. Morgen hauen wir über die Gärten in Wilhelmsruh ab, da kenn' ich mich aus."
Dann fahren sie, müde und erschöpft, zurück nach Fredersdorf, wohl wissend, dass Lothar aus Gründen der eigenen Sicherheit unter den gegebenen Umständen keinesfalls nach Hause zurück kann. Deshalb schlägt Tuschnik seinem Kumpel vor, bei ihm in Bruchmühle zu übernachten: „Wir pennen erst aus, und dann geht's ab!" Lothar Wenzel ist mit dieser Lösung zufrieden.

Am nächsten Tag in Fredersdorf. Kurz nach 14 Uhr erscheinen zwei aufgeregte Kinder beim Bürgermeister und melden, dass sie in der Nähe der Baumschule die Leiche einer Frau entdeckt hätten. Es dauert nicht einmal eine halbe Stunde, bis ein imposantes Aufgebot der Polizei am Fundort erscheint. Bevor die kriminaltechnischen Spezialisten zum Einsatz gelangen, wird ein Fährtenhund an den vorhandenen, vermutlich vom Täter verursachten Schuheindruckspuren angesetzt. Zur großen Überraschung der Ordnungshüter schnüffelt sich der Vierbeiner zielsicher bis kurz vor Lothar Wenzels Wohnhaus heran, um dann lustlos aufzugeben. Nichts liegt näher, als sogleich bei Wenzels nachzufragen. Auf diese Weise bringt die Polizei schnell in Erfahrung, dass Lothar sich vermutlich bei seinem Kumpel Tuschnik in Bruchmühle aufhält. Während die Spurensuche am Fundort in vollem Gange ist, befindet sich die zunächst unbekannte Leiche bereits auf dem Weg zum Berliner Institut für gerichtliche Medizin. Gleichzeitig sind Ermittler nach Bruchmühle zu Norbert Tuschnik unterwegs. Lothar Wenzel und sein Kumpel, in bester Stimmung und gerade dabei, mit einigen Flaschen Bier Lothars achtzehnten Geburtstag zu feiern, sind wie vom Donner gerührt, als plötzlich die Polizei vor der Tür steht ...

Bald steht fest: Die 16-jährige Ruth Heuer starb im siebten Schwangerschaftsmonat durch die Hand Lothar Wenzels. Die polizeilichen Ermittlungen im Verfahren gegen ihn verlaufen mit bewährter Routine ohne beweisrechtliche Schwierigkeiten. Lothar ist durchweg aussagebereit und kooperativ.

Im Ergebnis der psychiatrischen Untersuchung wird festgestellt: Trotz der Verhaltensstörungen in der Kindheit und des erzieherischen Mangelmilieus im Elternhaus liegt bei Lothar Wenzel kein psychopathologischer Befund vor. Er war zum Zeitpunkt der Tat reif genug und in der Lage, die Gesellschaftsgefährlichkeit seines Tuns einzusehen und nach dieser Einsicht zu handeln. Zwar war er de jure zur Tatzeit noch nicht volljährig, dennoch wird er nicht als Jugendlicher bestraft. Denn nach dem seinerzeit gültigen „Jugendgerichtsgesetz" war „zur Sicherung der antifaschistisch-demokratischen Ordnung und zum Schutze der Bürger das allgemeine Strafrecht anzuwenden, wenn der Jugendliche des vollendeten oder versuchten Mordes schuldig ist. Auf Todesstrafe darf gegenüber Jugendlichen nicht erkannt werden." (§ 24 JGG).

Deshalb lautet das Urteil: Lebenslanges Zuchthaus.

Das Gericht gelangt auch zu der Auffassung, dass Lothars Eltern es nicht vermochten, ihren Erziehungspflichten nachzukommen oder die Hilfe des Jugendamts in Anspruch zu nehmen. Sie wussten, dass ihr Sohn erhebliche Erziehungsschwierigkeiten bereitet und keiner geregelten Arbeit nachgeht und vermochten nicht, ihn zur Disziplin und zu gesellschaftsgemäßem Verhalten anzuhalten. „Beide Elternteile haben es nicht verstanden, ihre Absicht zur Erziehung ihres Sohnes konsequent umzusetzen und seine verhängnisvolle Persönlichkeitsentwicklung zu stoppen."

In einem gesonderten Verfahren wird auch das strafrechtliche Handeln des Jugendlichen Norbert Tuschnik untersucht. Er wird schließlich des schweren Falls der Beihilfe zum Mord angeklagt, weil er seinem Kumpel Lothar Wenzel mit Rat und Tat wissentlich Hilfe geleistet und die ernsthaft geplante Tötung Ruth Heuers nicht angezeigt hat. Denn: „(1) Wer von dem Vorhaben ... eines Verbrechens wider das Leben glaubhafte Kenntnis erhält und es unterlässt, der Behörde oder dem Bedrohten hiervon zur rechten Zeit Anzeige zu machen, wird mit Gefängnis bestraft.

(2) In besonders schweren Fällen kann auf Zuchthaus erkannt werden" (§ 139 StGB).

Angesichts der auch bei ihm vorliegenden Einsichts- und Steuerungsfähigkeit treffen wie bei seinem Freund Wenzel gleichermaßen die Voraussetzungen für die Anwendung des

Erwachsenenstrafrechts zu. Deshalb nimmt das Gericht wenig Rücksicht auf sein jugendliches Alter. Er wird zu vier Jahren Zuchthaus verurteilt.

Fall 2:
Aktenzeichen Bezirksstaatsanwalt Frankfurt/O. BI 7/68
Tgb.-Nr. 413 /68 Fürstenwalde

Die in der wald- und wassereichen Gegend nördlich des Scharmützelsees an Spree und Oder-Spree-Kanal gelegene, aufstrebende Kreisstadt Fürstenwalde im Bezirk Frankfurt (Oder) hat sich nach den verheerenden Kriegszerstörungen inzwischen zu einem überregional bedeutsamen Industriestandort gemausert. Darüber hinaus prägt ein sich immer weiter ausbreitendes Neubaugebiet in üblicher Plattenbauästhetik das neue Stadtbild und verdrängt die wenigen erhaltenen, kulturhistorisch wertvollen Bauwerke nahezu in die Unauffälligkeit.
Am 1. Mai 1968, vormittags. Heute ist Mittwoch und ein Feiertag. Wie überall im Land wird auch in Fürstenwalde der „Internationale Kampf- und Feiertag der Arbeiterklasse" mit den üblichen Ritualen begangen: vormittags Marschmusik und Militärparade, Kampfdemonstration der Massen, Defilee an den Tribünen mit den politisch Mächtigen der Stadt, die den Vorbeiziehenden gönnerhaft zuwinken, nachmittags heiteres Volksfestgewimmel. Für Groß oder Klein gilt: Teilnahme ist Ehrensache, die gesellschaftliche Moral fordert sie. Deshalb bereichern auch die Schüler und Lehrer der POS „Hans Beimler" in geordneter Marschkolonne den kilometerlangen Demonstrationszug. Unter ihnen die Neuntklässler Jürgen Stolze (15) und sein gleichaltriger Freund Detlef Goppel. Beide kennen sich seit der Einschulung, besuchen stets die gleiche Klasse und sind mit den Jahren zu einem unzertrennlichen Duo zusammengewachsen, das auch außerhalb des Unterrrichts viele Freizeitstunden miteinander verbringt. Jürgen Stolze hat während der Demonstration eine Stange mit dem überlebensgroßen Porträt eines Helden aus dem Politbüro geschultert. Während Detlef Goppel ein kleines Papierfähnchen, das man offiziell Winkelement

nennt, gelangweilt in der Luft schwenkt, raunt er seinem konterfeitragenden Freund zu: „An der nächsten Straßenecke mach ich 'ne Mücke." Enttäuscht entgegegnet Stolze, der sich eigentlich gern anschließen würde: „Mist, ich muss zurück zur Schule, das Bild abgeben. Wollen wir uns nachher an der Spreebrücke treffen, ich hab nämlich den Motor für dich?"
Detlefs Neugierde ist geweckt: Endlich soll er das ersehnte Objekt erhalten, einen kleinen Schwachstrommotor für seinen Stabilbaukasten, den sein Freund ihm schon seit längerem versprochen hat. Eilig vereinbaren die beiden eine Zeit für ihr Treffen. Bevor Detlef den Demonstrationszug unauffällig verlässt, um in einer Nebenstraße zu verschwinden, fragt Jürgen noch: „Fahren wir mit den Rädern?" Und sein Freund ist einverstanden.

Gegen 20 Uhr des gleichen Tages beim Abendessen in der Familie Detlef Goppels. Der Vater fragt beiläufig in die Familienrunde, wo denn der Große sei. Darauf kann die Mutter nur antworten, dass Detlef sich mit seinem Kumpel Jürgen verabredet und kurz nach dem Mittagessen mit dem Fahrrad das Haus verlassen habe. Zunächst lässt die Familie es mit dieser Feststellung bewenden. Zwei Stunden später jedoch erfasst die Eltern eine erste Besorgnis, weil es ungewöhnlich ist, dass Detlef solange von zu Hause fernbleibt. Kurz entschlossen macht der Vater sich auf den Weg zu Familie Stolze. Jürgen, der gerade dabei ist, sich bettfertig zu machen, zuckt nur mit den Schultern, ist ahnungslos, weiß nicht, wo sich Detlef aufhalten könnte. Er bestätigt lediglich, sich um 14 Uhr an der Spreebrücke mit ihm verabredet zu haben, um den versprochenen Elektromotor zu übergeben. Dort habe er länger als eine halbe Stunde vergeblich auf seinen Freund gewartet. Ziemlich enttäuscht sei er schließlich zur Stadtmitte zurückgefahren, um sich dort auf dem Volksfest zu amüsieren. Die Ungewissheit treibt Detlefs Vater weiter.
Nächstes Ziel der Suche ist seine Schwiegermutter, bei der sich sein Sohn öfters aufhält. Die Oma wohnt einige Kilometer südlich von der Stadt in der Ortschaft Langewahl. Aber auch dort kann er seinen Sohn nicht antreffen. Unverrichteter Dinge kehrt er gegen Mitternacht nach Hause zurück. Von großer Sorge und

dunklen Vorahnungen gepeinigt, verbringen die Eltern eine unruhige Nacht. Die Hoffnung, Detlef könne jeden Augenblick heimkehren, hält sie wach. Doch die Nacht vergeht, und Detlefs Bett bleibt leer.
Gleich am folgenden Morgen zeigt Herr Goppel im VPKA seinen Sohn Detlef als vermisst an. Nach dem bürokratischen Prozedere der Entgegennahme einer Vermisstensache entschließt sich die Kriminalpolizei, zunächst noch keine Fahndung auszulösen. Sie will erst die Ergebnisse der Befragungen im sozialen Umfeld Detlefs abwarten. An diesem und am nächsten Tag werden alle Mitschüler aufgesucht, von denen angenommen wird, dass sie näheren Kontakt mit Detlef haben. Da die Frühjahrsferien erst am Sonntag enden, halten sich die meisten von ihnen auch zu Hause auf. Doch die Klingeltouren führen die Ermittler nicht weiter. Niemand der Befragten kann angeben, wo sich der Schüler aufhalten könnte. Auch Detlefs bester Freund, Jürgen Stolze, wiederholt nur, was er bereits am Vorabend dessen Vater mitgeteilt hat. Und die Oma aus Langewahl, die ebenfalls von der Polizei Besuch erhält, bedauert ihre Ahnungslosigkeit über den Verbleib ihres Enkels.
Am Morgen des 4. Mai löst die Kripo im Kreisgebiet eine Dauerfahndung nach dem vermissten Detlef Goppel aus. Weil Alter und Gesundheitszustand des Jungen sowie das milde Frühjahrswetter der Annahme einer akuten Gefährdung entgegenstehen, will die Polizei zunächst abwarten, ob bis zum Abend möglicherweise von den benachbarten Dienststellen und Abschnittsbevollmächtigten ein Fahndungserfolg gemeldet wird. Erst wenn dies nicht der Fall wäre, würde die Entscheidung für eine Suchaktion in der Stadt und ihrer wald- und wasserreichen Umgebung getroffen.
Aber schon am frühen Abend überschlagen sich die Ereignisse, als der Kommandeur einer in der Nähe Fürstenwaldes stationierten Einheit der Roten Armee im VPKA anrufen lässt, dass bei einer militärischen Übung im Wald östlich der Ortschaft Trebus Sowjetsoldaten einen toten Knaben entdeckt haben. Auf der Stelle schrillen im VPKA die Alarmglocken. Der Leiter des VPKA lässt es sich nicht nehmen, selbst und in Begleitung eines hochrangigen Offiziers seines Amtes, aber auch des Chefs der

Kreisdienststelle des MfS vor Ort zu erscheinen, um die Fundsituation in Augenschein zu nehmen. Das honorige Trio wird bereits von einer Gruppe sowjetischer Militärs aus der nahen Garnison empfangen. Aus sicherer Distanz beäugen die Herren die verdächtige Stelle. Die Sachlage ist eindeutig: Der vollständig bekleidete, tote Detlef Goppel liegt rücklings auf dem Waldboden, bedeckt von seinem Fahrrad und halb verrottetem Astwerk. Die in Brusthöhe blutdurchtränkte Bekleidung deutet auf eine starke Gewalteinwirkung hin. Eine solche Auffindungssituation begründet mühelos den Verdacht eines schweren Verbrechens. Der Fundort wird gesichert, und die hohen Herren fahren zurück zu ihren Dienststellen. Umgehend wird ein Ermittlungsverfahren gegen Unbekannt wegen Verdachts einer vorsätzlichen Tötung eingeleitet und der Einsatz der zuständigen MUK angewiesen. Mit großer Ausstattung rücken wenig später die Morduntersucher aus dem 50 km entfernten Frankfurt (Oder) im Wald östlich von Trebus an, wo sie bis zum Morgengrauen tätig sind.

Wie ein Lauffeuer verbreitet sich in Fürstenwalde die Nachricht über den Fund des getöteten Schülers aus der POS „Hans Beimler". Allgemeines Entsetzen beherrscht die Stadt. Schnell kursieren die ersten, voreiligen Verdächtigungen, wonach womöglich der Täter aus dem Kreis der Sowjetsoldaten käme. Ein Sexualverbrechen wird unterstellt. Detlefs Mitschüler schockt die Nachricht über seinen Tod. Fassungslosigkeit breitet sich unter ihnen aus, ganz zu schweigen von dem Leid, das über die Familie Goppel hereinbricht. Auch Jürgen Stolze wird von dem Ereignis so überwältigt, dass er immer wieder von Weinkrämpfen erfasst wird.

Anderenorts ist man weniger emotional bei der Sache: So führen die Autopsie des Toten und die spurenkundliche Tatortarbeit der MUK zu dem Ergebnis, dass der Junge durch nahezu zwanzig Messerstiche in Brust und Hals niedergestreckt wurde. Den Leichenerscheinungen zufolge muss der Tod im Zeitraum 24 bis 48 Stunden zuvor eingetreten sein. Nahe des Fundorts am Fuße einer Kiefer konnten die Kriminalisten mehrere ein Meter lange Stücke einer Paketschnur, an der Rückenpartie des Jungen auffällige textile Abschürfungen, an seinen Unterarmen schmale, ringförmig um die Handgelenke verlaufende, oberflächliche Hautverletzungen und an dem fraglichen Baum jede Menge Fasern aus der Oberbekleidung sichern. Diese Befunde lassen im Konnex mit dem Verlauf der Stichverletzungen die Version zu, dass der an den Kiefernstamm gefesselte Schüler in dieser Position getötet und danach in die vorgefundene Auffindungslage gebracht wurde. Spuren eines offenkundigen Sexualdelikts werden nicht gefunden.

Wenige Tage später wird die Leiche des Schülers Goppel unter großer öffentlicher Anteilnahme zu Grabe getragen. Eine Abordnung der POS „Hans Beimler" ist auch mit dabei, darunter Jürgen Stolze, der seine Betroffenheit nicht verbergen und die Tränen nicht unterdrücken kann. Auch danach bleibt er, im Gegensatz zu seinem früheren Verhalten, auffällig schwermütig und weinerlich. Dies ist deshalb verwunderlich, weil ihn sowohl seine Eltern als auch verschiedene Mitschüler als eher gefühlsarm charakterisieren, aber andere wiederum sein Verhältnis zu Detlef Goppel als ausgesprochen ambivalent und widersprüchlich beurteilen. Denn schon einige Male haben sich die beiden Freunde in der Hofpause heftig geprügelt und ewige Feindschaft geschworen, wenngleich sie kurz darauf doch wieder in Harmonie zusammenhockten. Im Umfeld der beiden Jungen wird eingeschätzt, dass Detlefs körperliche und intellektuelle Überlegenheit Jürgen Stolze imponierte, der deshalb bei ihm soziale Anerkennung und emotionale Zuwendung suchte.

Die Kripo bringt diese Umstände schnell in Erfahrung. Und da sie sich ohnehin allen Personen aus dem unmittelbaren Umfeld des getöteten Schülers widmet und der Version eines sexuell motivierten Fremdtäters nur eine zweitrangige Bedeutung beimisst, rückt Jürgen Stolze schnell in den Fokus kriminalistischer Ermittlung. In Gegenwart eines Psychologen wird er am 10. Mai von der Polizei einer intensiven Befragung unterzogen.

Der Junge wird aufgefordert, die Beziehung zu seinem Klassenkameraden Goppel näher zu beschreiben. Durch die Schilderung einzelner Episoden bestätigt er auf indirekte Weise die von verschiedenen Personen bereits vermutete Ambivalenz, die als ein auf Gegenseitigkeit beruhendes Hinwendungsbestreben bei gleichzeitiger Ablehnung durchaus erkannt wurde. Die augenfäl-

lig widerspruchsbehaftete Verbindung zwischen beiden Jungen ist für die Polizei Grund genug, besonders Jürgens psychische Befindlichkeit am 1. Mai genauer zu untersuchen. Aktueller Anlass für diese Denkrichtung sind zwei unterschiedliche Ermittlungsergebnisse. Obgleich einige Schüler bei ihrer Befragung angeben, Jürgen und Detlef hätten sich während der Demonstration unbefangen freundschaftlich unterhalten und für den Nachmittag an der Spreebrücke verabredet, bestätigen andere Befragte wiederum, Jürgen habe wenige Tage zuvor beiläufig geäußert, „den stech ich noch mal ab", weil er aus unbekannten Gründen zu dieser Zeit auf Detlef „eine Stinkwut" hatte. In den polizeilichen Befragungen verhält sich Jürgen Stolze freundlich-unterwürfig und unsicher. Er reagiert zumeist scheu, vermeidet offenen Augenkontakt mit den Kriminalisten und beantwortet deren Fragen mit umständlichen, schwer verständlichen Satzkonstruktionen, die wiederum weiteres Nachbohren notwendig machen. Zwischendurch überfällt Jürgen eine auffällige Weinerlichkeit, die sich aus dem gerade zu behandelnden Gesprächsgegenstand eigentlich nicht erklären, aber tiefergehende, unterdrückte Denkinhalte vermuten lässt. Weitere bohrende, auf Details abzielende Fragen folgen, bis der Junge dem inneren Druck nicht mehr standhält und herausplatzt: „Was fragen Sie denn dauernd, Sie wissen doch schon alles!"
Ohne zu wissen, was die Polizei gegen ihn in der Hand haben könnte, wird er darüber in Kenntnis gesetzt, dass ein Ermittlungsverfahren gegen ihn eingeleitet wurde. Jetzt ist der Höhepunkt seiner Labilisierung erreicht, und es dauert nicht mehr lange, bis er unter Tränen einräumt, seinen Freund Detlef Goppel getötet zu haben.

Rückblende: Schon in den letzten Wochen beschäftigt sich Jürgen Stolze in Gedanken mit der Frage, auf welche Weise er sich aus der autoritätsgebundenen Abhängigkeit von seinem Freund lösen kann. Zu sehr fühlt er sich von ihm ausgebeutet, gefordert, gehänselt und manchmal auch geprügelt. Erst denkt er an Trennung, überdenkt aber deren Folgen und verwirft schließlich diese Idee, weil er nicht einzuschätzen vermag, wie sich Detlef Goppel ihm gegenüber dann verhalten würde. Alle Überlegungen führen schließlich zu der absurden Idee, ihn zu töten. Tagelang ist sein Kopf damit ausgefüllt, wie er dies am geschicktesten anstellen könne, denn in Goppels körperlicher Überlegenheit sieht er folgerichtig ein unkalkulierbares Risiko für seinen Plan. Doch Jürgens Grübeleien sind diffus und führen zu diesem Zeitpunkt lediglich zu dem Ergebnis, dass der 1. Mai dazu eine günstige Gelegenheit bietet.

In der Woche vom 28. April bis 5. Mai sind Frühjahrsferien. Jürgen Stolze, der in dieser Zeit sein Taschengeld aufbessern will, arbeitet in einem Betrieb am Stadtrand, den er mühelos mit dem Fahrrad erreicht. Zur Entspannung radelt er am 29. April nach Feierabend auf beliebten Wanderwegen durch die nahen Wälder. Dann erneuert ein teuflischer Zufall alle üblen Gedanken der Vergangenheit: Bei einem dieser Kurzausflüge findet Stolze ein fast neuwertiges Fahrtenmesser mit breiter, zwölf Zentimeter langer und feststehender Klinge. Im Nu ist der Tötungsplan wieder präsent. Mit einem Mal besitzt er eine geeignete Waffe. Und schon fällt ihm ein, Detlef mit einer Legende in eine Falle zu locken. Von nun an nehmen das gedankliche Basteln an der Täuschung und die Umsetzung des mörderischen Vorhabens ihn voll in Anspruch, zielstrebig, einseitig und ohne jegliche Folgenkalkulation. Der alle Sinne einengende Tunnelblick versperrt ihm den Blick auf eine vernünftige Lösung seines Problems. Während er nämlich bei den ersten Überlegungen über die Auswirkungen einer Trennung von Goppel noch erwog, dass dessen Reaktionen unberechenbar sein könnten, macht er sich nun paradoxerweise nicht die geringsten Gedanken über die Konsequenzen für sein Leben, wenn er seinen Freund getötet hat.

Während des Demonstrationzuges am 1. Mai verhält sich Jürgen Stolze unauffällig und selbstbewusst. Niemand weiß, dass ein gefährliches Messer unter seiner Jacke steckt. Mit seinem Freund Detlef Goppel vereinbart er ein Treffen an der Spreebrücke, um ihm den zugesagten Schwachstrommotor zu übergeben. Anschließend wollen sie zum Zeitvertreib irgendwo im Wald umherradeln, dann aber später die Open-Air-Veranstaltungen in der Innenstadt besuchen.

Wie ausgemacht, treffen sich die Jungen am vereinbarten Ort.

Jürgen, der zuvor aus dem elektrobetriebenen Spielzeugbaukran seines Stiefbruders heimlich den kleinen Motor ausgebaut hatte, übergibt mit großer Geste das Objekt der Begierde seinem Freund Detlef. Der Beschenkte beäugt begeistert das Kleinod, lässt es in seiner Tasche verschwinden und bekundet höchste Zufriedenheit. Dann radeln die beiden in Richtung der Försterei Wilhelmsbrück. Unterwegs fragt Stolze scheinheilig: „Willste noch'n größeren Motor, ich hab einen zu Hause versteckt?"
Augenblicklich ist Detlefs Neugierde entfacht, und Jürgen lügt aus dem Stegreif, dass es sich bei diesem Gerät um eine leistungsstarke Aquarienpumpe handelt.
„Was willst'n dafür haben?", fragt Detlef begierig.
„Nix", meint Jürgen kumpelhaft, „den kriegste, wenn du 'ne Aufgabe löst."
„Was soll ich machen?", fragt Detlef in naivem Glauben an die Redlichkeit des Spiels.
„Wenn du dich aus einer Fesselung befreien kannst, hast du den Motor!"
Wie zufällig hat Jürgen auch ausreichend Schnur bei sich. Die Burschen treten weiter in die Pedale und gelangen tiefer in den Forst. Plötzlich hält Jürgen an und steigt vom Rad, schiebt es in eine Schonung bis an eine hohe Kiefer.
„Hier könn'n wir's machen!"
Detlef folgt ihm arglos. Augenblicke später lehnen die Fahrräder der Jungen einträchtig nebeneinander an einem Baum, während Jürgen sein Messer hervorgezogen hat und von der Kiefer die unteren Zweige mit der Bemerkung abschneidet: „Damit du dir die Klamotten nicht dreckig machst."
Danach rammt er das Messer in den Baum. Nun muss sich Detlef rücklings an den Stamm stellen und die Hände nach hinten nehmen. Jürgen hat aus den Hosentaschen verschiedene Schnüre hervorgekramt und beginnt, seinen Freund in der gewünschten Position an Händen und Füßen zu fesseln. Zwischendurch beruhigt er ihn hinterlistig: „Ich mach's schon nicht zu fest!"
Als Jürgen mit der Fesselung fertig ist, zieht er das Messer wieder aus dem Stamm, geht einige Schritte zurück und fordert zynisch: „Los, jetzt kannst'e anfangen!"

Sogleich beginnt Detlef mit seinem Befreiungsversuch. Es ist ein sinnloses Unterfangen. Hilflos zappelt er wie ein Insekt im Spinnennetz. Jürgens innerlicher Triumph wird übermächtig. Endlich gewinnt er die langersehnte, totale Herrschaft über seinen Freund. Blitzschnell und wortlos tritt er wieder heran und sticht ihm das Messer mit kräftigem Stoß in die linke Brust. Detlef bricht auf der Stelle stöhnend zusammen, ächzt und wimmert vor Schmerzen. Wieder stößt Jürgen mit dem Messer zu, mehrmals, und diesmal in den Hals. Als Detlef sich nicht mehr bewegt, schneidet Jürgen die Fesseln durch und zerrt den Leblosen einige Meter weiter in das Dickicht. Erneut sticht er auf seinen Freund ein, bis er davon überzeugt ist, dass dieser tot ist. Bevor Jürgen den Ort seiner grausigen Tat verlässt, legt er das Fahrrad des Freundes auf die Leiche und bedeckt das Ganze mit Strauchwerk, das er aus der Umgebung eilig herangeschafft hat. Er überprüft seine Kleidung und seinen Körper, kann augenscheinlich nicht feststellen, dass er sich mit Blut beschmutzt hat, und ist zufrieden. Dann radelt er in die Stadt zurück, ohne dabei zu vergessen, das Messer in den Fluten der Spree zu versenken, wo es niemals gefunden wird. Sein Gefühlsleben bleibt erstarrt und kalt bis zu jenem Tag, als der Leichnam Detlef Goppels zu Grabe getragen wird ...

Im Verlaufe des Ermittlungsverfahrens wird Jürgen Stolze schulpädagogisch, jugendpsychologisch und psychiatrisch begutachtet. Nichtehelich geboren, wächst er ohne Vater bei seiner durchsetzungsschwachen, gefühlsbetonten Mutter auf. Zunächst entwickelt sich der Junge altersgerecht und psychisch unauffällig. Als die Mutter einen anderen Mann heiratet und einen weiteren Sohn zur Welt bringt, verändert sich die Situation schleichend, weil Jürgen sich im Vergleich zu seinem Stiefbruder fortan zurückgesetzt und unbeachtet fühlt. Es ist anzunehmen, dass der frühe Mangel an Geborgenheit den Nährboden für seinen späteren Mangel an echter sozialer Bindungsfähigkeit bildet. Die emotionale Hinwendung zu seiner Mutter schwindet zusehends, wie es auch umgekehrt, so dass mit den Jahren ihre beiderseitige Beziehung das Defizit an emotionalen sozialen Bezügen immer mehr vergrößert. Das Verhältnis zu seinem Stiefvater ist

überwiegend angstbesetzt. Jürgen leidet unter seiner Dominanz und empfindet ihn als unnachsichtigen Vollstrecker der oft drakonischen Erziehungsmaßnahmen. Zu ihm kann er niemals eine positive Bindung entwickeln. So bleibt der Stiefvater für ihn immer ein emotionaler Fremdkörper.
Jürgens Gefühlsleben ist wenig differenziert. Zeichen einer gewissen Retardation, Verspieltheit und Zerfahrenheit kennzeichnen seine Persönlichkeit bereits in den ersten Schuljahren und sind Vorzeichen für seine spätere Verhaltensauffälligkeit. Intellektuell normal ausgestattet, hat er erhebliche Schwierigkeiten im flüssigen Denken, und sprachliche Formulierungen fallen ihm schwer. Deshalb wird er von den Mitschülern häufig gehänselt und ausgelacht. Einen gewissen Rückhalt bietet ihm sein Klassenkamerad Detlef Goppel, der sein Anlehnungsbedürfnis von Anfang an auf seine Weise ausnutzt. Widerstandslos lässt sich Jürgen von ihm in eine Art Untertanenrolle drängen, fühlt sich allerdings dabei von dessen intellektueller und physischer Autorität in der Klasse geschützt, weil die Sticheleien der Schulkameraden dadurch nachlassen. Auf dieser Basis entwickelt sich über die Jahre hinweg eine höchst ambivalente Freundschaft zwischen den beiden Jungen.
Ursprünglich will Jürgen, dessen Interesse für die Schule trotz gleichmäßig durchschnittlicher Leistungen von Klassenstufe zu Klassenstufe nachlässt, die Schule nach der achten Klasse verlassen. Nicht zuletzt unter dem Einfluss Detlef Goppels entschließt er sich dann aber, bis zur Mittleren Reife durchhalten zu wollen. Die strukturelle Eigenheit der Beziehung zwischen den beiden Jungen lässt bereits seit den ersten Schuljahren einen auf Beidseitigkeit beruhenden ständigen Wechsel von Sympathie und Antipathie erkennen.
Aus allem ergibt sich die kriminogen bedeutsame Vermutung, dass unter dem Druck der widersprüchlichen, konfliktgeladenen Beziehung der beiden Freunde Jürgen Stolzes psychische Disposition die todbringende Aggressionsentladung ausgelöst haben könnte.
In der späteren Hauptverhandlung vor dem Bezirksgericht Frankfurt (Oder) werden die entwicklungsbedingten Besonderheiten des jugendlichen Angeklagten bei der Urteilsfindung im

Sinne einer geringeren Schuldgraduierung zwar berücksichtigt, dennoch wird davon ausgegangen, dass Jürgen Stolze „über ausreichend gefestigte Fähigkeiten zur tatbezogenen Steuerung und positiven Selbstbestimmung des Handelns (vor allem Willensfähigkeiten) verfügte, um die negativen, auf die Begehung der Tat gerichteten Handlungsimpulse zu beherrschen und das Handeln gesellschaftsgemäß auszurichten".
Und da bei Verbrechen auch für Jugendliche eine Bestrafung nach den Grundsätzen des Erwachsenenstrafrechts vorgesehen ist, wird Jürgen Stolze unter Abwägung aller Umstände zu sieben Jahren Freiheitsentzug verurteilt, die er in einem der berüchtigten Jugendhäuser absitzen muss.

Die Delinquenz jugendlicher Gewalttäter ist von jeher ein Lieblingsthema der Kriminologie. Das war auch in der DDR so, freilich unter den Bedingungen ihres gesellschaftspolitischen Selbstverständnisses. Während die allgemeine Kriminalitätsbelastung beeindruckend niedrige Zahlen aufwies und als eines der Argumente für den Nachweis der Vorzüge der sozialistischen Gesellschaft herhalten musste, stand der anhaltend steigende Trend der Jugenddelinquenz im Widerspruch zu den vollmundigen Postulaten und war für die sogenannte Klassenauseinandersetzung wenig geeignet. So blieb die Jugendkriminalität ein ständiges Betätigungsfeld für die forensischen, pädagogischen, psychologischen und pönologischen Disziplinen. Neben vielen wichtigen und brauchbaren Erkenntnissen über die inneren und äußeren Determinanten der Jugenddelinquenz, neben dem unverkennbaren Bemühen um wirksame Bekämpfungs- und Vermeidungsstrategien, fallen immer wieder die krampfhaften Versuche auf, deliktische Motivationsprozesse, Ursachen und begünstigende Bedingungen weitgehend auf den „Einfluss imperialistischer Ideologie und Unkultur" zu reduzieren. Aber so einfach liegen die Dinge nicht. Der Jugenddelinquenz liegen hochkomplexe Wirkungsmechanismen zugrunde, die, vereinfacht ausgedrückt, bestimmte Eigentümlichkeiten des Jugendalters (im Kontext mit Mangelerziehung, Verhaltensstörung, Gruppeneinfluss, Freizeitverhalten usw.) und dispositionelle Fehlentwicklungen vereinen. In den beiden Falldarstellungen lassen sich die kriminogenen

Bedingungsfaktoren bis in die Kindheit der Täter zurückverfolgen. Sie führten zu verhängnisvollen Verhaltensstörungen und endeten schließlich im Mord. Vermutlich hätte eine rechtzeitige heilpädagogische und psychologisch-psychiatrische Intervention der kriminellen Entwicklung der Jugendlichen Einhalt bieten können. Offenbar haben die Erziehungs- und Bildungsträger versagt und die Symptome unterschätzt oder gar nicht erkannt. Ob allerdings Lothar Wenzels, Norbert Tuschniks und Jürgen Stolzes Aufenthalt im Jugendstrafvollzug unter den üblichen Bedingungen der rigiden Erziehungsdiktatur ihre soziale und psychische Fehlentwicklung stoppen konnte, war nicht zu recherchieren.

Mörderische Liebschaft

Aktenzeichen Bezirksstaatsanwalt Erfurt BI 7/65
Aktenzeichen Oberstes Gericht der DDR, 5. Strafsenat 5 Ust 61/65
Institut für gerichtliche Medizin und Kriminalistik Jena Tgb.-Nr. S 8-6/65

Romantisch eingebettet zwischen waldreichen Hügeln liegt im thüringischen Vorland des Bezirkes Erfurt eine 350-Seelen-Ortschaft. Im Frühherbst 1964 wurde dort ein heimtückisches Verbrechen verübt, das die dörfliche Idylle schwer beschädigte und eine lang andauernde, lebhafte Diskussionen über Schuld und Sühne entfachte. Denn alle Dorfbewohner kannten den Täter, und alle kannten das Opfer. Allein achtzehn von ihnen sagten vor Polizei und Gericht offiziell als Zeugen aus, nicht zu zählen all diejenigen, die im Rahmen polizeilicher Rundumermittlungen nur befragt wurden.
Heutzutage erinnern sich nur noch wenige der Alteingesessenen an die Ereignisse, die seinerzeit ihre Gemüter so sehr bewegten. Längst hat der Täter seine lebenslange Zuchthausstrafe verbüßt. Sein schreckliches Handeln von damals ist gesühnt, juristisch ist damit sein Fall nicht mehr von Interesse. Inzwischen ein geläuterter, achtundsiebzig Jahre alter Mann, verbringt er unauffällig, zurückgezogen und bescheiden seinen Lebensabend auf seinem angestammten, vertrauten Hof inmitten der Ortschaft, in der sich damals die verhängnisvollen Vorgänge abspielten. Der Schutz seiner Persönlichkeitsrechte gebietet es, alle Orte, die im Zusammenhang mit der Untat von Bedeutung sind, durch andere Bezeichnungen unerkennbar zu machen.

Am frühen Nachmittag des 25. April 1965, nahe der Ortschaft Heisenbruch. Der milde Frühlingssonntag hat den 12-jährigen Felix Achtermann und zwei Spielkameraden zum Spielen in das ausgedehnte Waldgebiet unterhalb des Rebenburger Berges gelockt. Felix ist der Wald schon lange vertraut, denn er war mit seinem Vater, einem passionierten Waidmann, bereits etliche

Male dort. Von ihm hat er auch seine ungewöhnliche Kenntnis von der örtlichen Flora und Fauna, die seine Gefährten immer wieder in Erstaunen versetzt. Diesmal aber geht es den Kindern nicht um die hohe Schule der Naturkunde, sondern um die sehr praktische Frage, einen geeigneten Standort für den Bau einer aus Ästen zusammengetragenen einfachen Laubhütte zu finden, die von Fremden nicht entdeckt werden soll. Abseits eines schmalen, kaum erkennbaren Trampelpfades, der sich unterhalb eines weitläufigen, dicht bewaldeten Abhangs entlang schlängelt, durchstreifen die drei im Gänsemarsch frohgelaunt das Unterholz. Felix Achtermann geht voran. Übermütig schlägt er mit einem Stock die Äste nieder, die den Weg versperren, als würde er sich mit einer Machete den Weg durch den dichten Dschungel bahnen. Die beiden anderen folgen ihm. Plötzlich hält er inne. „Was ist das?"
Mit dem Stock schiebt er die Äste zur Seite. Es dauert einen Moment, ehe ihm bewusst wird, dass er auf die stark verwesten Überreste eines menschlichen Körpers blickt, die zum Teil mit dem verwitterten Herbstlaub des vergangenen Jahres bedeckt sind.
„Ih, das ist ja eine Leiche!", platzt er erschrocken heraus.
Entsetzt starren nun auch die beiden Freunde auf den unheimlichen Fund. Angstgeschüttelt eilen die Jungen zum Dorf zurück, um dem Bürgermeister ihre makabre Entdeckung zu melden. Der Gemeindechef nimmt die Mitteilung mit gebotenem Ernst entgegen, fragt Felix, ob er den Ort wiederfinden würde, und als der Junge dies bejaht, informiert er zwei Kameraden der freiwilligen Feuerwehr. Sie sollen, ehe die Polizei alarmiert wird, überprüfen, ob die Wahrnehmung der Knaben der Wahrheit entspricht oder kindliche Fantasie zu einer illusionären Verkennung geführt hat. Immerhin ist die Möglichkeit nicht von der Hand zu weisen, dass die Kinder lediglich ein verendetes Wildtier aufgespürt haben. Sogleich knattern die Männer mit ihren Motorrädern los. Felix, bei einem der Feuerwehrleute auf dem Sozius, weist ihnen den Weg. Während der Junge dann am unmittelbaren Fundort angewidert zurückbleibt, überzeugen sich die Männer davon, dass dort tatsächlich ein menschlicher Leichnam liegt.

„Das kann nur die Gerhard'sche sein", mutmaßt einer von ihnen sofort, nachdem er neben dem Körper eine Damenhandtasche entdeckt. Denn seit dem 2. Oktober vorigen Jahres wird die 36-jährige Heisenbrucherin Eleonore Gerhard vermisst. Die ortsbekannte Frau verdingte sich als Hausschneiderin mit einem nur geringen Verdienst, lebte in permanenten Geldsorgen. Sie hatte deshalb einige Zeit zuvor beim Rat der Gemeinde eine finanzielle Unterstützung beantragt, weil ihr Gatte, der ansonsten für sie sorgte, wegen einer Straftat zu einer mehrjährigen Haftstrafe im Torgauer Gefängnis verurteilt wurde. Wenige sporadisch durchgeführte polizeiliche Suchmaßnahmen nach der Vermissten verliefen im Sande. Auch eine Veröffentlichung in der lokalen Presse erbrachte keinen nennenswerten Hinweis. Die ausgelöste Dauerfahndung nach Eleonore Gerhard und die routinehaften Ermittlungen blieben bislang ohne Erfolg.
Einer der Männer sichert den Fundort, während der andere, Felix, die staubige Piste zurück nach Heisenbruch fährt, um die Polizei zu informieren. Wenig später übernehmen Uniformierte des zuständigen VPKA die fachgerechte Sicherung des Fundorts.
Bald darauf sind auch die Kriminalisten Oberleutnant Martini (34) und Oberleutnant Schmidt (33) von der Mordkommission aus der Bezirksstadt Erfurt zur Stelle. Auch der Oberarzt des Jenaer Instituts für gerichtliche Medizin und Kriminalistik, Dr. Disse – ein bedächtiger, ernster Mittvierziger mit trockenem Humor – trifft geraume Zeit später ein.
Ohne zu zögern beginnen die Experten mit der Befundaufnahme: Zweifellos handelt es sich bei der Leiche um eine Frau. Sie ist bekleidet und befindet sich in Rückenlage, die Arme dicht am Körper. Die ausgestreckten, leicht gespreizten Beine liegen hangaufwärts. Untrügliche Zeichen von massivem Tierfraß finden sich an verschiedenen Stellen des toten Körpers, insbesondere an den Extremitäten. Kopf und Hals fehlen ganz. Reichlich zwei Meter über der Leiche hängen im Geäst eines hohen Strauches einige Knochenscherben des Schädeldachs, an denen sich noch Gewebereste befinden. Die Ermittler vermuten zu diesem Zeitpunkt noch, dass Greifvögel oder kletterndes Raubwild Leichenteile dorthin verschleppt haben. Jedoch: Die totale

Ablösung des Kopfes und des Halses vom Rumpf der Toten begründet unter den gegebenen Bedingungen nicht nur einen unnatürlichen Tod, sondern auch einen bislang ungeklärten Zerstörungsmechanismus. Er konnte in der vorgefundenen Art aber keineswegs durch Wildschweine verursacht worden sein. Dafür fehlten die für Schwarzwild typischen Fraßspuren. Als die Experten die Frage nach der Ursache für die ungewöhnliche Zerstörung des Schädels diskutieren, können sie eine schwere, möglicherweise todesursächliche Gewalteinwirkung nicht ausschließen, deren genaue Bestimmung unter Laborbedingungen durchaus möglich wäre, wenn nämlich die Knochenscherben des Schädeldachs nach allen Regeln der Wissenschaft untersucht werden. Diese Denkrichtung wird sich schließlich als richtig erweisen. Zur Zeit der Tatortuntersuchung muss diese Frage allerdings noch unbeantwortet bleiben.

Beim Absuchen der Fundortumgebung stoßen die Kriminalisten auf verschiedene, von Tieren abgenagte Halswirbel und weitere, unterschiedlich große Knochenscherben des Schädels. In der nahe der Leiche liegenden Handtasche finden sie neben frauentypischen Utensilien einen verwitterten, aber noch gut lesbaren Personalausweis auf den Namen Eleonore Gerhard. Er ist ein wichtiger Hinweis auf die Vermisste, deren sichere Identifizierung später durch die Erhebung des Zahnstatus ergänzt werden kann.

Martini und Schmidt vermessen die Leiche, ebenso wie die Lage der einzelnen Knochenteile zueinander. Dabei halten sie jede einzelne Phase fotografisch fest. Auf diese Weise schaffen sie die Grundlagen für ein sogenanntes illustriertes Tatortuntersuchungsprotokoll, das durch die sinnvolle Kombination von Text und Bild die Anschaulichkeit und Überschaubarkeit dieses wichtigen Beweismittels unterstützt. Nach erfolgter Sicherung werden schließlich unter dem wachsamen Auge Dr. Disses die Leiche, die Knochenteile und die Handtasche der Toten ins Jenaer Institut gebracht.

Inzwischen breitet sich in Heisenbruch die Nachricht vom Fund der toten Frau Gerhard wie ein Lauffeuer aus. Felix Achtermann, der Junge, der mit zwei Spielkameraden den Leichnam entdeckte, hat daheim viel zu berichten. Aufmerksamer Zuhörer ist vor allem sein Vater, Werner Achtermann (36), der als zweiter Bürgermeister von Heisenbruch zu den Honoratioren des Ortes zählt, politisch aktiv zum Wohlgefallen der Obrigkeit, im Dorf geachtet als rühriger Landwirt und Viehzüchter. Die Schilderungen seines Sohnes erschüttern ihn. Umgehend macht er sich auf den Weg zum Rat der Gemeinde, wo inzwischen auch andere Ratsmitglieder eingetroffen sind, um die Lage zu erörtern. Auch die Kripo ist vor Ort. Sie will mit Unterstützung der örtlichen Funktionäre im Gebäude der Gemeindevertretung vorsorglich einen Stützpunkt einrichten.

Bereits am darauffolgenden Tag, es ist der 26. April, sind die Ermittlungen in Heisenbruch in vollem Gange. Sie konzentrieren sich von Beginn an auf das soziale Bezugsfeld der Getöteten, denn die Wahrscheinlichkeit einer Beziehungstat steht auf der Liste der Versionen ganz weit oben. Es dauert nur wenige Stunden, bis die Fahnder herausgefunden haben, dass Frau Gerhard einen vermeintlich heimlichen Geliebten im Ort hatte. Es ist der ehrenwerte Werner Achtermann. Schon lange wird in Heisenbruch gemunkelt, dass er es mit der ehelichen Treue nicht genau nimmt und zum Leidwesen seiner Gattin bereits Vater etlicher außerehelicher Kinder sei. Auch sind ernsthafte Auseinandersetzungen zwischen ihm und seiner Angetrauten bekannt geworden. Denn die Ehefrau hat mit Scheidung gedroht, falls er allen moralischen Appellen zum Trotz seine außerehelichen Eskapaden nicht unterlässt. Selbst in den Gemeinderatssitzungen stand er deswegen schon einige Male im Kreuzfeuer der Kritik, „weil sein Verhalten im krassen Widerspruch zu seiner Rolle als Repräsentant der Gemeinde im Kreisvorstand der Bauernpartei steht." Längst hat er sich als ortsbekannter „Hurenbock" und „geiler Hahn von Heisenbruch" einen zweifelhaften Ruf erworben. Werner Achtermann ist für die Ermittler eine heiße Spur. Und er ist Jäger im Jagdkollektiv des Revierförsters aus Klausberg.

Nichts liegt nun näher, als ihn zum Stützpunkt ins Haus der Gemeindeverwaltung zu einem ersten Gespräch zu bitten. Er wird als Zeuge vernommen und soll Auskunft über Art und Intensität seiner Beziehung zu Frau Gerhard geben. Werner Ach-

termann ist sofort zu einem Gespräch mit der Staatsmacht bereit, verhält sich während der Befragung ruhig, sachlich und höflich. Zunächst verwahrt er sich gegen die Gerüchte, die im Dorf über ihn kursieren. Sein Verhältnis zu Eleonore Gerhard sei keineswegs sexueller Natur, und es würde von den Dorfbewohnern in hohem Maße überschätzt. In Wirklichkeit sei die Sache so: Im Frühjahr vorigen Jahres wäre Frau Gerhard offiziell an ihn in seiner Funktion als zweiter Bürgermeister herangetreten, um eine finanzielle Unterstützung durch die Gemeinde zu erbitten. Durch die Inhaftierung ihres Ehemanns sei sie nämlich finanziell am Ende, und die Einkünfte aus der Tätigkeit als Hausschneiderin würden zum Leben für sie und ihren sechsjährigen Sohn nur knapp ausreichen. Nun könne sie eine Sprecherlaubnis in der Strafvollzugsanstalt Torgau deshalb nicht wahrnehmen, weil sie sich das Fahrgeld dorthin nicht leisten könne. Da eine offizielle finanzielle Unterstützung über die Gemeinde kaum zu realisieren war, habe sich Werner Achtermann großzügig bereit erklärt, sie aus reiner Gefälligkeit mit seinem Motorrad nach Torgau zu fahren, damit sie ihren Mann besuchen könne. Diese Fahrt habe geraume Zeit später stattgefunden. Auch habe er ihr ganz privat einige kleine Geldgeschenke gemacht, ohne daran irgendeine Gegenleistung zu knüpfen. Ein sexuelles Interesse an Frau Gerhard habe zu keiner Zeit bestanden. Wenn er also von den Dorfbewohnern irgendwann einmal mit ihr gesehen wurde, so sei das ohne jegliche Bedeutung.
Fürs Erste lassen die Kriminalisten es bei diesen Aussagen bewenden. Zurück bleiben zwar jede Menge offene Fragen und der übliche Argwohn. Bei diesem frühzeitigen Ermittlungsstand jedoch müssen sich die Berufsskeptiker diskret zurückhalten.
Und Werner Achtermann darf gehen.

Zeitgleich mit der Befragung des zweiten Bürgermeisters von Heisenbruch findet im Jenaer Institut die Autopsie der sterblichen Überreste von Eleonore Gerhard statt. Obduzenten sind Oberarzt Dr. Disse und sein Assistent Dr. Michaelis. Auch Martini und Schmidt von der Erfurter MUK sind anwesend. Aufgrund der starken fäulnisbedingten und durch massiven Tierfraß verursachten Veränderungen kann allerdings keine Aussage zur

Todesursache getroffen werden. Eine zusätzliche chemische Untersuchung der Leichenteile auf das mögliche Vorhandensein von Giftstoffen verläuft ebenfalls ohne positives Ergebnis und schließt somit wenigstens einen Vergiftungstod aus. Die Knochenfragmente des Schädels werden den anatomischen Verhältnissen entsprechend – so gut es eben möglich ist – zusammengesetzt und untersucht. Dabei zeigt sich, dass – bis auf einzelne kleine Knochensplitter – Teile des Gesichtsschädels und der Schädelbasis fehlen. Dennoch ist ein sehr wichtiger Befund möglich. Denn am unteren Rand eines Stücks der Hinterhauptschuppe entdecken die Obduzenten eine fast halbkreisförmige Aussprengung von 27 mm Durchmesser, die sich in Richtung des Schädelinneren trichterförmig erweitert.

Zitat aus dem Zwischenbericht über die Sektion: „Dieser Defekt ist mit großer Wahrscheinlichkeit eine Einschussöffnung, wobei der Ausschuss vermutlich im Gesicht liegt. Die Art der Schädelaufsprengung lässt in erster Linie an einen Schuss mit aufgesetzter Waffe denken. Geht man von dieser Annahme aus, so muss es sich um eine großkalibrige Waffe, etwa eine Jagdwaffe, gehandelt haben. Zur Stützung dieser Annahme wurde heute im Institut für gerichtliche Medizin und Kriminalistik Jena ein Probeschuss mit aufgesetzter Waffe (Kal. 16/Brennecke) auf einen mit Sand gefüllten menschlichen Schädel abgefeuert. Es zeigte sich ein ähnlicher Defekt am Einschuss und eine ähnliche Wirkung am übrigen Schädel. Ob der Schuss zu Lebzeiten oder nach dem Tode auf die Gerhard abgegeben wurde, lässt sich am Knochen nicht feststellen. Wahrscheinlich ist jedoch die Annahme, dass der Schuss zu Lebzeiten die G. traf ... Die fragliche Einschussstelle wurde quarzspektrographisch auf Schwermetalle untersucht. Dabei fanden sich deutlich und eindeutig nachweisbare Mengen Blei, das an normalen Schädelknochen unter diesen Bedingungen nicht nachzuweisen ist. Zusammen mit dem kreisförmigen Defekt des Schädelknochens ergibt sich damit ein eindeutiger Beweis für das Vorliegen einer Schussverletzung ... Unter Zugrundelegung dieser Annahme lautet die vorläufige Todesursache: Kopfdurchschuss (vermutlich mit aufgesetzter Waffe). Ein endgültiges Gutachten wird nach durchgeführten Schießversuchen nachgereicht."

Nach diesen Befunden erkennen die Männer der MUK, dass der Täter mit hoher Wahrscheinlichkeit eine Jagdwaffe benutzt haben muss. Da in der DDR höchst strenge Gesetze ein nur eng begrenztes System der erlaubten Waffenträgerschaft zulassen, das sich weitgehend auf Angehörige der sogenannten bewaffneten Organe und Jäger beschränkt, ist kriminologischen Erfahrungen zufolge die verbrecherische Benutzung von Schusswaffen sehr eingeschränkt. Die Ermittlungen konzentrieren sich deshalb auf die Mitglieder der Jagdgesellschaft, für die der Revierförster aus Klausberg verantwortlich ist. Bei ihm wird das Waffen- und Munitionsbuch geführt, das ebenso genaue Auskunft über die Ausgabe von Waffen und Munition an die einzelnen Jäger gibt wie über die Waffenrückgabe und die Abrechnung verschossener oder die Rückgabe übriggebliebener Munition. Da dieses Dokument möglicherweise ein wichtiges Beweismittel ist, wird davon eine Kopie gefertigt und der Kripo zur Verfügung gestellt. Auch Achtermanns Jagdflinte wird beschlagnahmt und Oberarzt Disse für erforderliche Untersuchungsexperimente zur Verfügung gestellt.
Schnell steht fest, dass Werner Achtermann seit dem 30. September 1964 im Besitz einer doppelläufigen Jagdflinte (Kal. 12) und entsprechender Munition war. Er hatte sich die Waffe vom Revierförster aushändigen lassen, weil er mit seinem Abschusssoll im Rückstand war und nun ein Stück Rehwild jagen wollte. Am 3. Oktober, also einen Tag nach dem Verschwinden von Frau Gerhard, gab er die Waffe und die vollständige Munition angeblich unbenutzt zurück, weil ihm das Jagdglück nicht hold war. Werner Achtermann war also zur fraglichen Zeit im Besitz einer großkalibrigen Jagdflinte.
Die komplette Abrechnung der Munition ist indes für die Morduntersucher kein Anlass, sich damit abzufinden. Sie wissen längst, auf welche Weise sich gewiefte Schützen einen illegalen Bestand an „schwarzer" Munition zulegen. Könnte Achtermann nach der Tat die verschossene Munition bei der Waffen- und Munitionsrückgabe an den Revierförster nicht durch Munition aus seiner illegalen Reserve ersetzt haben?
Derlei Überlegungen nähren den Argwohn der Ermittler. Bis zum Freitag, dem 30. April, haben sich bei ihnen jede Menge

Aussagen von Zeugen angesammelt, die den Verdächtigen erheblich belasten. Einige wissen sicher, dass sich Eleonore Gerhard von ihrem inhaftierten Gatten scheiden lassen wollte, um Werner Achtermann zu ehelichen. Andere geben Details aus seinem außerehelichen, omnipotenten Sexualleben preis, und es gibt sogar einen Zeugen, der ihn an dem fraglichen 2. Oktober des Vorjahres in Begleitung von Frau Gerhard am Rebenburger Berg gesehen hat. Selbst Achtermanns Ehefrau verzichtet auf ihr Aussageverweigerungsrecht und belastet ihren Mann, denn sie weiß seit Monaten, dass er auch Eleonore Gerhard reichlich beglückt hat. Jetzt endlich will sie die Scheidung einreichen, denn die Ehekrise hat längst ihren Höhepunkt erreicht.

Kurz darauf ist Werner Achtermann wieder den bohrenden Fragen der Ermittler ausgesetzt. Diesmal wird ihm gleich mitgeteilt, dass ein Haftbefehl gegen ihn beantragt wurde und er nun wegen des Verdachts, Eleonore Gerhard erschossen zu haben, als Beschuldigter vernommen wird. Mit versteinerter Miene nimmt er den schweren Vorwurf zur Kenntnis. Minutenlang ist er zu keiner Reaktion fähig, starrt hilflos vor sich hin. Dann sagt er: „Sie wollte mein Leben ruinieren, ich habe sie am 2. Oktober mit meiner Jagdwaffe erschossen."

In den nächsten Vernehmungsstunden redet sich Werner Achtermann alles von der Seele, was ihn in den letzten Monaten bedrückt. Er beschreibt seine missratene Ehe, sein drängendes Bedürfnis nach außerehelichen Abenteuern, er spricht über seine unehelichen Kinder und darüber, dass er mit Eleonore Gerhard eine sexuelle Beziehung hatte, ohne sie zu lieben. Dass er sie geschwängert haben soll, habe ihn völlig aus der Bahn geworfen. Nicht die Unumkehrbarkeit der tödlichen Attacke gegen die Geliebte bewegt jetzt sein Inneres, es ist auch nicht die Reue vor seiner Untat, sondern schlichtweg die Angst vor der ungewissen, freiheitslosen Zukunft, die unaufhaltsam näherrückt und nun seine Zunge löst.

Nach der ersten Beschuldigtenvernehmung resümieren die Ermittler zufrieden: Fünf Tage nach dem Fund der Leiche ist der Täter ermittelt und geständig. Dass Werner Achtermanns Sohn Felix und seine beiden Spielkameraden die Verbrechensaufklärung in Gang setzten, ist ein schicksalhafter Zufall.

Bei der sich nun anschließenden detaillierten Sachaufklärung ergibt sich ein untersuchungsmethodisches Dilemma. Die Einlassungen des Beschuldigten, die sich direkt auf Frau Gerhard beziehen, sind nämlich wegen fehlender Außenkriterien kaum zu objektivieren. Das stimmt die Ermittler unzufrieden, weil sie sich mit dem frommen Glauben begnügen müssen, Achtermanns Erklärungen entsprächen immer der objektiven Realität. Um dieses Erkenntnisproblem so klein wie möglich zu halten und wenigstens hinsichtlich des Tatmotivs, des Tatvorsatzes und des Tatablaufs einigermaßen zuverlässige Ergebnisse zu erlangen, die nicht durch Widerruf infrage gestellt werden können, konsultieren die Ermittler noch einmal Oberarzt Dr. Disse und Dr. Michaelis und bitten um Ergänzung ihres Zwischenberichts. Zunächst will man wissen, ob Eleonore Gerhard schwanger gewesen sein kann.

„Bei diesem Fäulnisgrad waren die Geschlechtsorgane so zerstört, dass sie nicht beurteilt werden konnten", dämpft der Oberarzt die Erwartungen der Kriminalisten und setzt fort: „Weder eine Frucht noch Teile einer Frucht konnten wir finden. Auch feingewebliche Untersuchungen der Gebärmutterreste wären bei diesem Zustand sinnlos gewesen." Und Dr. Michaelis ergänzt: „Auch die Untersuchung des Brustdrüsengewebes hätte keine verlässlichen Ergebnisse erbracht."

„Dann müssen wir Achtermann abnehmen, dass die Gerhard schwanger war?" fragen die Gesetzeshüter einigermaßen ungläubig.

„Wenn Sie nicht auf andere Weise das Gegenteil beweisen, ist es wohl so", meint Disse gelassen.

Dann wechseln die Männer das Thema. Nun geht es um die Schussentfernung. Der Oberarzt erläutert, zu welchen Erkenntnissen er und sein Assistent gekommen sind. Weil sie in der Fachliteratur keine präzisen Daten über die Wirkung von Schüssen aus großkalibrigen Jagdflinten auf den menschlichen Körper bei unterschiedlichen Schussentfernungen fanden, führten sie mit Achtermanns beschlagnahmter Waffe eine Reihe von Untersuchungsexperimenten durch. Dabei verwendeten sie verschiedene Jagdmunition, die aus unterschiedlicher Entfernung auf geeignete Objekte und Beschussplatten abgefeuert wurde.

Anhand der am Leichenfundort vorgefundenen Knochenscherben des Schädels, der Einschussöffnung am Hinterhauptknochen und des fehlenden Gesichtsschädels kamen sie durch Vergleich mit den Experimentalspuren zu dem Ergebnis, dass Frau Gerhard durch einen Schuss in den Hinterkopf, der zu einer ausgedehnten Zerstörung des Schädels und des Gehirns führte und einer Dekapitation gleichzusetzen ist, augenblicklich getötet wurde. Unter den gegebenen Bedingungen muss der Ausschuss im Gesicht etwa handtellergroß gewesen sein, was die völlige Zertrümmerung des Gesichtsschädels erklärt. Es erfolgte also kein Nahschuss mit aufgesetzter Waffe, wie im Zwischenbericht zunächst angenommen, hingegen wurde der Schuss aus einer Entfernung von etwa 90 cm auf das Opfer abgegeben.

Etwa seit Mitte des vorigen Jahrhunderts hat sich die forensische Ballistik aus dem Spektrum gerichtsmedizinischer Tätigkeit schrittweise herausgelöst und zu einer selbstständigen Disziplin innerhalb der naturwissenschaftlich-technischen Kriminalistik entwickelt. Ihr Gegenstand ist die Suche, Sicherung und gutachterliche Beurteilung von Schusswaffen, Munition und Schusswirkungen im Zusammenhang mit kriminalistisch bedeutsamen Vorgängen. Die Identifizierung von Schusswaffen steht dabei im Mittelpunkt der Tätigkeit des forensischen Ballistikers. Nach dem 2. Weltkrieg fanden in der sowjetisch besetzten Zone ballistische Untersuchungen in den kriminaltechnischen Untersuchungsstellen der jeweiligen Landespolizeibehörden statt. In dieser Zeit bildete die große Zahl an Schusswaffenanwendungen bei kriminellen Handlungen eine besondere polizeiliche Herausforderung. Jedoch waren die technische Ausrüstung und die Qualifikation des kriminaltechnischen Personals vielerorts noch unzureichend. Nach der Gründung der DDR im Jahre 1949 forcierte die SED-Führung den Aufbau zentralistischer Verwaltungsstrukturen. Dieser erreichte im Jahre 1952 mit der Auflösung der föderalen Länder und der Bildung der 14 Bezirke und über 200 Landkreise seinen Höhepunkt. Für die Volkspolizei, die bereits im Jahre 1948 aus der Länderbefugnis herausgelöst und der zentralen „Deutschen Verwaltung des Innern" unterstellt wurde, bedeutete das eine weitere tiefgreifende Strukturveränderung.

Positiv erwies sich jedoch die in diesem Zusammenhang erfolgte Gründung des Kriminaltechnischen Instituts der DVP als zentrale naturwissenschaftlich-technische Expertisen- und Forschungseinrichtung, die sich ziemlich rasch zu einer modern ausgestatteten, kompetenten Institution entwickelte und dem Spezialgebiet der forensischen Ballistik einen gebührenden Platz einräumte. Durch die Zentralisierung der kriminaltechnischen Untersuchung und die Ausstattung mit modernstem Gerät (meist importiert aus dem westlichen Ausland) stiegen Anzahl und Qualität der Begutachtungen bei Waffendelikten kontinuierlich an – von der immer besseren Qualifizierung der Sachverständigen abgesehen. Die Anfertigung ballistischer Expertisen durch gerichtsmedizinische Institute blieb seitdem die Ausnahme. Sie beschränkte sich auf die Tätigkeit jagdlich ambitionierter Gerichtsärzte, die über entsprechendes Spezialwissen verfügten und erforderliche naturwissenschaftlich-technische Bedingungen in ihren Instituten vorfanden.

Die von den Gerichtsärzten vermittelte Erkenntnis ist für die Kriminalisten von Nutzen, denn sie sind vorbereitet, mit Werner Achtermann den unmittelbaren Ablauf des Tatgeschehens vor Ort zu rekonstruieren und fotografisch festzuhalten. Wenn nämlich das Ergebnis der nach Achtermanns „Regieanweisungen" vorgenommenen Rekonstruktion mit den ballistischen Resultaten übereinstimmt, spricht das zumindest in diesem Punkt für den Wahrheitsgehalt seiner Aussagen über den Tathergang.
Dieses Szenario findet am nächsten Tag unter hohen Sicherheitsvorkehrungen statt. Die Ermittler sind zufrieden. Werner Achtermann hat seine Aufgabe erfüllt, und es gibt keinen Widerspruch zu den bisherigen Befunden.
In der folgenden Zeit werden noch etliche Zeugen vernommen. Ihre Aussagen runden die Erkenntnisse über Werner Achtermanns und Eleonore Gerhards Persönlichkeitsstrukturen ab und unterstützen die Ermittlungen hinsichtlich der Tatmotive, Ursachen und Bedingungen. Noch einige Male wird Achtermann zu kurz andauernden Vernehmungen vorgeführt, um bestimmte Detailfragen zu beantworten. Er verhält sich kooperativ, bleibt im Wesentlichen bei der Wahrheit und zeigt nur hin und wieder

ein unbeholfenes Verteidigungsverhalten. Ende Juni 1965 kann die Akte „Strafsache Werner Achtermann" geschlossen und dem Bezirksstaatsanwalt zur Anklageerhebung übergeben werden. In ihr findet sich auf mehreren Hundert Seiten Werner Achtermanns wechselvolle Lebensgeschichte, die von Fleiß, Erfolg und Glück, aber auch von Selbstsucht, Triebhaftigkeit kündet und im Verbrechen endet.

Kindheit und Schulzeit verlebt Werner Achtermann fernab von den todbringenden Bombenangriffen des letzten Weltkrieges in ländlicher Beschaulichkeit. Er wird Maurer wie sein Vater. In der kleinen Landwirtschaft, die seine Mutter betreibt, erwirbt er die Grundkenntnisse über Ackerbau und Viehzucht. Gerade neunzehn Jahre alt geworden, adoptiert ihn ein hochbetagtes, kinderloses Ehepaar aus der Ortschaft Eisenholz, das ihm einen kleinen, ziemlich heruntergekommenen landwirtschaftlichen Betrieb vermacht, den er mit viel Fleiß in kurzer Zeit wieder auf Vordermann bringt. Von nun an lässt ihn die Tätigkeit als Landwirt nicht mehr los. Mit 21 Jahren heiratet er ein gleichaltriges Mädel aus Heisenbruch, das auf dem elterlichen Bauernhof lebt. Werner Achtermann verkauft sein Anwesen in Eisenholz, lässt sich bei seiner jungen Frau in Heisenbruch nieder und erwirbt im selben Ort einen größeren, wenngleich finanziell ruinierten landwirtschaftlichen Betrieb. Er gewinnt großes Ansehen in der Dorfgemeinschaft, als es ihm gemeinsam mit seiner Frau gelingt, den Hof in wenigen Jahren schuldenfrei zu machen. Ende der 50er Jahre, als die große Kollektivierungswelle die DDR-Landwirtschaft erfasst, macht er sich bei der SED-Führung beliebt, weil er die LPG-Gründung in Heisenbruch hartnäckig vorantreibt. Achtermann tritt der Bauernpartei bei, schwingt als ihr Ortsvorsitzender kräftig die rote Fahne, wird Mitglied des Kreisvorstandes seiner Partei und qualifiziert sich an einer landwirtschaftlichen Fachschule zum „Meister der Tierzucht". Seitdem ist er stellvertretender LPG-Vorsitzender und Feldbaubrigadier. Politische Zuverlässigkeit bringt ihm das Wohlwollen der staatlichen und parteilichen Obrigkeit ein, und es dauert nicht lange, dass ihm ein Platz im Gemeinderat und schließlich als zweiter Bürgermeister sicher ist. Werner Achtermann mischt im Dorf

überall mit, in der GST, in der DSF, beim DRK und als freiwilliger Helfer der Volkspolizei. Alles in allem ist er der politisch allseits geschätzte Mustermann aus der Gilde der Blockparteien. Doch hinter dieser Fassade verbirgt sich ein egoistischer, kleinkarierter Lebemann mit ungezügelten Sexualgelüsten. Daheim Frau und Kind, nutzt der kopulierfreudige Draufgänger jede sich bietende Gelegenheit für eheliche Untreue. Werner Achtermann schwängert ein junges Mädchen, bestreitet es später aber energisch und verdächtigt kurzerhand einen anderen, bis ein Gericht seine Vaterschaft feststellt und ihn zur Unterhaltszahlung verurteilt. Eine andere Frau, die nach vielen lustvollen Nächten ebenfalls von ihm schwanger wird, bedrängt er, sich in den kapitalistischen Westen abzusetzen. Vergeblich. Es gelingt ihm aber, sie zu einer illegalen Abtreibung durch eine ihm bekannte „Engelmacherin" zu überreden. Doch das heimliche Unternehmen misslingt gründlich, und er wird schließlich Vater eines geschädigten Kindes, für das er nun ebenfalls Unterhalt zahlen muss. Unbeirrt setzt er dennoch seine ehebrecherischen Eskapaden fort. Es ist deshalb nur zu verständlich, wenn Werner Achtermanns Gattin nach alldem den festen Entschluss gefasst hat, sich scheiden zu lassen. Gutgemeinte Ratschläge vertrauter Menschen aus seiner Umgebung, er möge auf den Weg der Tugend zurückkehren, schlägt er mit den Worten in den Wind: „Ich brauche das und denke nicht daran, mich zu ändern!"
Gewiss, er begeht keine Untat, die vor den Schranken eines Strafgerichts endet. Doch Achtermanns nahezu morbides Verhalten verstößt in höchstem Maße gegen die guten Sitten und ist Ausdruck seiner diskriminierenden Grundhaltung zu Frauen, denen er lediglich die Rolle duldender Objekte männlicher Lustbefriedigung zubilligt.
Achtermanns Einstellungsgefüge bildet letzten Endes den psychologischen Nährboden, auf dem sich die folgenden Ereignisse in ihrer ganzen Tragik entwickeln.
Das Verhängnis beginnt schleichend und heimtückisch, als Eleonore Gerhard Anfang des Jahres 1964 Werner Achtermann offiziell um finanzielle Unterstützung bittet. Als sie ihr Anliegen vorbringt, verspürt er bei der Frau, die ihm sonst zu schnoddrig, zu schrill und gewöhnlich erscheint, eine Art Hilflosigkeit und

einen Hauch von Sanftheit. Das gibt ihm ein angenehmes Gefühl von Macht, von Herrschaft über sie. Jetzt hat er das Zepter in der Hand, jetzt bestimmt er die Art der Hilfe. Und nebenbei: Ihren Körper findet er schon immer aufreizend, sexuell ansprechend. Ansonsten aber findet er keinen emotionalen Zugang zu ihr. Das Angebot, sie mit seinem Motorrad nach Torgau zu kutschieren, verbindet er sofort mit der Absicht, diese Gelegenheit zu nutzen, die Frau auf einen Geschlechtsverkehr einzustimmen. Sein Kalkül geht auf, denn Eleonore Gerhard spielt mit Körper, Lust und Herz mit. Alles andere läuft nun wie von selbst, und seine späteren Geldzuwendungen tun in diesem Sinne ihr Übriges.

Dass Frau Gerhard einige Wochen später einem Bekannten anvertraut, sie wolle sich von ihrem inhaftierten Ehemann scheiden lassen, um den Weg zu Werner Achtermann freizuhalten, erfährt dieser erst sehr viel später.

Etwa Ende September, bei einem zufälligen Zusammentreffen vor dem Dorfkonsum, eröffnet ihm die Geliebte treuherzig, schwanger von ihm zu sein. Diese Mitteilung erschüttert Achtermann bis tief ins Mark. Er spürt, wie die Wut in ihm hochsteigt, seine Ohren vor Erregung glühen. Verächtlich zischt er: „Du drehst mir kein Kind an, wer weiß, mit wem du noch gevögelt hast!" Sofort erhitzt auch sie sich, will losbrüllen. Doch Achtermann bremst sie, will eine Auseinandersetzung in der Öffentlichkeit vermeiden, fürchtet um seine Reputation. Er atmet tief durch: Nur ruhig bleiben, nicht die Blicke der Leute auf sich ziehen! Deshalb zwingt er sich, freundlich zu sein und verspricht, sie nach Feierabend zu besuchen. Erst müsse er die einschneidende Neuigkeit verdauen, um dann in Ruhe mit ihr alles zu besprechen. Eleonore Gerhard ist fürs Erste beschwichtigt und mit dem abendlichen Treffen einverstanden.

Werner Achtermann ist auch pünktlich zur Stelle. Sein Plan sieht vor, Frau Gerhard durch regelmäßige finanzielle Zuwendungen davon abzuhalten, ihn bei den Behörden als Vater anzugeben. Die Angst, sein guter Ruf in Heisenbruch könne beschädigt werden, steht weit über der Verantwortung für ein von ihm gezeugtes, werdendes Leben. Er schlägt ernsthaft vor, sie solle doch flugs einen anderen Mann auf ihre Matratze locken und ihm später das Kind unterschieben, denn noch sei es für ein sol-

ches Täuschungsmanöver nicht zu spät. „Du hast wohl nicht alle Tassen im Schrank!", ereifert sie sich. Starrsinnig versucht er mit weiteren abstrusen Vorschlägen, ihr Stillschweigen zu erkaufen. Doch Eleonore Gerhard lehnt immer wieder ab. Sie will klare Verhältnisse: „Ich liebe dich, und ich lasse mich von meinem Mann scheiden. Trenne du dich von deiner Frau, und wir können heiraten!"
Werner Achtermann behagt der Vorschlag ganz und gar nicht. Doch er fasst nicht den Mut, das Ansinnen deutlich zurückzuweisen. Stattdessen sucht er nach Ausflüchten, windet sich wie ein Aal. Schließlich verfällt er wieder in die alte Masche, seine Vaterschaft zu leugnen und dafür notfalls vor Gericht ziehen zu wollen. Aber die Geliebte kann darüber nur lachen, bleibt unbeeindruckt und kontert: „Wenn du nicht Farbe bekennst, mach ich im Dorf so'n Skandal, dass dir Hören und Sehen vergeht!" Achtermann ist sofort klar, dass Eleonore sich nicht scheuen würde, dies zu tun. Auf keinen Fall aber darf sein Renommee weitere Kratzer abbekommen. Zwei uneheliche Kinder und die ernsthafte Drohung seiner Frau, sich von ihm zu trennen – das reicht allemal. Trotz aller angestauten Wut, die er am liebsten sofort herauslassen möchte, will er eine Eskalation der Auseinandersetzung vermeiden. Deshalb hält er sich zurück. Er benötigt Zeit zum Überlegen, zum Ordnen der Gedanken, zum Suchen nach einer Lösung, die vor allem seinem öffentlichen Ansehen nicht schadet. Zu Recht vermutet er, dass seine Geliebte Eleonore Gerhard, die er als kratzbürstige, hartnäckige und durchsetzungsstarke Frau kennt, durch unberechenbare Reaktionen sein Image ernsthaft beschädigen könnte. Deshalb ist jetzt Ruhe und Zurückhaltung angesagt.
„Vielleicht hast du recht", besänftigt er sie nun, „ich will mich deshalb nicht mit dir streiten. Gib mir ein paar Tage Bedenkzeit. Dann lass uns wieder reden."
Die Geliebte überlegt einen Augenblick lang, ehe sie sagt: „Eine Woche. Keinen Tag länger!" Ihre Stimme klingt streng und entschlossen.

Vor Werner Achtermann stehen folgenschwere Entscheidungen. Er befindet sich im Mittelpunkt eines dreifachen Konflikts: Zum einen sind es die Probleme in der eigenen Ehe, belastet durch das aktuelle Scheidungsbegehren seiner Frau und die komplizierte Frage, was im Falle einer Trennung mit dem Hof geschehen würde. So sehr er auch darüber nachdenkt, er gelangt zu dem pragmatischen Schluss: Zu viele Unwägbarkeiten und Benachteiligungen lauern in der Zukunft. Also keine rosige Perspektive. Allein deshalb läge ihm in dieser Hinsicht viel daran, den Status quo zu erhalten, auch wenn die Beziehung zur Gattin reichlich unterkühlt ist. Zum zweiten ist da Eleonore Gerhard, seine bisherige Geliebte, die ihn offenbar mit allen Mitteln für sich gewinnen will. Freilich, viel heimlichen Spaß hatte er mit ihr. Achtermann weiß, Sex ohne Kondom ist nun einmal mit dem Risiko einer ungewollten Schwangerschaft behaftet. Aber die gummihäutige Empfängnisverhütung hat er schon immer rigoros abgelehnt. Und nun ein drittes uneheliches Kind? Wieder Unterhaltskosten? Nicht auszudenken, ganz zu schweigen von der Reaktion seiner Gattin auf diese katastrophale Nachricht. Nein, das alles wagt er sich nicht näher auszumalen. Drittens fürchtet er um seinen guten Ruf. Dass er mit einem Mal ein gefundenes Fressen für die Tratschtanten der Dorfgemeinschaft wäre, empfindet er als das kleinere Übel. Viel stärker belastet ihn die Vorstellung vom Schwinden seiner Autorität in der LPG, im Gemeinderat, in der Parteileitung und überall dort, wo er sich bislang politisch und moralisch als integer und unangreifbar produziert hat.

Je mehr Werner Achtermann über dies alles sinniert, um so stärker konzentriert er sich auf die Vorstellung, wie alle Probleme mit einem Mal gelöst werden könnten, wenn Eleonore Gerhard nicht mehr da wäre, fort für alle Zeit, am besten tot. Und am Ende seiner kognitiv eingeengten Überlegungen entschließt er sich zu einem letzten Versuch, sie mit einer monatlichen Geldzuwendung doch noch dazu zu bringen, seine Vaterschaft zu verschweigen. Sollte dieser Plan allerdings scheitern, will er sie in der Tiefe des Waldes erschießen, wo ihre Leiche nicht gefunden werden kann. Diese einfache, gleichwohl hoch kriminelle Konfliktlösungsalternative, setzt sich in seinem Gehirn in einer Weise fest, dass er über andere Möglichkeiten nicht mehr nachdenkt.

So vergehen die nächsten Tage für den Feldbaubrigadier Werner Achtermann im ständigen Wechselbad zwischen Bewältigung der aktuellen Arbeitsanforderungen in der Erntezeit und fortwährender gedanklicher Beschäftigung mit seinem verhängnisvollen Plan. Ein Zufall begünstigt dann sein Vorhaben: Weil Werner Achtermann nämlich gegenüber den anderen Waidmännern der Jagdgesellschaft mit seinem diesjährigen Abschusssoll im Rückstand liegt und deren kritische Häme vermeiden will, hat er sich vorgenommen, in den nächsten Tagen einen Rehbock zu schießen.

Deshalb fährt er am Mittwoch, dem 30. September, mit seinem Krad nach Klausberg zum Revierförster, der ihm eine doppelläufige Jagdflinte und Munition aushändigt. Am frühen Abend fährt er dann zu einem Maisfeld unweit von Heisenbruch, wo er vor einigen Tagen äsendes Rehwild beobachtet hatte. Dort begibt er sich auf die Pirsch. Doch das Wild bleibt in der Deckung des Waldes, so dass Achtermann nach geraumer Zeit sein waidmännisches Vorhaben enttäuscht abbricht.

Am Freitag, dem 2. Oktober, verlässt er wie üblich gegen 7 Uhr sein Gehöft, um im Büro der LPG an einer Arbeitsbesprechung teilzunehmen. Der Schreck fährt ihm in die Glieder, als direkt vor dem Hoftor seine ungeliebte Geliebte Eleonore Gerhard plötzlich vor ihm steht. Ihr verbittertes Gesicht verheißt nicht Gutes.

„Was willst du denn jetzt? Hab keine Zeit, muss ins Büro."

„Die Woche ist rum, jetzt will ich zu deiner Frau, sie soll's wissen", zischt sie gefährlich, zu allem entschlossen.

Instinktiv fasst Achtermann sie unter den Arm, drängt sie mit sanfter Gewalt vom Hofeingang weg und sagt: „Komm, ich hab dir was zu sagen, wollte heute sowieso zu dir."

Beide gehen ein paar Schritte, dann erkundigt sie sich voller Erwartung: „Hast du dich entschieden? Du weißt, ich meine es ernst!"

„Alles ist klar", antwortet er mit aufgesetztem Lächeln. Offenbar ist Eleonores Neugierde geweckt, und sie scheint ihr bedrohliches Vorhaben aufgegeben zu haben, denn sie folgt ihm bereitwillig die Dorfstraße entlang in Richtung des LPG-Büros. Unterwegs sagt er, äußerlich gut gelaunt, als hätte er eine freudige

Überraschung für sie bereit: „Du wirst schon sehen ... Die Einzelheiten besprechen wir noch. Jetzt geht's bloß nicht. Komm um zwei zu unserem Treffpunkt unterm Rebenburger Berg und warte auf mich. Ich muss vorher nur die Kartoffelarbeiten kontrollieren. Außerdem muss ich ein Stück Rehwild schießen ..."
Kurz vor dem LPG-Büro trennt sich das Paar. Die scheinbar gute Nachricht verfehlt nicht ihre Wirkung, denn Eleonore Gerhard sagt noch „ich bin pünktlich", ehe sie erleichtert in Richtung ihres Grundstücks davontrottet. Und erst recht ist Werner Achtermann froh, denn für ihn bedeuten diese letzten Minuten, um Haaresbreite einem häuslichen Vulkanausbruch entgangen zu sein.

Die Mittagspause verbringt Achtermann zu Hause, löffelt seine Linsensuppe und füttert anschließend die Ferkel, während die Gattin draußen im Obstgarten rackert. Dann macht er sich wieder auf den Weg. Er benutzt dazu sein Motorrad, denn es ist auf einem fernen Feld jenseits der Gemeindegrenze die Kartoffelernte zu kontrollieren. Die klimatischen Bedingungen für Feldarbeiten sind günstig. Zwar ist der Herbsthimmel grau bedeckt, doch es herrschen angenehme spätsommerliche Temperaturen. Während der Fahrt kreisen seine Gedanken immerfort um die bange Frage, wie sich Eleonore Gerhard zu seinen Vorschlägen verhalten wird. Doch seine Hoffnung, ihr Einverständnis zu erwirken, ist gering. Um so mehr zementiert sich in seinem Gehirn der unverrückbare Vorsatz, sie im Falle einer Zurückweisung sofort zu töten.

Achtermann ist sich der Arglosigkeit seiner Geliebten sicher, wenn er zu dem Rendesvouz mit seiner Flinte erscheint. Sie war schon etliche Male dabei, wenn er jagen ging. Nach Erfüllung seiner Kontrollpflicht fährt er nach Hause zurück, steckt ausreichend Munition in seine Tasche, schultert seine Jagdflinte und knattert mit seinem Krad geradewegs in Richtung der vertrauten Stelle unterhalb des Rebenburger Bergs, wo Eleonore Gerhard bereits wartet.

Irgendwo im Gelände hält er kurz an und schiebt eine Jagdpatrone „Brenneke" in den Lauf seiner Flinte, hängt sich die geladene Waffe vor die Brust und fährt weiter. Als er die Geliebte am Rand des schmalen, sich bergan schlängelnden Wildpfads

erblickt, der entlang durch dichtes Unterholz zum geheimen Ort früherer Liebesspiele führt, stoppt er und steigt von der Maschine. Er parkt das Gefährt neben dem Weg und schreitet, freundlich winkend, durch das kniehohe Gras auf Eleonore zu. Sie begrüßen sich fast innig wie ein junges Ehepaar nach dem Honeymoon.
„Ich muss heute noch 'n Rehbock schießen", erklärt er gleich, „lass uns ein Stück gehen."
„Ich hab Zeit", meint sie gelassen und bahnt sich hangaufwärts den Weg durch das Gesträuch, während Achtermann ihr folgt. Als er sie arglos vor sich herlaufen sieht, denkt er sofort daran, wie leicht er sie jetzt erschießen könnte. Am Ort vergangener Zweisamkeit angekommen nimmt sie Platz, legt ihre Handtasche neben sich ins Gras. Er setzt sich zu ihr, die Flinte griffbereit neben sich.
„Lässt du dich nun scheiden oder nicht?", fragt Eleonore neugierig und streng. Werner Achtermann zögert einen Augenblick. Eleonore bemerkt seine Unentschlossenheit, und ehe er eine Antwort überlegt hat, platzt sie heraus: „So, mein Lieber, damit du's weißt: Ich will Geld und ein schriftliches Heiratsversprechen von dir. Dann lass ich dir Zeit, deine Dinge zu Hause zu klären!"
Das sitzt.
Achtermann ist außer sich, brüllt sie an: „Scheidung kommt nicht infrage. Du kriegst jeden Monat 150 Mark Schweigegeld und lässt mich in Ruhe, ist das klar?"
„Nix ist klar!", schreit sie zurück, ergreift ihre Tasche, erhebt sich und keift: „Ich gehe jetzt zu deiner Alten und schenke ihr klaren Wein ein, dann mache ich einen Riesenrabatz im Dorf, du wirst dich wundern!"
Auch Achtermann erhebt sich, ergreift wutentbrannt die Flinte und richtet sie drohend auf sie: „Erst du, dann ich!"
„Feige Sau!", faucht sie ihn an und schlägt mit der Tasche wütend um sich, dabei trifft sie sein Gesicht so heftig, dass er den Boden unter den Füßen verliert und sich hinsetzen muss. Eleonore läuft hangaufwärts durch das Unterholz davon. Achtermann springt auf und folgt ihr, das Gewehr im Anschlag. Die Hetzjagd dauert nur wenige Augenblicke, dann ist er nahe genug bei ihr, zielt auf ihren Hinterkopf und drückt ab.

Er sieht, wie ihr Kopf regelrecht explodiert und sie zusammenbricht. Dass Eleonore sofort tot ist, daran zweifelt er nicht. Kein Grund also, an die Leiche heranzutreten. Ohne einen weiteren Blick auf die tote Geliebte zu richten, verlässt er den grausigen Ort und geht zu seinem abgestellten Motorrad zurück. Auf dem Weg dorthin überprüft er seine Waffe, wobei die Patronenhülse automatisch herausgeschleudert wird und irgendwo im Strauchwerk landet. Minutenlang sucht er danach. Vergeblich. Er kann sie nicht finden.
Auch Monate später, als die Polizei die Gegend gewissenhaft absucht, wird sie nicht entdeckt. Werner Achtermann erreicht das abgestellte Motorrad und überprüft seine Bekleidung. Befriedigt stellt er fest, dass sie nicht beschmutzt ist. Dann fährt er nach Heisenbruch zurück, um seiner Tätigkeit als Feldbaubrigadier nachzugehen, ruhig und unauffällig wie sonst auch.
Am Abend des gleichen Tages wird Eleonore Gerhard bereits als vermisst gemeldet, weil ihr sechsjähriger Sohn verzweifelt nach der Mutter sucht.
Zwei Tage später gibt Achtermann die gereinigte Jagdflinte und die komplette Brenneke-Munition mit den Worten „Kein Jagdglück gehabt!" an den Revierförster zurück. Der jedoch kann nicht ahnen, dass die verschossene Patrone durch eine gleichartige aus Achtermanns schwarzem Bestand ersetzt wurde.

Der Fahndungsaufruf in der örtlichen Presse und die Suche nach der vermissten Eleonore Gerhard führen die Polizei keinen Schritt weiter, so dass der Vorgang nach einiger Zeit eingestellt wird. Der Sohn der Verschwundenen befindet sich unterdessen längst in der Obhut von Verwandten.
Nachdem sich schließlich die allgemeine Betroffenheit und Aufregung in Heisenbruch gelegt haben und die Dorfbewohner wieder zur Tagesordnung übergegangen sind, entflammen Werner Achtermanns erotische Gelüste nach außerehelichen Abenteuern von Neuem, und es dauert nicht lange, und er landet heimlich wieder im Bett einer anderen Frau ...

Monate vergehen. Niemand im Dorf spricht mehr über die Ereignisse, die sich um Eleonores Verschwinden ranken. Obwohl

Achtermann die Spuren des Verbrechens hätte längst unbemerkt beseitigen können, wagt er sich nicht mehr an den Ort der Untat zurück. Er klammert sich lediglich an die bizarre Hoffnung, das Geschehen würde trotzdem niemals aufgedeckt.
Es ist schon ein absonderliches, in der Tötungskriminalität immer wiederkehrendes Phänomen: Genugtuung über den Taterfolg und irrationaler Glaube an eine auf kriminelle Weise erreichte Konfliktlösung bilden mit Schuldgefühlen und Selbstverdammung eine gefährliche Triebkraft, die die morbide Seele des Täters in ständiger Bewegung hält, der erst sehr viel später merkt, dass er durch Vernichtung eigentlich sich selbst vernichtet.
Welches Chaos muss daher in Achtermanns Innenleben geherrscht haben, als ihm sieben Monate nach dem Mord sein Sohn mitteilt, im Wald zufällig eine verweste Leiche entdeckt zu haben, und er zwei Tage darauf verhaftet wird?

Anfang Oktober 1965 findet vor dem 1. Strafsenat des Bezirksgerichts Erfurt in dreitägiger, öffentlicher Sitzung die Verhandlung gegen Werner Achtermann statt. An deren Ende steht: „Der Angeklagte wird wegen Mordes – Verbrechen nach § 211 StGB – zu lebenslangem Zuchthaus verurteilt. Ihm werden die bürgerlichen Ehrenrechte auf Lebenszeit aberkannt. Die Auslagen des Verfahrens hat der Angeklagte zu tragen."
Auszug aus der Urteilsbegründung:
„Das Motiv seiner verbrecherischen Handlungsweise offenbart eine im höchsten Grad gefährliche, verwerfliche und unmenschliche Einstellung gegenüber einem Menschen, dem er kurze Zeit zuvor Zuneigung und Liebe geheuchelt hatte. Die Lage, in die die Bürgerin Gerhard und der Angeklagte geraten waren, war in erster Linie auf die Verhaltensweise des Angeklagten selbst zurückzuführen. Wenn sich der Angeklagte einer für ihn schwierigen Situation gegenübersah, so hatte er diese sich selbst zuzuschreiben ... Er plante die Vernichtung der Bürgerin Gerhard, um sein altes, gewohntes Leben fortführen zu können. Nur auf sich bedacht, führte er die Mordtat planmäßig in einer Weise durch, die zu den Auffassungen der Bürger der DDR über

die Achtung des Menschenlebens im besonders krassen Widerspruch steht. Somit handelte der Angeklagte aus niedrigen Beweggründen im Sinne des § 211 StGB. Die Beurteilung des Motivs der vorliegenden Tötungshandlung wird nicht dadurch abgeschwächt, dass im Falle eines Bekanntwerdens des ehebrecherischen Verhältnisses zur Bürgerin Gerhard bzw. deren Schwangerschaft zu einem Verlust seines Ansehens in der Gemeinde, zu einer Untergrabung seiner Autorität als Feldbaubrigadier, zur Scheidung seiner Ehe und weiteren für ihn unangenehmen Folgen geführt hätte. Die Skrupellosigkeit des Angeklagten zeigt sich auch darin, dass ihm zum Zeitpunkt der Tat bewusst war, dass er die Mutter eines sechsjährigen Kindes tötet ..."
Werner Achtermann legt über seinen Offizialverteidiger gegen das Urteil des Bezirksgericht Berufung ein und beantragt, nicht wegen Mordes, sondern wegen Totschlags gem. § 212 StGB verurteilt zu werden, weil die Beweggründe zur Tat nicht die für Mord erforderliche Verwerflichkeit aufweisen würden. Mit einer Abänderung des Urteils in diesem Sinne strebt er eine zeitige Zuchthausstrafe an. Doch sein Bemühen bleibt ohne Erfolg. Trotz einer vom Obersten Gericht ausnahmsweise durchgeführten eigenen Beweisaufnahme, bei der er und verschiedene Zeugen nochmals vernommen werden, fällt im Ergebnis der Berufungsverhandlung am 3. Dezember 1965 die Entscheidung, Achtermanns Berufungsantrag als unbegründet zurückzuweisen. Von diesem Zeitpunkt an weiß er, dass er sich für eine sehr lange Zeit auf ein eingeschränktes Leben unter den harten Bedingungen des Strafvollzuges einstellen muss. Er fügt sich den rigiden Knastgepflogenheiten, zeigt Disziplin, Ordnung und politisch konformes Verhalten, so dass er im Laufe der Zeit in der behördlich installierten Hierarchie der Gefangenen mit herausgehobenen Funktionen bedacht wird, die ihm bescheidene Privilegien einbringen. Jahrelang ist er als Brigadier einer Baukolonne eingesetzt, wobei ihm seine organisatorischen und handwerklichen Fähigkeiten zum Gefallen seiner Bewacher von Nutzen sind.
Zum Schluss bleibt nur noch zu berichten, dass Achtermanns Ehefrau die Realisierung ihres Trennungsbegehrens noch lange

Zeit hinauszögert. Erst nach der Verurteilung ihres Gatten reicht sie die Scheidung ein. Geraume Zeit später ist die Ehe rechtskräftig annulliert.

Dennoch: Soweit das Strafvollzugsgesetz es zulässt, hält sie weiterhin den Kontakt zu ihm aufrecht. Monat für Monat. Jahr für Jahr. Solange, bis er eines Tages entlassen wird. Dann darf er wieder bei ihr wohnen.

... und bist du nicht willig, so brauch ich Gewalt!

Fall 1:
Aktenzeichen Bezirksstaatsanwalt Magdeburg BI 15/70
Tgb.-Nr. VPKA Zerbst 177/70

Fall 2:
Aktenzeichen Bezirksstaatsanwalt Dresden BI 20/69
Tgb.-Nr. VPKA Pirna 363/69

Vorbemerkungen:
In diesem Kapitel werden zwei Morde im Zusammenhang mit einer vollendeten und einer versuchten Vergewaltigung vorgestellt, die durch ihre auffallende phänomenologische Gleichartigkeit beeindrucken. Sie stehen stellvertretend für eine zahlenmäßig beachtliche Größe kriminologisch ähnlicher Delikte, in denen der Täter zur Verdeckung eines gewaltsam verübten Geschlechtsaktes eine vorsätzliche Tötung begeht (in der DDR betrug der Anteil dieser speziellen Deliktgruppe zwischen 10 und 11 Prozent der sexuell motivierten Tötungen). Ihre Auswahl erfolgte bewusst, um sowohl die Täter- und Opferpersönlichkeiten und ihre spezifische Rolle im Tatgeschehen genauer auszuleuchten als auch das Augenmerk auf das Problem zu lenken, ob etwa opferseitig kriminogene Bedingungen gesetzt wurden, die täterseitig die Motivation der Tötung erst ermöglichten. Beide Fälle könnten zu der Frage führen, ob die Opfer durch ihr Verhalten die Taten nicht sogar provoziert haben. Fest steht: Die Kriminologie befasst sich zu Recht mit den Risikofaktoren der Opferwerdung, und die kriminalistische Untersuchungsmethodik insbesondere bei Straftaten, deren tieferer Grund in zwischenmenschlichen Konflikten und ihrer kriminellen Lösung liegt, ist auf die Erforschung der wechselseitigen Impulse zwischen den Tatbeteiligten angewiesen, weil deren Ergebnisse der Täterergreifung und Beweisführung dienlich sind. Eine moralische oder gar rechtliche Bewertung des Opferverhaltens (z. B. die Frau ist leicht zu erobern, hat ihre erotischen Reize ausge-

spielt, Liebkosungen oder gar Petting geduldet und den Täter dadurch erst zur Tat provoziert) exkulpiert den Täter, ist opferfeindlich und daher unzulässig. Alleiniges Kriterium für die Beurteilung ist die Anwendung der Gewalt (bzw. die akute Bedrohung von Leben und Gesundheit) zum Zwecke der Überwindung eines geleisteten oder zu erwartenden ernsthaften Widerstandes gegen die Vornahme des (außerehelichen) Geschlechtsverkehrs. Eine strafrechtliche Verantwortlichkeit besteht auch dann, wenn die Frau ihren Widerstand aufgibt, weil sie sich aus Gründen ihrer physischen Unterlegenheit nicht mehr verteidigen kann oder ein weiterer Widerstand infolge der Gewalteinwirkung nutzlos ist oder sie infolge der brutalen Tätereinwirkung besonders schwere Folgen für Leben und Gesundheit befürchten muss.
Die kriminologisch-psychologisch signifikante Dynamik im Täter-Opfer-Verhalten und das Zusammenspiel der kriminogenen Wirkungsfaktoren besonders nachzuzeichnen, ist Anliegen des ersten Fallberichts, während der zweite Fall die methodische Seite der kriminalistischen Untersuchung besonders berücksichtigt.

Fall 1:
Am südlichen Rand der kleinen, sächsisch-anhaltinischen Kreisstadt Zerbst liegt das zum Flanieren einladende, lauschige Wäldchen Friedrichsholz. Dort befand sich einst das beliebte Ausflugslokal „Waldfrieden". Zu DDR-Zeiten wurde es von der Handelsorganisation-Gaststättenbetriebe verwaltet und im Sinne seiner ehemaligen Besitzer als Wirtschaft mit sommerlichem Biergartenbetrieb fortgeführt. Nach dem Zusammenbruch des Sozialismus geschlossen, brannte es im Juni 1993 nieder. Die dubiose Treuhandgesellschaft hatte der Stadt den Gebäudekomplex zwar zugestanden, aber eine, wie der Dezernent der Stadtverwaltung formulierte, „unerhört hohe Ausgleichszahlung" gefordert, die nicht aufzubringen war, was den Deal schließlich zum Platzen brachte. Der Verdacht liegt nahe, dass Brandstifter dieses Eigentumsproblem kurzerhand auf ihre Weise lösten. Die Ruine wurde abgerissen. Bald wuchs im sprichwörtlichen Sinne

Gras über das Anwesen. Mensch und Wald haben inzwischen alle Spuren beseitigt. Abgesehen von den Unterlagen in den städtischen Archiven belegen nur noch die seltenen antiquarischen Postkartenerinnerungen, dass sich dort einst eine traditionsreiche Gaststätte befand, die Generationen von Zerbster Bürgern Erholung, Entspannung und kulinarischen Genuss bot. Sie ist leider aber auch ein Ort, an dem in der Nacht vom 1. zum 2. August 1970 ein schreckliches Sexualverbrechen verübt wurde, das die Zerbster Bürger lange Zeit tief erschütterte.

Es ist Samstagabend. In der HOG „Waldfrieden" spielt eine Combo zum Tanz auf. Der Saal ist rappelvoll. Zumeist junge Leute. Roswitha Pietsch (32), eine mittelgroße, schlanke Brünette mit offenen Locken, nippt gedankenverloren an ihrem Weinglas und lauscht der Musik, die von der Bühne herabschallt, während sich ihre Freundin und Arbeitskollegin Ingrid Geyer auf der Tanzfläche im Rhythmus von „Marmor, Stein und Eisen bricht" mit einem dunkelhaarigen Burschen amüsiert. Augenblicke später: Ein junger Mann im beigefarbenem Oberhemd, rotblond, von stattlicher Figur, mit dem Aussehen eines Kraftsportlers, ein silbernes Kettchen an seinem Hals, tritt an Roswithas Tisch heran und bittet höflich zum Tanz. Doch sie hat keine Lust und gibt ihm einen freundlichen Korb: „Später vielleicht." Diskret zieht sich der junge Mann zurück und taucht im Getümmel unter. Einige Minuten danach ist die Tanzrunde beendet. Die Paare kehren an ihre Plätze zurück, das Parkett leert sich. Der dunkelhaarige Typ führt Roswithas Freundin zu ihrem Tisch zurück, haucht ihr eine Nettigkeit ins Ohr und verschwindet mit einem vielsagenden Lächeln wieder in der Menge der herumstehenden Burschen.
„Von dem lasse ich mich nachher abschleppen", lässt Ingrid voller Beglückung ihre Freundin wissen, als sie wieder Platz genommen hat. Dann fragt sie: „Du bist doch nicht sauer, wenn du nachher allein nach Hause gehst, oder?"
Nein, Roswitha versteht und hat nichts dagegen.
Tanzpause. Ein paar Minuten lang. Dann beginnt die nächste Tour. Die Kavaliere eilen zu ihren Auserwählten. „Liebeskummer lohnt sich nicht" ertönt jetzt von der Bühne. Alles singt mit.

Schon nach den ersten Takten ist der dunkelhaarige Bursche wieder zur Stelle, um Ingrid Geyer auf die Tanzfläche zu locken. Bereitwillig folgt die Freundin ihm. Wieder bleibt Roswitha Pietsch allein zurück. Gerade will sie sich eine Zigarette anstecken, da ist der rotblonde Kraftprotz mit dem Halskettchen wieder zur Stelle und fragt charmant: „Und, hast du jetzt Lust?" Lächelnd schiebt Roswitha den Glimmstängel in die Schachtel zurück, erhebt sich und geht mit ihm aufs Parkett. Sie tanzen Foxtrott. Ein Letkiss folgt und zwischendurch ein seichter Plausch. Er fragt, ob er sie zum nächsten Tanz wieder holen darf. Sie ziert sich, überlegt kurz, und obwohl sie eigentlich keine Lust verspürt, sagt sie Ja.

„Ganz netter Kerl, ein bisschen jung für mich. Tanzen kann er nicht besonders, aber ziemliche Schweißhände hat er", lästert Roswitha später, als sie wieder bei ihrer Freundin Ingrid sitzt. Doch diese hat kaum ein Ohr für Roswitha. Ihre ganze Aufmerksamkeit gilt dem dunkelhaarigen Burschen, der am Saalausgang bereits auf sie wartet. Kurz darauf verabschiedet sich Ingrid mit einem kollegialen „Na, dann bis Montag!", was bedeutet, dass sie sich zur Frühschicht in der Abfüllerei der Getränkefabrik wiedersehen werden. Sodann verlässt sie das Etablissement, und Roswitha schaut ihr nach. Nun will auch sie aufbrechen. Nur noch das Glas austrinken und die restlichen Salzstangen knabbern. Von einem der hinteren Tische winkt ihr eine ehemalige Arbeitskollegin aus dem Schraubenwerk zu. Sie winkt zurück, lässt dabei einen suchenden Blick durch den Saal schweifen, ob etwa der rotblonde Bursche mit den Schweißhänden irgendwo lauert. Nein, sie kann ihn nicht entdecken. Gut so. Beste Gelegenheit, die Zeche zu zahlen und zu verschwinden. Roswitha winkt den Keller heran.

Unterdessen ist es 0:30 Uhr und Zapfenstreich im „Waldfrieden". Die Combo setzt zum Endspurt an. Natürlich mit „Il Silencio", dem traditionellen Rausschmeißer und emotionalen Weichmacher seiner Zeit. Ein Trompeter schmettert das Solo à la Nino Rossi von der Bühne. Die Tanzfläche füllt sich ein letztes Mal. Roswitha schlüpft in ihre kurze, hellblaue Strickjacke, nimmt ihre weiße Unterarmtasche und schlängelt sich an den Tischen vorbei aus dem Saal.

Draußen umfängt sie die kühle, frische Luft einer lauen Sommernacht. Vor ihr liegt nun ein reichlich zwei Kilometer langer Fußweg quer durch die Stadt, ehe sie unweit des St.-Marien-Friedhofs ihr Zuhause erreicht hat. Kein Problem bei diesem herrlichen Wetter. Roswitha Pietsch tippelt die ersten Schritte über den festgefahrenen Kiesweg in Richtung Friedensallee, als sie plötzlich von hinten eine Stimme vernimmt: „Na, so trifft man sich wieder!"
Erschrocken sieht sie sich um. Ach so, es ist der rotblonde Bursche mit dem Halskettchen, der sie freundlich angrinst.
„Ach, du bist's. Mit dir hab ich ja gar nicht mehr gerechnet. Ich dachte, du bist schon fort", flunkert sie und bleibt stehen.
„Und ich dachte, du bist schon weg", entgegnet der junge Mann lächelnd, „auf den Schreck müssen wir erst mal eine rauchen!"
Roswitha ist einverstanden. Während sie rauchen und plaudern und auch ein wenig schäkern, verlassen immer mehr Menschen das Tanzlokal in Richtung Stadtmitte. Die Minuten verstreichen. Inzwischen ist es kurz nach 1 Uhr. Längst sind die Musiker mit ihrer auf einem alten Lieferwagen verstauten Technik davon gefahren, und die letzten Gäste ziehen heiter-ausgelassen an Roswitha und ihrem Begleiter vorbei. Langsam verlöschen die Lichter in der Gaststätte ...

Montagmorgen, der 3. August. Der Himmel über Zerbst ist grau überzogen. Die professionellen Wetterfrösche versprechen aber einen freundlichen, regenfreien Tag, auch wenn das Thermometer nicht mehr ganz so hoch klettert wie in der vergangenen Woche. Heute ist Ruhetag in der HOG „Waldfrieden" im Friedrichsholz, Zeit für Reinigungs- und Pflegearbeiten, auch auf dem Außengelände des Gartenlokals. Zwei Arbeiter erhalten den Auftrag, die entbehrlichen, im alten Musikpavillon provisorisch abgestellten Klappstühle in einen benachbarten Abstellraum umzulagern und dort fein säuberlich zu stapeln. Dieses zur üblichen Ausstattung eines Gartenlokals gehörende eiserne Inventar bot bereits unzähligen Ausflugsgästen Platz, die weiland dem letzten deutschen Kaiser huldigten. Auch zu DDR-Zeiten hat das antiquierte, aber unverwüstliche Gestühl nichts an seiner Verwendbarkeit eingebüßt. Eine kurze Zeit sind die Männer mit

ihrem sortierenden und stapelnden Werk beschäftigt, als einer von ihnen plötzlich innehält und entsetzt ausstößt: „Mensch, Karl, guck mal, da liegt 'ne Leiche!"
Tatsächlich, unter dem fast meterhohen Berg aus kreuz und quer übereinander liegenden Gartenstühlen sind die Konturen eines menschlichen Körpers zu erkennen. Es ist der Leichnam einer jungen Fau, bekleidet mit einem dunkelroten Minirock und weißer, langärmeliger Rüschchenbluse, beides schmutzig und zerrissen. Die Tote liegt rücklings ausgestreckt auf dem Boden des Pavillons, die Arme dicht am Körper, am linken Handgelenk eine Armbanduhr. Ihr Kopf ist mit einem hellblauen, gestrickten Textil umhüllt, unter dem eine brünette Haarsträhne hervorlugt. Ein Gesicht ist nicht zu erkennen. Sprachlos starren die Männer auf den grausigen Fund. Dann fassen sie sich und eilen zum Hauptgebäude, wo der Objektleiter, wie sich der Gastwirt in der volkseigenen Gastronomie offiziell nennt, gerade die Leute von der Brauerei verabschiedet, die den Getränkenachschub geliefert haben. Aufgeregt berichten die beiden Arbeiter von ihrer Entdeckung und meinen, dass die Polizei sofort alarmiert werden müsse.
„Nun bleibt mal ganz ruhig, Kollegen. Ich sehe mir das erst einmal selbst an, dann rufe ich die VP", meint der Objektleiter gelassen. Während die beiden Arbeiter respektvollen Abstand zum Pavillon halten, überprüft der Hausherr die Sachlage mit eigenen Augen, eilt dann aber mit bleichem Gesicht zu seinem Büro, um die allseits bekannte Rufnummer 110 zu wählen.
Eine Viertelstunde später ist ein Funkstreifenwagen vom VPKA Zerbst zur Stelle, parkt direkt vor dem Pavillon. Auch der zuständige ABV wurde durch den ODH zum „Waldfrieden" beordert. Die Uniformierten werfen einen prüfenden Blick auf die von den Klappstühlen überdeckte Tote, melden über Funk der Einsatzzentrale das Ergebnis ihrer Inaugenscheinnahme und wenden sich an die beiden Arbeiter: „Sie sind die Auffindungszeugen und bleiben bitte hier, die K braucht Ihre Aussagen!"
Bald darauf treffen auf dem Gelände des Ausflugslokals „Waldfrieden" die ersten zivilen Fahrzeuge der VP aus Zerbst ein. Es sind die Vorboten der kommenden Betriebsamkeit, die der Erste Angriff mit sich bringt, wenn nämlich erwartungsgemäß die

zuständige Magdeburger MUK den Fall übernimmt. Der Zerbster Kripo-Chef und der Kreisstaatsanwalt erscheinen als erste, und lassen sich über die Sachlage ins Bild setzen. Ihnen folgt ein Arzt der Schnellen Medizinischen Hilfe, wohl wissend, dass nach seiner Untersuchung eine gerichtsmedizinische Leichenschau stattfinden wird, beschränkt er schon allein aus Gründen des Spurenschutzes seine Diagnostik lediglich auf die Feststellung, dass bei der jungen Frau keine Lebenszeichen mehr vorhanden sind. Seinen schlüssigen Befund protokolliert er im Totenschein: Verdacht eines nichtnatürlichen Todes.

Kriminalisten des Kriminaldienstes aus dem VPKA Zerbst haben die anwesenden Schutzpolizisten längst mit der weiträumigen Sicherung des Fundorts beauftragt. Sie sind bereits mit den ersten Befragungen der Lokalangestellten befasst, als eine Stunde später die Magdeburger MUK mit ihrem Chef, Hauptmann Adalbert Wimmer, der für Gewaltdelikte zuständige Staatsanwalt des Bezirks Müller und die Oberärztin des Instituts für Gerichtliche Medizin der Medizinischen Akademie, Dr. Renner, eintreffen.

Die Akteure begrüßen sich wie alte Bekannte; sie kennen sich aus jahrelanger gemeinsamer Arbeit. Staatsanwalt Müller und die Gerichtsärztin beglückwünschen Hauptmann Wimmer zum akademischen Grad eines Diplomkriminalisten, der seit Kurzem den Abschluss seines entbehrungsreichen Fernstudiums an der Humboldt-Universität krönt.

Was dann am Leichenfundort folgt, ist gewohnte Routine: Kriminaltechniker tragen die restlichen Klappstühle ab, die den toten Frauenkörper bedecken, damit die Gerichtsärztin ungehindert ihre ersten Untersuchungen vornehmen kann. Spuren stumpfer, möglicherweise durch Faustschläge verursachter Gewalt, die zerrissene Bekleidung und der erdreichbeschmutzte tote Körper werden sichtbar. Es gibt keinen Zweifel an einem Verbrechensverdacht. Immer wieder klickt ein Fotoapparat, um die Fundortsituation zu dokumentieren. Das hellblaue, gestrickte Textil, das den Kopf der Leiche weitgehend umhüllt, entpuppt sich als Strickjacke. Deren Ärmel, die den Hals der Frau fest umschließen, sind zu einem mehrfachen Knoten zusammengebunden und wurden offenbar zur Drosselung benutzt. Die Gerichtsärztin

sucht am Leichnam nach äußeren, spurenkundlich wichtigen Befunden. Kriminalhauptmann Wimmer assistiert ihr. Sie vermutet schließlich nach Lage der Dinge, dass die junge Frau vergewaltigt und erwürgt wurde und ihr Tod vor 12 bis 24 Stunden eingetreten sein müsste. Später werden die Obduzenten diese Feststellungen auch bestätigen, die nach einem Scheidenabstrich bei der Toten überdies auch jede Menge Spermatozoen nachweisen. Die zusätzliche Drosselung mit dem Pullover erfolgte wohl eher aus Sicherheitsgründen und ist ein stichhaltiger Beleg für die absolute Tatentschlossenheit des Mörders. „Es muss ein heftiger Kampf mit dem Angreifer stattgefunden haben", schlussfolgert die Gerichtsärztin schließlich.
„Aber nicht hier", meint Wimmer mit Blick auf das Klappstuhlchaos im Musikpavillon, „der Tatort liegt außerhalb des Objekts."
Er lässt die Ermittler ein vorher bestimmtes Areal des waldreichen Geländes, das sich dem Musikpavillon unmittelbar anschließt, systematisch nach Spuren absuchen. Dabei gelangen die Kriminalisten schließlich an eine Stelle, an der seitlich eines schmalen Weges vor Kurzem der Waldboden auf einer Länge von einigen Metern schleifspurartig aufgescharrt wurde. Und: Neben dieser Spur liegt im knöchelhohen Gras ein silberfarbenes Halskettchen. Wenige Meter weiter im Wald finden sie frisch niedergedrückten Bewuchs des Waldbodens und abgebrochene Ästchen an verschiedenen kleinen Sträuchern. Hier müsste der Tatort sein, triumphieren die Ermittler. Jetzt beginnen die Kriminaltechniker, vor allem die „Fusselfritzen" – wie die Spezialisten für textile Faserspuren scherzhaft bezeichnet werden – mit ihrer peniblen Tätigkeit.

Genau in diesen Stunden, in denen die Polizei auf dem Gelände der HOG „Waldfrieden" und im angrenzenden Friedrichsholz nach den Spuren eines vermutlichen Sexualmordes sucht, spielt sich zwei Kilometer weiter auf dem Werkstattanwesen eines Zerbster Steinmetz- und Bildhauermeisters eine ungewöhnliche Szene ab: Der rotblonde junge Kraftprotz, der in der Nacht vom 1. zum 2. August nach Veranstaltungsschluss vor der Gaststätte Roswitha Pietsch seine Begleitung angeboten hatte, betritt das Grundstück des Steinmetzmeisters. Sein Gesicht ist aschfahl. Minutenlang geht er hin und her, bleibt ab und zu stehen, und wirft immer wieder einen unsicheren, aber prüfenden Blick auf die dort gelagerten Grabsteine, als suche er einen ganz bestimmten. Dem Steinmetz, der in seiner Werkstatt damit beschäftigt ist, die Erinnerung an die teuren Verblichenen in ewigen Stein zu meißeln und zu fräsen, entgeht der merkwürdige Zeitgenosse draußen auf dem Lagerplatz nicht. Durch die von Staub fast blinden Fenster beobachtet er eine Weile den auffälligen Mann, den er nicht älter als 25 Jahre schätzt. Schließlich verlässt er die Werkstatt und geht nach draußen.

„Na, junger Mann, kann ich Ihnen helfen?", fragt der Meister freundlich und mustert den rotblonden Burschen mit dem blassen Gesicht, der aus grau umschleierten, müden Augen ziemlich traurig dreinblickt.

Der junge Mann zeigt auf den Rohling eines porphyrfarbenen Grabsteins: „Ich wollte mal fragen, was so einer kostet?"

„In dieser Größe als Einzelgrab, vorn mit polierter Oberfläche, etwa sechshundert Mark", meint der Steinmetz und fügt hinzu: „Schrift und der Sockel kosten extra."

„Und wie viel wär das?", fragt der Jüngling schüchtern.

Der Meister überlegt einen Augenblick, rechnet murmelnd vor sich hin und sagt: „Also, Vorname, Name, geboren am, gestorben am und so weiter, mit Kreuz, Rose oder Palmzweig plus Sockel, summa summarum um die neunhundert."

Wieder mustert er seinen Gesprächspartner argwöhnisch und findet es höchst verwunderlich, dass sich dieser Typ für einen Grabstein interessiert. Und beinahe wäre er überzeugt, dass der Junge nicht ganz intakt unter seinen rotblonden Locken ist, wenn dieser nicht nach kurzem Nachdenken entschlossen sagen würde: „So einen bestelle ich!"

Der Steinmetzmeister ist baff vor Erstaunen, glaubt aber trotzdem, den Burschen schnell abwimmeln zu können, indem er ihn auffordert: „Na, dann komm'Se mal rin ins Büro, machen wir den Auftrag fertig!"

Doch wider alle Erwartung bekundet der junge Mann sein Einverständnis. Während die beiden den kurzen Slalom um die Mustergrabsteine in Richtung des Büros absolvieren, verstärkt

sich beim Meister das Misstrauen gegenüber dem merkwürdigen Kunden und schärft seine Wachsamkeit.
Drinnen im Büro geht er gleich in die Offensive und meint: „Also, für den Auftrag brauche ich erst mal Ihren Personalausweis, wegen der Rechnung." Der Blondschopf bleibt unbeeindruckt, greift in seine Gesäßtasche, fingert seinen Pass heraus und legt ihn auf den Schreibtisch. Der Meister ist perplex. Innerlich verstärkt sich sein Argwohn, äußerlich grinst er freundlich und fragt: „Nicht, dass ich nachher auf dem Grabstein sitzen bleibe. Könnten Sie auch eine Anzahlung machen?"
Der junge Kunde meint, dass dies kein Problem wäre, aber eben nur nicht gleich, er müsse erst Geld holen.
Interessiert blättert der Meister in dem ihm übergebenen Ausweis, liest den Namen Gerd Wolfinger, wohnhaft in der ...straße, gibt ihn zurück und denkt: „Na, wenigstens ist er erwachsen, vielleicht wird es doch ein seriöses Geschäft!" Er kramt einen Vordruck für den Grabsteintext und eine Mappe mit Musterschriften aus dem Schreibtisch hervor. Dabei fragt er beiläufig: „Für wen soll denn der Stein eigentlich sein?"
„Für mich", sagt der rotblonde Bursche, ohne sich der Wirkung seiner Antwort bewusst zu sein. Der Steinmetz traut seinen Ohren nicht, zieht verwundert seine Augenbrauen zusammen und wiederholt seine Frage: „Für wen, sagten Sie?"
„Na, für mich", antwortet der junge Mann, als ginge es um eine ganz alltägliche Sache.
Jetzt dämmert dem Meister, dass sein Gegenüber offenbar doch nicht ganz zurechnungsfähig ist. „Wer weiß, was der ausbrütet. Da ist Vorsicht geboten", schießt es ihm durch den Kopf. Vor Herzklopfen produziert er jetzt mehr Schweißperlen auf seiner Stirn als beim Bearbeiten eines harten Granits. Es treibt ihn nur ein Gedanke, nämlich den sonderbaren Kunden so schnell und behutsam wie möglich hinauszuexpedieren. So gibt er zu bedenken: „Tja, Herr Wolfinger, wie Sie sich das vorstellen, geht es aber nicht. Die Vorschriften, verstehen Sie! Grabsteine gehören auf den Friedhof. Einen Rohling könn'Se gerne kaufen. Haben Sie denn ein Grundstück, wohin wir den Stein liefern können?"
Der rotblonde, blassgesichtige Gerd Wolfinger schüttelt verneinend den Kopf.

„Wollen Sie den Stein etwa zu Hause im Wohnzimmer aufstellen?", stichelt der Steinmetz ein wenig ungehalten, und der junge Mann zuckt ratlos mit den Schultern.
„Wissen Sie was, ich reserviere Ihnen den Porphyr, und Sie überlegen sich in aller Ruhe ...", will der Meister das absonderliche Verkaufsgespräch abkürzen. Doch er kann den Satz nicht beenden. Denn wortlos erhebt sich das rotblonde Blassgesicht, sagt höflich: „Danke für Ihre Bemühung", und verlässt das Gelände. Später wird der Steinmetz vor der Polizei aussagen, dass der rotblonde junge Mann mit dem Namen Gerd Wolfinger einen äußerst verstörten Eindruck auf ihn gemacht habe.

Die spurenkundliche Arbeit am Fundort der Frauenleiche im Musikpavillon der HOG „Waldfrieden" und am wahrscheinlichen Tatort dauert bis zum Abend dieses Tages an. Längst hat sich in Zerbst die Nachricht vom Mord im Friedrichsholz verbreitet. Die Männer um Hauptmann Wimmer, die ausgeschwärmt sind, um tanzfreudige Gäste der abendlichen Veranstaltung des letzten Samstags aufzuspüren und nach ihren Wahrnehmungen auszufragen, tragen mit ihrer Aktion dazu bei. Bereits am Dienstagmorgen zur Lagebesprechung können die Ermittler mit ersten Ergebnissen aufwarten: Eine Arbeiterin aus der Zerbster Brauerei namens Ingrid Geyer ist sich sicher, dass die Personenbeschreibung der Toten im Musikpavillon auf ihre Kollegin und Freundin Roswitha Pietsch zutrifft, mit der sie an dem besagten Tanzabend eine Zeit lang zusammen war. Dass ihre Freundin an diesem Abend einmal mit einem rotblonden Burschen getanzt hatte, über dessen Schweißhände sie spottete und den sie viel zu jung für sie hielt, ist für Ingrid Geyer eine unbedeutende Nebensächlichkeit, die sie gar nicht erst erwähnt. Hingegen hält sie den Hinweis für wichtig, Roswitha wäre seit gestern nicht mehr zur Arbeit erschienen.
Einige ergänzende Ermittlungen bestätigen zusätzlich, dass es sich bei der toten Frau tatsächlich um die 32-jährige Roswitha Pietsch handelt, die in der Nähe des St.-Marien-Friedhofs polizeilich gemeldet ist. Der Kellner, der Roswitha bediente, bestätigt zudem, dass sie das Lokal kurz vor Ende der Tanzveranstaltung ohne Begleitung verließ. Flugs beschaffen sich die

Kriminalisten über die Einwohnermeldekartei ein Passfoto der Getöteten.

„Ich will alles über diese Frau wissen, was ihr in Erfahrung bringen könnt", fordert MUK-Chef Wimmer von seinen Männern. Seiner taktischen Untersuchungskonzeption liegt nämlich folgende Überlegung zu Grunde: Die Getötete wohnte im Norden der Stadt. Der Tatort liegt hingegen in entgegensetzter Richtung zu ihrem üblichen Heimweg. Sie muss dem Täter von der Gaststätte zum Tatort daher bereitwillig gefolgt sein. Wahrscheinlich blieb sie deshalb arglos, weil sie den Täter kannte und zum Zeitpunkt des Kontaktes täterseitig noch keine Tötungsabsicht bestand, abgesehen davon, dass eine vorherige Gewaltanwendung auf Grund der nicht kalkulierbaren Personenbewegung nach Veranstaltungsschluss ein zu hohes Risiko für den Täter bedeutet hätte.

„Neben der Überprüfung der Teilnehmer an der Tanzveranstaltung erwarte ich vor allem eine umfassende Aufklärung der Opferpersönlichkeit, denn zwischen Roswitha Pietsch und ihrem Mörder müssen fassbare viktimologische Beziehungen bestanden haben", ist sich der MUK-Chef sicher.

Das in der Kriminologie beheimatete Teilgebiet der Viktimologie umfasst die Lehre vom Straftatenopfer (victima lat., das Opfer). Die Viktimologie erforscht – vereinfacht ausgedrückt und unabhängig von der jeweiligen Straftatenkategorie – die Persönlichkeit von Opfern, ihre sozialen und psychologischen Bedingungen in der Beziehung zum Täter und zur Straftat, die Mechanismen der Opferwerdung (Viktimisierung) und die soziale, rechtliche und psychologische Wirkung der Straftat auf das Opfer.

Die Viktimologie ist aber auch ein praktisches untersuchungsmethodisches Instrumentarium des Kriminalisten, das die Versionsbildung unterstützt. Denn: Auch die viktimellen Faktoren (abgeleitet aus den Beziehungen des Opfers zum Täter, zum Tatort, zu den Tatmitteln usw.) können für eigenständige kriminalistische Untersuchungsversionen genutzt werden. Das setzt allerdings voraus, ihren komplexen Zusammenhang sowohl hinsichtlich der speziellen Beziehungen des Opfers als auch der

anderen sachverhaltsspezifischen Untersuchungsresultate zu beachten. Gerade bei den Straftaten gegen Leib, Leben und sexuelle Integrität des Menschen bildet – neben dem Tatort – das Opfer einen zentralen Ansatzpunkt für die Ermittlungen. An ihm lassen sich nicht nur die materiellen Spuren der eingewirkten Gewalt interpretieren. Auch jene sozialen, psychologischen und materiellen Informationen können direkt oder indirekt auch über das Opfer erlangt werden, die sich auf äußere Merkmale des Täters, aber auch auf seine Persönlichkeit, seine tatrelevanten Handlungsbestandteile und Motive direkt beziehen.
Die kriminalistische Anwendbarkeit der Viktimologie ergibt sich vor allem aus der Tatsache, dass bei den meisten Tötungsdelikten enge Opfer-Täter-Beziehungen vorherrschen. Je länger und intensiver also diese prädeliktischen Beziehungen ausgestaltet sind, um so deutlicher tritt der sich aus ihnen entwickelnde, motivauslösende Konflikt bzw. die tatauslösende Aktualsituation zutage. Wenn hinsichtlich des Widerspiegelungsgrades diese Beziehungen zwar in ihrer Totalität nicht ermittelt werden können, so werden doch wichtige Teilinformationen erlangt, die zielgerichtete Ermittlungen in Richtung des Täters erlauben. Insofern setzen viktimologische Erkenntnisse freilich ein Optimum an objektiven Daten voraus. Meist ist es gar nicht so schwierig, sie zu erlangen, weil das Opfer gerade bei Gewaltdelikten zumeist kein inaktives Tatobjekt bleibt, sondern bei der Verursachung von Spuren und anderen kriminalistisch relevanten Informationen wesentlich beteiligt ist.
Sind die prädeliktischen Täter-Opfer-Beziehungen eng gestaltet (z. B. bei verwandtschaftlichen, freundschaftlichen, berufs-, freizeitbedingten oder sexuellen Bindungen), können die viktimellen Faktoren natürlich leichter erkannt werden, weil mit der zeitlichen Dehnung zwischen der Entstehung der tatmotivierenden Konflikte und der Tatverwirklichung ausreichende Informationen, ja sogar Beweise, entstehen können.
Mit loser werdenden Bindungsformen verringern sich zwangsläufig die Möglichkeiten zur Erreichung verwertbaren viktimologischen Materials. Grund: Der Aufbau kommunikativer, sozialer Beziehungen zum Opfer seitens des Täters läuft mit dem Tatgeschehen in teilweise sehr engen zeitlichen Grenzen ab,

wodurch die erforderlichen Daten mitunter schwer, in seltenen Fällen auch gar nicht zugänglich sind. Dieser Umstand darf im kriminalistischen Untersuchungsprozess jedoch nicht zu Fatalismus und Resignation führen. Denn: Auch kurzzeitig bestehende Bindungen produzieren ausreichende Informationen, die bei präziser kriminalistischer Denkarbeit in den meisten Fällen auch aufgedeckt werden können. Sie unterstützen die Täterermittlung auf wirkungsvolle Weise.

Ein anderes Problem ergibt sich daraus, dass nicht jede kommunikative Verbindung zwischen potentiellem Opfer und Täter allein viktimelle Faktoren kennzeichnet, sondern es darauf ankommt, jene Beziehungselemente des Opfers zu erfassen, die sowohl prädeliktisch bestanden haben als auch für die Tat bedeutsam gewesen sein können (wie Freizeit-, Sexual-, Risiko-, moralisches Verhalten, Umgang mit Alkohol usw.). Dabei geht es um die Frage, in welcher Form aus der Opferpersönlichkeit und ihrem daraus abgeleiteten Verhalten vor und während der Tat verwertbare Aussagen über den Täter, sein Motiv, die Tat selbst und ihre begleitenden Umstände möglich sind und inwieweit eine Täterversion damit unterstützt wird.

Wimmer lässt freilich die Erfassung und Befragung von Veranstaltungsgästen unbeirrt fortsetzen. Immerhin könnten im zeitlichen und räumlichen Umfeld der Tat weitere kriminalistisch bedeutsame Wahrnehmungen aufgespürt werden, abgesehen von der Möglichkeit, dass sich der Täter selbst unter den Besuchern der HOG „Waldfrieden" befand.

Doch er konzentriert die Recherchen gleichzeitig auf die Aufklärung der Opferpersönlichkeit. Seine Männer wissen dabei sehr wohl, in welch starkem Maße die Zielgerichtetheit und Effektivität der Aufklärung des Tathergangs und der Täterermittlung von den fallbezogenen viktimologischen Erkenntnissen beeinflusst werden kann.

Die fortgesetzten Klingeltouren der Ordnungshüter, die dem Zweck dienen, weitere Besucher der Tanzveranstaltung aufzuspüren und über Roswitha und ihre möglichen Kontakte auszufragen, sind zeitraubend und dauern auch am nächsten Tag an. Zwar können die meisten der Angesprochenen, wie es im Poli-

zeijargon heißt, keine sachdienlichen Angaben machen, weisen aber wenigstens auf andere Gäste hin, auf die sich das Interesse der Ermittler dann hinlenkt. Einige Mitmenschen zeigen sich aus unterschiedlichsten Gründen gegenüber der Staatsmacht wenig kooperativ, andere waren an dem fraglichen Abend so alkoholisiert, dass ihre Aussagen schillernde Fantasien ohne Wert sind.
Schließlich aber finden die ehrgeizigen Polizisten die sprichwörtliche Nadel im Heuhaufen, als sie auf drei Personen stoßen, die weitere fahndungsdienliche Details liefern: Unabhängig voneinander erkennen nämlich zwei von ihnen auf dem vorgelegten Passfoto jene junge Frau, die sie am Ende der Veranstaltung vor dem Lokal im Gespräch mit einem rotblonden jungen Mann gesehen haben. Eine der Befragten glaubt sogar, dieser Mann habe ein beigefarbenes Oberhemd getragen. Den krönenden Abschluss dieses Ermittlungstages bildet schließlich die Aussage einer Kellnerin aus dem „Haus des Handwerks". Sie hatte ihren freien Abend bei Tanz und Musik im „Waldfrieden" verbracht. Roswitha Pietsch, die sie aus früherer gemeinsamer Tätigkeit in der Schraubenfabrik flüchtig kennt, sah sie nach Veranstaltungsschluss vor dem Lokal im Gespräch mit einem Kerl, den sie ziemlich gut beschreiben kann: Groß, kräftig, schulterlanges rotblondes Haar, bekleidet mit einem beigefarbenen, kragenweiten Oberhemd und brauner Hose. Besonders nachhaltig fiel der Zeugin ein silberfarbenes Kettchen am Hals des Mannes deshalb auf, weil sie „solchen Firlefanz beim starken Geschlecht" verabscheut. Die Ermittler sind mit diesen nützlichen Informationen durchaus zufrieden. Wieder einmal hat sich bestätigt, dass Ausdauer belohnt wird.
Unterdessen fand im Magdeburger Institut für gerichtliche Medizin die Autopsie der toten Frau statt. Die Obduzenten waren Prof. Fuchs, der Institutsdirektor, und die Oberärztin Dr. Renner. Auch MUK-Chef Wimmer ließ es sich nicht nehmen, dabei zu sein. Zusammen mit den Resultaten der sogenannten operativen Spurenauswertung am Tatort bestätigt die Leichenöffnung alle bisherigen Vermutungen. Roswitha Pietsch wurde vergewaltigt und zu Tode gewürgt und zusätzlich mit den Ärmeln ihrer Strickjacke stranguliert. Schürfwunden, Hämatome und der Bruch

ihres Kehlkopfskeletts belegen einen heftigen Kampf mit dem Angreifer und sein besonders brutales Vorgehen. Roswithas alkoholische Beeinflussung wird mit einem BAK-Wert von 0,7 Promille als mittelgradig angegeben. Die im Genitale und am Oberschenkel gesicherten Spermaspuren verweisen auf einen Verursacher, der Sekretor der Blutgruppe A ist. Intensive körperliche Interaktionen zwischen Roswitha und ihrem Mörder haben zu einer wechselseitigen Übertragung von zahlreichen Textilfasern geführt, denn an Roswithas Bekleidung wurden beigefarbene Baumwollfasern gesichert. Umgekehrt kann damit gerechnet werden, dass sich hellblaue Wollfasern auf der Täterbekleidung befinden. Auch die Erdreichspuren an Körper der Frau sind artgleich mit den Bodenproben vom Tatort.

Tags darauf dann ein Treffer ins Schwarze! Als die Männer der Einsatzgruppe eine weitere Besucherin der Tanzveranstaltung befragen, erkennt sie auf dem vorgelegten Foto auf Anhieb nicht nur Roswitha Pietzsch als jene Besucherin des fraglichen Tanzabends, in deren Begleitung sich ein rotblonder Bursche mit beigefarbenem Hemd befand, sondern sie weiß vor allem auch, wer dieser Mann ist.

„Gerd heißt er, da bin ich mir ganz sicher. Ich glaube, sein Nachname ist Wollinger, Woltinger oder Wolfinger. Auf jeden Fall wohnt er irgendwo hinterm Bahnhof. Man sagt, dass er vor ein paar Monaten aus dem Knast entlassen wurde ..."

Die Kriminalisten frohlocken innerlich. Gewiss, es ist ein bescheidener, stiller Jubel, der sie erfasst, doch er rührt daher, dass die bisher diffusen, breit angelegten, häufig ins Nichts führenden Ermittlungen endlich auf einen konkreten Punkt fokussiert werden können. Und das bedeutet: Die Namhaftmachung des Mannes, der offenbar den letzten Kontakt mit Roswitha Pietsch hatte, steht unmittelbar bevor.

MUK-Chef Wimmer schickt umgehend einen seiner Getreuen in die Spur. Dessen Weg führt geradewegs zur Abteilung Pass- und Meldewesen des VPKA, bei der auch die Einwohnermeldekartei geführt wird. Dort wird er schnell fündig. Nach kurzer Überprüfung aller namensähnlichen Personen steht fest: Die bisherigen Erkenntnisse über den Unbekannten mit dem Halskettchen treffen auf den 20-jährigen Gerd Wolfinger zu, dessen komplette Personalien auf der Meldekartei ebenso akkurat erfaßt sind wie der Vermerk, dass er am 2. Juni aus fast zweijähriger Strafhaft entlassen wurde.

Ein ansehnlicher, ein wenig eitler Typ ist er, dieser Gerd Wolfinger mit den rotblonden, schulterlangen Haaren. Hoch aufgeschossen, wohlgestaltet sein Äußeres, aber ziemlich missgeformt sein Inneres. Irgendwie ist er die inkarnierte Antithese zur altbekannten Weisheit des legendären Turnvaters Jahn, nach der in einem gesunden Körper auch ein gesunder Geist herrscht. Trotzdem liegt seine intellektuelle Ausstattung, psychologisch gesehen, im oberen Normbereich. Seine Makel bestehen wohl eher darin, die Spielregeln eines verbindlichen sozialen Miteinanders nicht zu kennen oder gar zu missachten. Doch er hat sich mit der Zeit eine Verhaltensstrategie zugelegt, die für kurze Zeit seine sozialen und ethisch-moralischen Defizite kaschiert. Sobald er aber erkennt, dass sie durchschaut wird, zieht er sich zurück. Auf diese Weise hat er sich zu einem egoistischen Einzelgänger ohne wirkliche Freundschaften und ohne die Fähigkeit zu emotionaler Wärme entwickelt, der sich nur an der Gegenwart orientiert, die Vergangenheit verdrängt und die Zukunft aus seinem perspektivischen Gedankengut ausklammert. Freilich, auch er ist das Produkt der inneren und äußeren Verhältnisse, unter denen er aufwuchs: Die Ehe der Eltern wurde geschieden, als er gerade laufen gelernt hatte. Er und sein jüngerer Bruder Harry kamen in die schlechte Obhut der ziemlich verwahrlosten Mutter, die mehr an der Flasche als an ihren Kindern hing. Den gestrengen Damen der Kinder- und Jugendhilfe missfiel dies mit der Zeit, und sie sorgten dafür, dass der Mutter das Erziehungsrecht entzogen wurde. So kamen die Jungen unter die Fittiche des Vaters, eines einfachen, fleißigen Arbeiters, aber völlig überfordert und ohne jedes pädagogische Geschick. Als Schulkind fiel der kleine Gerd durch Diebstähle und durch Lernunlust auf. Disziplinarmaßnahmen und schlechte schulische Leistungen waren die logische Folge. Im Jahre 1959, mit zehn Jahren, kam er auf Veranlassung der Behörden in ein staatliches Kinderheim, das er erst mit 16 Jahren verließ. Neun lästige Schuljahre brachten ihm wenigstens den Abschluss der 7. Klasse ein. Er legte

Wert auf körperliche Fitness, pflegte den Kraftsport und erlernte den Teilberuf eines Betonfacharbeiters. Heimlich traf er Vorkehrungen, das ungeliebte sozialistische Vaterland illegal zu verlassen, ohne zu ahnen, dass die allgegenwärtigen Augen und Ohren der Sicherheitsorgane sein Tun längst verfolgten. Eine bedingte Freiheitsstrafe von 8 Monaten war das Ergebnis. Er arbeitete fleißig als gut bezahlter Eisenflechter, versuchte aber ein weiteres Mal vergeblich den illegalen Sprung in den goldenen Westen, wurde dabei gefasst und musste für ein Jahr und neun Monate hinter Gitter.

Seit Anfang Juni ist er nun wieder auf freiem Fuß. Doch jetzt gilt er als Rückfalltäter. Die staatlichen Organe weisen ihm eine Arbeit auf dem Bau zu. Dort gibt es viel zu tun, denn es ist jene Zeit, in der im schwer kriegszerstörten Zerbst der Wohnungsbau besonders boomt. Jetzt lebt Gerd Wolfinger zusammen mit seinem Bruder in einem Kiez zwischen Karl-Marx-Straße und Dresdener Straße in der Wohnung seines Vaters.

Samstagabend, der 1. August. An diesem schönen Sommertag verbringt Gerd Wolfinger die Sonnenstunden im Freibad und lässt seinen wohlgeformten Körper bräunen. Am späten Nachmittag ist er wieder daheim, um sich zurechtzumachen. Später sucht er eine Destille auf, trinkt ein paar Biere. In der Hoffnung, dass der Abend ihm ausreichende Abwechslung beschert, zieht es ihn dann zur HOG „Waldfrieden". Er weiß, dass dort eine Tanzveranstaltung stattfindet. Im proppenvollen Saal tummeln sich bereits die tanzfreudigen Pärchen. Am Bierausschank erkämpft sich Gerd einen Stehplatz und ein Bier, wechselt ein paar Worte mit einigen losen Bekannten und lässt ansonsten den Dingen ihren Lauf. Von Zeit zu Zeit gleitet sein sinnlicher Blick über die Mädels im Saal in der vagen Hoffnung: „Vielleicht ergibt sich heute noch was ..." Irgendwann entdeckt er eine junge, brünette Frau in weißer Rüschchenbluse, die an ihrem Tisch allein zurückblieb, während sich deren Freundin auf dem Parkett vergnügt. Gerd schätzt, dass sie älter als er ist. Unauffällig schleicht er um ihren Tisch, um sie zu mustern, während sie mechanisch an ihrem Weinglas nippt und den Rauch ihrer Zigarette in die Luft bläst. Ergebnis der heimlichen Begutachtung: Sie gefällt ihm, sie hat Erfahrung, zickt nicht herum wie ein Backfisch. Höflich fordert er sie zum Tanz auf, ebenso höflich gibt sie ihm einen Korb, doch sie verspricht ein ehrliches „Vielleicht später." Nach der zarten Abfuhr zieht es Gerd wieder zum Bierausschank. Doch irgendwann zu vorgerückter Stunde ist er wieder bei ihr, um seinen Wunsch, mit ihr zu tanzen, zu wiederholen. Diesmal hat er Erfolg. Während des Tanzes verrät er seinen Vornamen, plaudert ansonsten drauflos, gutgelaunt und amüsant. Dass sie Roswitha heißt und in der Getränkefabrik arbeitet, hat er schnell erfragt. Er, so glaubt er, scheint ihr zu gefallen, denn sie ist heiter und ihm zugewandt, reagiert auf sein unverhohlenes Balzverhalten mit freundlichem Dulden seiner Schmuseaktionen und stellt sogar in Aussicht, dass er sie zum nächsten Tanz erneut holen darf. Während die Musikanten noch einmal Pause machen, ist allerdings sein schönster Platz wieder an der Theke.

Gerd Wolfinger geht von der selbstherrlichen und absurden Annahme aus, Roswitha habe ihm durch ihr Verhalten beim Tanz auf nonverbale Weise längst Beischlafsbereitschaft signalisiert. Wollüstige Vorfreude lenkt ihn jetzt. Als die Musiker die letzte Runde des Abends ankündigen, kämpft er sich durch die tanzbesessene Menge. Doch die Ernüchterung trifft ihn tief, als er Roswithas Platz leer vorfindet. Suchend blickt er sich um.

„Deine Braut ist gerade gegangen", meint ein Bursche vom Nachbartisch hämisch. Enttäuscht macht Wolfinger auf dem Absatz kehrt, bahnt sich den Weg durch das tanzende Getümmel wieder in Richtung Theke, um seinen Frust über den missglückten Ausgang des Abends hinunterzuspülen. Doch unterwegs ändert er plötzlich seinen Entschluss, und schnurstracks verlässt er das Lokal. Draußen sieht er sich suchend um. Wenige Meter vom Lokal entfernt entdeckt er Roswitha, die geradezu den Weg ins Stadtzentrum einschlägt. Wolfinger läuft eilig hinterher. Als er dicht hinter ihr ist, verlangsamt er seinen Schritt und spricht sie an. Ein kurzer Dialog folgt, an dessen Ende steht die Frage, ob er sie ein Stück nach Hause begleiten dürfe. Sie ist einverstanden. Dann rauchen sie eine Zigarette. Dabei flirtet er, was das Zeug hält, nicht weil er verliebt wäre, sondern weil er schnurgerade seine eigene sexuelle Befriedigung ansteuert. Und da sie mitspielt, glaubt er in Verkennung ihres Verhaltens, sie

empfinde ebenso wie er. Ein erster flüchtiger Kuss folgt. Wolfinger gelingt es, so sagt er später bei der Kripo aus, Roswitha vor dem Heimweg zu einem kleinen Spaziergang hinein ins Friedrichsholz zu überreden. Deshalb kehren sie um, gehen auf dem Hauptweg an der HOG „Waldfrieden" vorüber in Richtung Wald, tauschen weitere Zärtlichkeiten aus. Das alles bestärkt ihn in seinem subjektiven Eindruck von ihrer Bereitschaft zu schnellem Sex. Dann will Wolfinger in die nächtliche Dunkelheit des Waldes abbiegen und drängt Roswitha in die von ihm gewünschte Richtung. Offenbar durchschaut sie seine Absicht, mehr als nur unverfängliche Liebkosungen zu wollen, denn sie weigert sich und meint ahnungsvoll: „Ach, lass mal, gehen wir lieber zurück!"
Wolfinger ärgert sich über ihre Reaktion. Ein zweiter Versuch, sie ins Dunkel zu drängen, folgt. Unmissverständlich zeigt sie ihren Unwillen. Sollte sein Vorhaben jetzt platzen? Nein, das muss verhindert werden. Die Verärgerung schlägt mit einem Mal in Wut um. Augenblicklich verändert sich sein Verhalten. Aus dem eben noch sympathischen jungen Mann wird plötzlich ein aufdringlicher Grobian, der ohne jede erotische Ästhetik ihre Brüste begrapscht. „Hör auf!", wehrt sie sich. Doch gegen ihren Widerstand stößt er sie mit den Worten „Hab dich nicht so!" vom Hauptweg weg auf den Pfad, der in den Wald hineinführt. „Eh, spinnst du, das tut weh!", beklagt sie sich. Doch er lässt nicht von ihr, packt ihren Arm und zerrt sie mit Gewalt ins Dunkel. Sie schlägt mit ihrer Handtasche um sich, was ihn physisch kaum beeindruckt. In seinem Innern jedoch potenziert sich die Wut. Auf absurde Weise empfindet er ihr unmissverständliches Weigerungsverhalten als Ungerechtigkeit. Für ihn gilt jetzt nur das Recht des Stärkeren. Die Eskalation des Konflikts ist nicht mehr zu stoppen. Für einen Moment kann sich Roswitha jedoch von ihm losreißen. Sie schreit: „Lass mich in Ruhe!"
Wolfinger drückt sie zu Boden und zischt böse: „Halt die Schnauze, du Aas!"
Unter Aufwendung aller Kräfte gelingt es Roswitha, sich aus seiner Umklammerung zu befreien und sich zu erheben, um davonzulaufen. Wieder kann er sie packen und trotz ihrer heftigen Gegenwehr tiefer in den Wald zerren. Bei diesem ungleichen

Kampf verliert sie ihre Handtasche. Sie jammert: „Ich will nicht, lass mich los!"
Mit sträflicher Begierde stürzt er sich auf sie, drückt sie nieder ins Gras, versucht, mit der einen Hand ihre Arme über ihrem Kopf auf dem Waldboden zu fixieren und mit der anderen ihre Bluse zu öffnen. Doch es gelingt ihr, wild um sich zu schlagen und um Hilfe zu schreien. Jetzt ist Wolfinger außer sich. Er will nur eins: Geschlechtsakt und Befriedigung, zügellos und mitleidslos. Wie besessen reißt er Roswitha die Kleider vom Leib. Seiner körperlichen Überlegenheit kann Roswitha nichts mehr entgegensetzen. Erschöpft und kraftlos winselt sie, er möge ihr nichts tun. Doch mit lüsterner Rücksichtslosigkeit steuert er sein Ziel an, bis er sich befriedigt hat. Dann lässt er von ihr. Während er seine Kleidung ordnet, erhebt sich die Geschundene in ihrem erbärmlichen Zustand und läuft aus vollem Halse schreiend davon: „Hilfe, ich bin vergewaltigt worden!"
Wolfinger schießt durch den Kopf, dass sie ihn verraten wird, ihn, der vor wenigen Wochen aus dem Knast entlassen wurde. Nein, nur das nicht. Jetzt heißt es handeln! Doch die Angst, jemand vom Lokal könnte aufmerksam werden, unterdrückt alle Vernunft, lässt jeden weiteren Gedanken ins Irrationale abgleiten und versperrt den Blick auf die unvermeidlichen Folgen. Noch einmal stürzt er sich auf Roswitha, reißt sie zu Boden. Blitzschnell umfasst er mit beiden Händen ihren Hals, drückt zu und verharrt minutenlang in dieser Position. Als sie sich nicht mehr bewegt, erhebt er sich. Er weiß nicht, ob sie tot ist. Um aber ganz sicher zu gehen, dass sie tatsächlich ihr Leben ausgehaucht hat, tritt er mit voller Kraft auf ihren Hals. Dann hört er ihr Herz ab. Längst hat es aufgehört zu schlagen. Die Ärmel ihrer hellblauen Strickjacke schlingt er um den Hals der Toten und verknotet sie fest. Dann zerrt er den Leichnam auf den Weg, bugsiert ihn bis zum Musikpavillon der Gaststätte und lässt ihn dort unter einem Stapel Klappstühlen verschwinden. Dass er bei seinem mörderischen Treiben die Geldbörse und sein Halskettchen verliert, bemerkt Wolfinger nicht.
Als sich die Morgendämmerung des 2. August über dem Städtchen Zerbst behutsam auszubreiten beginnt, kehrt er über Umwegen heim, verschmutzt, ausgelaugt und hundemüde, doch

von solch innerer Getriebenheit erfasst, dass an Schlaf nicht zu denken ist. Er will sich waschen, doch der Atem stockt ihm: Wo ist das Halskettchen, wo seine Geldbörse? Es gibt nur eine Möglichkeit. Auf der Stelle treibt es ihn zum Ort seines grauenvollen Tuns zurück. Vorsichtig schleicht er durch das Gelände. An der Gaststätte wirft einen scheuen Blick auf den Pavillon, wo alles so ist, wie er es verlassen hat. Dann sucht er die Kampfstätte ab. Das Licht der Morgendämmerung erleichtert ihm die Suche nach den verräterischen Utensilien. Irgendwo im Gras findet er auch seine Geldbörse. Ein paar Schritte weiter stößt er sogar auf Roswithas weiße Handtasche, die er später einen halben Kilometer vom Tatort entfernt mit den Händen verscharrt. Doch sein Halskettchen kann er nirgends finden, gibt schließlich die Suche auf, weil ein längeres Verweilen an diesem schauderhaften Ort zu riskant ist.

Inzwischen ist es kurz vor 7 Uhr. Kaum wieder zu Hause, wäscht sich Gerd Wolfinger die verschmutzten Hände, sinkt völlig erschöpft auf seine Matratze und schläft tief und fest bis in die Mittagsstunden. Nach dem Essen treibt ihn die Angst wieder zum Friedrichsholz. Er mischt sich unter die Spaziergänger, flaniert, seine Beklommenheit unterdrückend, einige Male am Gartenlokal vorbei, wirft dabei einen unauffälligen Prüfblick auf den Pavillon, ob sich dort irgendetwas verändert hat, und kehrt schließlich, einigermaßen beruhigt, nach Hause zurück. Doch echte Ruhe kann er nicht finden, zu sehr ist er aufgewühlt. Zäh hängt die Angst in seiner Seele, denn er weiß, wenn die Tote erst entdeckt wird, sind die Bullen ihm bald auf den Fersen. Später schickt er seinen Bruder unter dem Vorwand, Zigaretten und Flaschenbier zu kaufen, zum Gasthaus „Waldfrieden", um ihn anschließend auszufragen, ob er vielleicht etwas Besonderes festgestellt habe.

„Nee, is nix", antwortet der Ahnungslose, der das merkwürdige Interesse seines Bruders nicht einzuordnen vermag.

Wolfingers chaotisches Innenleben, das er nach außen verbergen muss, wird durch den unbändigen Drang nach Bewegung kompensiert. Ziel- und ruhelos läuft er bis zur Erschöpfung in der Stadt umher und beginnt, über die Konsequenzen seiner Tat nachzudenken. An die Qualen, denen Roswitha in den letzten

Minuten ihres Lebens ausgesetzt war, denkt er aber ebenso wenig wie an die Bestürzung und Trauer ihrer Angehörigen. Bedauern oder gar Reue sind im fremd. Einseitig kreisen seine Gedanken nur um ihn selbst. Über ihm schwebt das Damoklesschwert der Bedrohung, wegen Mordes die nächsten Jahrzehnte seines Lebens im Knast verbringen zu müssen. Das zermürbt ihn. Er will sich umbringen, weiß aber nicht wie, und findet auch nicht den Mut dazu.
Am Montag verlässt Gerd Wolfinger bei Tagesanbruch das Haus, schwänzt aber die Frühschicht. Eine gefährliche Gleichgültigkeit beherrscht ihn jetzt, macht ihn anfällig für unüberlegte Aktionen. Er bricht in einen Tante-Emma-Laden ein und stiehlt eine größere Menge Zigaretten, die später bei ihm sichergestellt werden. Als er vom Fund einer Toten im Pavillon des „Waldfrieden" erfährt, eine Nachricht, die sich schon am Vormittag wie ein Buschfeuer in der Stadt ausbreitet, erreicht sein seelisches Chaos den Höhepunkt: Denn genau zu der Zeit, als die kriminalistische Fund- und Tatortuntersuchung im Friedrichsholz in vollem Gange ist, sucht er eine Steinmetzwerkstatt auf, um für sich einen Grabstein zu bestellen.
An den folgenden zwei Tagen wagt er sich vor Angst nicht mehr aus dem Haus. Er fühlt sich hundeelend. Vegetativ labilisiert, erweckt er den Eindruck, krank zu sein. In Wirklichkeit sind seine inneren Kräfte aufgezehrt, und er rechnet jede Stunde damit, dass die Polizei an der Wohnungstür klopft.

Die Ermittlung bei der Abteilung Pass- und Meldewesen, die zur Namhaftmachung des tatverdächtigen Unbekannten mit dem silberfarbenen Halskettchen führt, veranlassen MUK-Chef Wimmer umgehend zu einem Anruf beim Wohnungsbau, der Zerbster Arbeitsstelle Wolfingers. Ergebnis: Seit dem 3. August fehlt er dort unentschuldigt. Jetzt ist es höchste Zeit! Sogleich machen sich die Polizisten auf den Weg zu Wolfingers Bleibe. Als sie an dessen Wohnungstür klopfen, öffnet Roswitha Pietschs mutmaßlicher Mörder selbst die Tür und lässt sich mit der Bemerkung „Ich wusste es!" ohne jegliches Aufbegehren festnehmen. Erleichterung in der MUK. Wimmers Befürchtung, der Verdächtige könnte womöglich längst auf der Flucht sein, bestätigt sich somit nicht. Er ist mit der Bilanz, nach vier Tagen den unbekannten Tatverdächtigen gefasst zu haben, zufrieden. Gerd Wolfinger wird eröffnet, dass ein Ermittlungsverfahren wegen des Verdachts des Mordes gegen ihn eingeleitet wird. Kopfschüttelnd nimmt er den schweren strafrechtlichen Vorwurf zur Kenntnis. Während sich die Spurensucher hingebungsvoll Wolfingers Behausung widmen und seine am Samstagabend getragene Bekleidung und die aus dem Einbruch stammenden Zigaretten beschlagnahmen, findet bereits die erste Beschuldigtenvernehmung statt. Auf entsprechenden Vorhalt gesteht Wolfinger mit tränenreicher Offenheit zunächst den Zigarettendiebstahl aus dem Tante-Emma-Laden. Später, als der Vernehmer auf den Mord zu sprechen kommt, weist er jede Schuld empört von sich und stammelt ein höchst bröckliges, unglaubwürdiges Alibi für die Tatzeit zusammen. Erst als sein Gegenüber ein Plastiktütchen mit dem am Tatort gesicherten silberfarbenen Halskettchen aus der Schreibtischschublade hervorholt, es mit der Hand scheinbar spielerisch hin und her schwenkt und ironisch fragt: „Heute ist wohl Märchenstunde?", erkennt Wolfinger seine prekäre Lage. Ohne einen nennenswerten Widerspruch zu den spurenkundlichen Befunden gesteht er sodann in groben Zügen den Mord an Roswitha Pietsch. Allerdings stellt er den Tatablauf anders dar, wonach Roswitha sehr wohl zu einem Geschlechtsverkehr bereit gewesen wäre, freiwillig und ohne jeden Zwang. Danach aber sei sie aufgesprungen, habe sich die Kleider vom Leib gerissen und im Fortlaufen hysterisch geschrien „Vergewaltigung, Hilfe!" Aus Angst, wieder „einfahren" zu müssen, wenn sie ihn verriete, habe er sie getötet. Später wird eine Rekonstruktion des Tathergangs diesen angeblichen Handlungsablauf sicher widerlegen. In diesem Zusammenhang führt Wolfinger die Kriminalisten auch an den Ort, an dem er Roswithas Handtasche verscharrte. Bis auf das Geld, das er eingesteckt hatte, ist ihr Inhalt vollständig.

Hauptmann Wimmer und seine Männer sind noch einige Wochen mit der Bearbeitung des Falls Wolfinger befasst. Zeugen sind anzuhören, Gutachten einzuholen, Gegenüberstellungen vorzunehmen und andere beweisrechtlich bedeutsame Maßnahmen zu realisieren. Doch am Ende steht fest: Gerd Wolfinger, intellektuell gut ausgestattet, in einem sozialen Mangelmilieu aufgewachsen, doch ohne abnorme, krankheitswertige Entwicklung, ist voll zurechnungsfähig und damit strafrechtlich verantwortlich. Er wird wegen Verbrechens des Mordes und der Vergewaltigung zu einer lebenslangen Freiheitsstrafe verurteilt. Die tragische Dimension des Falles Gerd Wolfingers wird deutlich, wenn man sich vor dem Hintergrund seiner freudlosen Biografie die Vorstrafen wegen zweifachen „versuchten ungesetzlichen Grenzübertritts" vor Augen hält. Sie haben den freilich labilen, aber bislang unbescholtenen Halbwüchsigen hinter die Gitter des rigiden Strafvollzugs wegen eines Delikts gebracht, das im öffentlichen Bewusstsein insgeheim niemals als kriminell angesehen wurde. Bleibt die Frage: Haben die vielen Monate im Gefängnis in seiner jungen, ungefestigten Seele erst jene psychischen Bedingungen geschaffen, die den späteren Mord begünstigt haben?

Fall 2:
Pirna, Kreisstadt und wichtiges Industriezentrum im Bezirk Dresden, am Nachmittag des 15. Juni 1969. Sonntägliche Ruhe liegt über der Stadt. Ein grauer Trabant 500 knattert westlich der Pillnitzer Straße über einen Sandweg bis zum Graupaer Wald und parkt. Ein Mann, eine Frau und ein junges Mädchen steigen aus. Es ist Familie Förster aus Heidenau, bereit zu einem Spaziergang. Gerade will sie den Weg in den Wald einschlagen, als ein weißes Segelflugzeug, das in weitem Bogen hoch oben über ihnen kreist, ihre Aufmerksamkeit weckt.
„Da ist noch eins", ruft die Tochter begeistert aus, als sie einen zweiten Segler am sommerlich-blauen Himmel entdeckt, der offenbar zur Landung ansetzt.
„Wollen wir dahin?", schlägt Vater Förster vor, wohl wissend, dass sich hinter dem Waldgebiet ein Segelflugplatz der GST befindet, auf dem offenbar reger Flugbetrieb herrscht. Mutter und Tochter akzeptieren den Vorschlag, und kurz entschlossen schlagen die drei den Weg in westlicher Richtung ein, der zum nahen Flugplatz führt. Als die Familie nach etwa zwei Stunden zu ihrer über alles geliebten Duroplastkarosse zurückkehrt,

erwartet sie eine böse Überraschung. Eine Windleitscheibe des Trabant 500 ist offenbar gewaltsam eingedrückt und eine Tür von innen geöffnet worden. Leichtsinnigerweise hatten Mutter und Tochter ihre Handtaschen auf dem Rücksitz liegen lassen, eine unbeabsichtigte Einladung für Langfinger. Aus beiden Handtaschen fehlen die Geldbörsen. Mutter und Tochter starren sich fassungslos an und jammern: „Das Geld ist nicht so schlimm, aber meine Monatskarte!"
„Mein Betriebsausweis und die Kantinenmarken!"
„Diese Scheißkerle!", tobt Vater Förster. Doch dann fast er sich und denkt laut nach: „Die wollten wahrscheinlich nur die Knete. Danach haben sie die Geldbörsen weggeschmissen. Bleibt hier, ich suche mal die Gegend ab!" Und während die beiden Frauen gehorsam, aber mit Bittermienen an der „Rennpappe", wie der Trabi ironisch bezeichnet wird, zurückbleiben, macht sich Vater Förster auf die Suche nach den vermeintlich weggeworfenen Geldbörsen. Trotz des unübersichtlichen Buschwerks lohnen sich seine Suchbemühungen, denn er wird schnell fündig. Beide Geldbörsen liegen unversehrt irgendwo im kniehohen Farn, natürlich fehlt das Geld, ansonsten ist ihr Inhalt komplett. Dann eine weitere Entdeckung: Wenige Schritte vom Fundort der Geldbörsen liegt ein knallrotes Kosmetiktäschchen, in dem sich neben backfischtypischen Schminkutensilien auch ein gültiger Fahrtausweis der Dresdener Verkehrsbetriebe und ein Betriebsausweis der Reichsbahn mit Passbild und Personalien der hübschen Besitzerin befindet, die Brigitte Hausmann heißt und achtzehn Jahre alt ist. Als Vater Förster seinen Blick weiter durch das Gelände schweifen lässt, entdeckt er unter den Büschen schließlich noch ein Schlüsselbund, einen Füllfederhalter und eine Dose Nivea-Creme. In der Annahme, dass die Langfinger auch ein weiteres Auto aufgeknackt und Gegenstände, für die sie keine Verwendung hatten, am gleichen Ort entsorgt haben, macht er sich sogleich auf in Richtung Pirnaer Stadtzentrum, erstattet auf der Wache des VPKA Anzeige und übergibt den Gesetzeshütern die übrigen Fundstücke. Als diese den Inhalt des roten Kosmetiktäschchens näher inspizieren, stellen sie anhand des Lichtbilds und der Personalien auf dem Betriebsausweis fest, dass dieses Mädchen seit dem 3. Juni als vermisste Person zur Fahn-

dung ausgeschrieben ist. An diesem Tage zeigte nämlich der Vater der 18-jährigen Brigitte Hausmann bei der Polizei an, seine Tochter sei seit Samstag, dem 31. Mai, spurlos verschwunden. Die sogleich durchgeführten eigenen Nachforschungen hätten lediglich ergeben, dass sie in den Nachmittagsstunden dieses Tages bei einer in Pirna-Copitz wohnhaften Freundin auftauchte, um diese zu einem Kinobesuch zu überreden. Die Freundin hätte aber eine andere Unternehmung geplant. Da Brigitte nicht allein ins Kino gehen wollte, gab sie das Vorhaben kurzerhand auf und verabschiedete sich von der Freundin, um wieder nach Hause zurückzukehren. Bekannte haben sie dann gegen 17 Uhr in der Radeberger Straße letztmalig gesehen, als sie, ihre braune Stadttasche in der Hand, in Richtung der elterlichen Wohnung lief. Von da an verliert sich ihre Spur, Brigitte wird als selbstständige, selbstbewusste, kontaktfreudige, aufgeschlossene und durchaus sittsame junge Frau eingeschätzt, die einen großen Freundeskreis besitzt.

Die Vermisstenanzeige löste in den darauffolgenden Tagen routinemäßige Fahndungsmaßnahmen der Pirnaer Kripo aus, die aber im Sande verliefen, so dass am Dienstag, dem 10. Juni, die Vermisstenmeldung in den Tageszeitungen des Bezirks Dresden veröffentlicht wurde.

Ehe Vater Förster die Wache wieder verlässt, wird er vom Kriminaldienst als Zeuge vernommen und muss den Fundort der Utensilien genau beschreiben. Die Fundstücke werden umgehend dem Vater der Vermissten vorgelegt, der sie mit Gewissheit als Eigentum seiner Tochter wiedererkennt.

Am Vormittag des nächsten Tages findet dort eine wohlorganisierte Suche durch Kriminalisten des VPKA statt. Doch schon nach wenigen Minuten kann die Aktion gestoppt werden. Denn nur wenige Schritte von der Fundstelle des roten Kosmetiktäschchens entfernt wird nach vorsichtigem Entfernen der oberflächlichen Bedeckung einer mit Laub und Sandboden locker aufgefüllten, grabenartigen Mulde ein nacktes, menschliches Bein sichtbar. Dieser Fund lässt keinen Zweifel am Verdacht eines scheußlichen Verbrechens und ist Grund genug, die Dresdener Morduntersucher zu informieren und den Fundortbereich großräumig zu sichern.

Gegen 13 Uhr trifft der Bereitschaftsdienst der MUK ein. Eine illustre Runde informationshungriger hoher Offiziere aus dem VPKA und der BDVP befindet sich bereits vor Ort, mittendrin auch der Kreisstaatsanwalt. Diszipliniert harren sie vor der Absperrung zum Fundort aus, um sich nicht dem Odium unbeliebter Spurenvernichter auszusetzen, die in der Praxis immer wieder anzutreffen sind. Die Männer der MUK und der unterdessen eingetroffene Gerichtsarzt Dr. Frei nehmen die Fundstelle in Augenschein und planen, freilich in Abstimmung mit den anwesenden polizeilichen Honoratioren, ihr weiteres Vorgehen. Zunächst kommt ein Hundeführer mit dem respekteinflößenden Schäferhundrüden Harras zum Einsatz. Am Leichenfundort angesetzt, trabt der Vierbeiner, die sensible Nase dicht über dem sandigen Waldboden, bis zum Gelände der gefluteten Kiesgrube, eine beliebte inoffizielle Badestelle der Einheimischen, um dort schließlich weitere Schnüffelbemühungen zu verweigern. Die Männer suchen dann den unmittelbaren Fundortbereich nach Spuren ab und können mehrere Zigarettenkippen der Marke „F6", abgebrannte Streichhölzer und Bonbonpapier sichern.

An der unmittelbaren Fundstelle wird die nur etwa 25 Zentimeter dicke Erd- und Laubschicht vorsichtig abgetragen, wobei jede Handlungsphase fotografisch festgehalten wird. Die erdreichverschmutzte Leiche ist bald freigelegt. Es ist der fast nackte Körper einer jungen, blonden Frau, der bereits fortgeschrittene Fäulniserscheinungen und Insektenbefall aufweist. Die unvollständige Bekleidung besteht lediglich aus einem rosafarbenen Unterrock mit Spitzenbesatz, einem blau-weiß gemusterten, unverschlossenen Büstenhalter und einem gelben Pullover mit auffälligem Lochmuster, alles bis über die Brüste hochgeschoben. Im Liegebereich der Oberschenkel wird ein offenbar zerrissener Schlüpfer entdeckt. Die übrige Bekleidung fehlt. Tatsächlich, schon anhand der in der Vermisstenanzeige beschriebenen Textilien ist schnell auszumachen, dass es sich um Brigitte Hausmann handelt. Nach Lage der Dinge ist sie Opfer einer sexuell motivierten Tötung. Zur Todeszeit und -ursache äußert sich Dr. Frei wegen der fortgeschrittenen Leichenerscheinungen nicht und verweist auf das kommende Sektionsergebnis. Kurz nach 15 Uhr werden die Untersuchungen am Fundort abgeschlossen, denn angesichts der sommerlichen Temperaturen, die den Fäulnisvorgang zusehends beschleunigen, wird der Leichnam der jungen Frau rasch eingesargt, um ihn auf kürzestem Wege in eine Kühlkammer des Instituts für gerichtliche Medizin zu bringen.

Die Untersucher beraten sich mit den Entscheidungsträgern der BDVP und des VPKA über das weitere Vorgehen. Ergebnis: Die zeitweilige Einrichtung eines Stützpunktes in Pirna wird ebenso angewiesen wie die personelle Verstärkung der Einsatzgruppe. Wichtige Frage in dieser frühen Untersuchungsphase: Wo ist Brigitte Hausmanns fehlende Bekleidung? Denn beim Absuchen der Fundortumgebung konnten Oberbekleidung und Handtasche nicht gefunden werden. Umgehend wird im Zusammenwirken mit einer in der Nähe stationierten NVA-Einheit eine Suchaktion organisiert, die dem Auffinden der fehlenden Bekleidung gilt. Auch Taucher werden angefordert, um den Grund des Badesees an der Kiesgrube abzusuchen. Handzettel der Polizei werden in Pirna verteilt. Zusätzlich wird ein Presseaufruf vorbereitet, der in der Lokalausgabe der Sächsischen Zeitung erscheint. Auszug aus der Pressemeldung vom 18. Juni:

„Die Ermittlungen ergaben, dass an der H. ein Verbrechen verübt wurde. Sie wurde seit dem 31. Mai 1969 vermisst und am 16. Juni 1969 im Wäldchen an der Kiesgrube in Pirna-Copitz tot aufgefunden.

Wer hat die H. am 31. Mai ab 15.30 Uhr allein oder in Begleitung in diesem Territorium gesehen?

Personenbeschreibung der H.: etwa 172 cm groß, kräftige Gestalt, volles Gesicht, kurzes blondes Haar.

Bekleidungsbeschreibung: orangefarbener Anorak, lange graue Wollstoffhose, gelber kurzärmeliger Pullover, graue Lackhalbschuhe mit Spange. Die H. führte eine braune Stadttasche bei sich (ähnlich einer Aktentasche mit festem Griff).

Bisher wurden der orangefarbene Anorak, die lange graue Hose, die grauen Lackhalbschuhe und die Stadttasche nicht aufgefunden.

Wer kann Angaben machen, dass derartige Sachen zum Kauf angeboten oder aufgefunden wurden?

Sachdienliche Hinweise, die auf Wunsch vertraulich behandelt

werden, bitten wir unverzüglich an die Deutsche Volkspolizei, VPKA Pirna, Tel. 8911, App. 80, zu melden.
Die Volkspolizei bittet die Bevölkerung um aktive Unterstützung zur Aufklärung der Straftat.
VPKA Pirna"

Von nun an sind die Kriminalisten der Einsatzgruppe mit flächendeckenden Ermittlungen voll ausgelastet. Der Personenbewegung zur fraglichen Zeit in der Nähe der Fundstelle und in der Wohnumgebung Brigitte Hausmanns gilt das uneingeschränkte Interesse der Fahnder ebenso wie den Personen aus dem großen Bekannten- und Freundeskreis des Mädchens. Aber auch die üblichen Verdächtigen, die wegen eines Gewalt- oder Sittendelikts Vorbestraften oder die aus Heimen, psychiatrischen Einrichtungen und Jugendwerkhöfen Entwichenen und nicht zuletzt alle Personen, die sich zur fraglichen Zeit besuchsweise oder beruflich im weiteren Fundortbereich aufgehalten haben, müssen nach vorgegebenem Fragespiegel erfasst und überprüft werden. Und über jede einzelne Ermittlungshandlung ist ein Protokoll zu fertigen. Da jedoch die Wertigkeit der einzelnen, auf den Protokollen fixierten Informationen in der Regel nicht sofort bestimmt werden kann, gilt zunächst, alle denkbar bedeutsamen Fakten zu sammeln. Die Informationen müssen sinnvoll sortiert, aktualisiert und bewertet werden, um sie bei schnellem Zugriff untereinander vergleichen, falsifizieren, verifizieren und erforderlichenfalls in den Ermittlungsgang zurückführen zu können. Es ist daher erklärlich, dass bereits nach kurzer Zeit eine wahre Datenflut über die MUK hereinbricht. Sie zu bewältigen, ist Aufgabe penibler Analytiker, der sogenannten Auswerter. Deren filigrane Puzzle- und Denkarbeit kann, vor allem in der Phase des unbekannten Täters, wie überhaupt bei Sachverhalten mit erheblichen Informationsmengen, die Zielgerichtetheit und Effektivität der weiteren Untersuchung entscheidend beeinflussen. Ihre Tätigkeit bildet in gewisser Weise das Herzstück einer Morduntersuchung.
Am Morgen des 19. Juni. In Anwesenheit des für Gewaltdelikte zuständigen Staatsanwalts des Bezirks und des kriminalistischen Untersuchungsführers nehmen der Chef des Instituts für

gerichtliche Medizin, Professor Dr. Ringwald, und Assistenzarzt Dr. Frei, die Autopsie der toten Brigitte Hausmann vor. Zwei Stunden lang untersuchen die Experten unter geruchlich und optisch widrigen Bedingungen den in ausgedehnter Fäulnis befindlichen Leichnam. Der Körper ist monströs aufgedunsen und grünlich-grau verfärbt, die Haut bereits weitgehend abgelöst – ein sicherer Hinweis dafür, das die Zersetzungsprozesse auch in seinem Innern voll im Gange sind.

Trotz der diagnostischen Erschwernisse gelangen die Obduzenten zu drei wichtigen Befunden: Zum einen sind die äußeren und inneren Geschlechtsorgane unverletzt. Das Jungfernhäutchen ist intakt, ein Geschlechtsverkehr hat folglich nicht stattgefunden. Zum zweiten werden in der Halsmuskulatur, im Bereich des Kehlkopfes und am Zwerchfell charakteristische vitale Unterblutungen festgestellt, die typischerweise bei Drossel- und Würgevorgängen entstehen. Ein dritter, gravierender Befund besteht in einer 15 Zentimeter langen Ruptur der Leber. Sie ist Quelle einer zu Lebzeiten erfolgten erheblichen Blutung in den Bauchraum. Mehr als eintausend Milliliter Blut werden aus der Bauchhöhle gesichert. „Die Leberzerreißung ist bei Fehlen äußerer Verletzungen entweder durch eine umschriebene Kompression des Brustkorbes am rechten Rippenbogen oder durch eine kräftige Kompression des gesamten Brustkorbes mit einer Hauptgewalteinwirkung am rechten Rippenbogen zu erklären. Im Zusammenhang mit den Halsbefunden kommt am ehesten ein kräftiger Stoß mit dem Knie oder plötzliches Werfen über den bereits erschlafften widerstandslosen Körper in Betracht." Fazit: Brigitte Hausmann starb durch innere Verblutung nach Leberruptur in Kombination mit einem Drossel- oder Würgevorgang.

Auch der am Fundort der Leiche sichergestellte Schlüpfer wird untersucht. An ihm kann zweifelsfrei eingetrocknete Samenflüssigkeit nachgewiesen werden. Allerdings lässt sich aus dieser wichtigen Spur keine Blutgruppe bestimmen. Die Gutachter geben zu bedenken, aus diesem Befund nicht den voreiligen Schluss zu ziehen, der Verursacher sei ein sogenannter Nonsekretor, da unter den gegebenen Bedingungen es viel wahrscheinlicher ist, dass infolge der fortgeschrittenen Leichenerscheinungen die Spur für eine Blutgruppenbestimmung unbrauchbar geworden ist.

Bekanntlich scheiden etwa 80 Prozent der Menschen vor allem im Sperma, Speichel und Urin Blutgruppeneigenschaften in beträchtlicher Konzentration aus (Sekretoren), und nur für etwa 20 Prozent der Menschen trifft dies nicht zu (Nonsekretoren). Dieser Umstand ist für die Selektion von Spurenverursachern, damit allenfalls auch von Tatverdächtigen, kriminalistisch höchst bedeutsam, vor allem wenn man bedenkt, dass zum Zeitpunkt der Untersuchungen das „DNA-Fingerprinting" noch unbekannt war. Heutzutage jedoch ist die Bestimmung der Sekretor- bzw. Nonsekretoreigenschaften kriminalistisch kaum noch von Bedeutung.

Für die Einsatzgruppe steht nun die Version einer Verdeckungstötung nach sexuell motiviertem Gewaltakt ganz oben auf der Prioritätenliste. Warum kein Geschlechtsverkehr stattfand, die Vergewaltigung also nicht vollendet wurde, lässt sich beim derzeitigen Stand der Ermittlungen natürlich ebenso wenig sicher beantworten wie die Frage, ob ein oder mehrere Täter an der Tat beteiligt waren. Allerdings spricht die gleichartige Blutgruppe, die aus allen am Tatort gefundenen Zigarettenresten bestimmt wurde, eher für einen Einzeltäter. Der für die Alibiüberprüfung bedeutsame Zeitabschnitt am 31. Mai beginnt gegen 17.30 Uhr, als Brigitte Hausmann, offenbar auf dem Heimweg und ohne Begleitung, in Pirna-Jessen, nahe des Walter-Hultsch-Heims, einer beliebten Sportlergaststätte, letztmalig gesehen wurde. Er endet mit dem Einbruch der Dunkelheit gegen 22 Uhr. In diesem Zeitraum müssen folgerichtig sowohl die Kontaktaufnahme mit dem Täter, das Tatgeschehen selbst und die Beseitigung der Leiche stattgefunden haben.

Weiterhin ausschlaggebend für die in erforderlicher Breite ablaufenden Ermittlungen ist die Version, dass zwischen Brigitte Hausmann und dem Täter eine fassbare viktimologische Beziehung bestanden haben muss. Anderenfalls hätten beide nicht eine Zeit lang am Tatort beieinander gesessen, sie mehrere Bonbons lutschend, er mehrere Zigaretten rauchend. Auch schließen die

Kriminalisten aus den territorialen Eigenheiten des Tatorts, dass der unbekannte Täter mit den örtlichen Gegebenheiten vertraut sein muss.
Bis weit in den Monat August hinein bestimmen diese Prämissen Ziel und Richtung der Recherchen. Der Ermittlungsaufwand ist beträchtlich: So müssen insgesamt 800 Befragungen oder Zeugenvernehmungen analysiert werden, aus denen sich schließlich 89 Beziehungspersonen Brigitte Hausmanns herauskristallisieren, denen das besondere Engagement der Fahnder gilt. Darüber hinaus werden knapp 400 gewalttätige Rückfall- und Wiederholungstäter sowie wegen sexueller Übergriffe Vorbestrafte routinemäßig überprüft. Im Zuge dieser Aktivitäten werden ein unterdessen eingestelltes schweres Sexualdelikt und mehrere Einbrüche aufgeklärt, aber auch jener Täter dingfest gemacht, der am Nachmittag des 15. Juni am Graupaer Wald die Handtaschen aus dem dort abgestellten PKW der Familie Förster stahl, wodurch zufällig der Aufdeckungsprozess im Vermisstenfall Brigitte Hausmann in Gang gesetzt wurde. Im Übrigen sind die Mörderjäger immer noch mit Routineüberprüfungen befasst. Die Wende zeichnet sich erst ab, als eines Tages der 18-jährige Christian Gronau aus Pirna in den Fokus der Überprüfungen gerät. Der junge Mann arbeitet normalerweise als Beifahrer in der Konsum-Großbäckerei Praschwitz. Anfang des Jahres verging er sich an einem Kind, kam alsbald vor die Schranken des Gerichts und wurde zu sieben Monaten Gefängnis bei einer zweijährigen Bewährungszeit verurteilt. Vor wenigen Wochen wurde jedoch der Vollzug der Freiheitsstrafe angeordnet, weil Gronau wegen unbefugter Benutzung von Fahrzeugen wiederum vor den Richter musste und zu einer sechsmonatigen Gefängnisstrafe verurteilt wurde. Damit war die Bewährung perdu. Seit einigen Tagen befindet er sich nun in der ungastlichen Obhut der Dresdener Haftanstalt. Da die Ermittler inzwischen herausgefunden haben, dass Christian Gronau vor einem reichlichen Jahr mit Brigitte Hausmann kurzzeitig befreundet war, sehen sie einen triftigen Grund für ein intensives Gespräch mit ihm.
Am Morgen des 27. August wird er aus der Haft zum peinlichen Verhör vorgeführt. Als man auf sein Alibi am 31. Mai zu spre-

chen kommt, behauptet er, sich genau daran zu erinnern, mit seiner Mutter in Mocketal auf einem Volksfest gewesen zu sein. Doch die Fahnder wissen längst, dass dies nicht wahr sein kann, denn dieses Fest fand bereits am Tage zuvor statt. „Stimmt, ein Irrtum", Gronau korrigiert sich. Er habe am Abend des 31. Mai mit seiner neuen Freundin Christine das Kino UT-Lichtspiele besucht, nur an den Film könne er sich nicht mehr erinnern, weil er sehr oft ins Kino gehe. Und wieder halten ihm die Kriminalisten vor, die Unwahrheit zu sagen, weil sie unterdessen auch Gronaus Freundin Christine interviewt haben und wissen, dass die beiden an diesem Tage überhaupt nicht verabredet waren. Christian Gronau räumt erneut den Irrtum ein, meint nach kurzer Überlegung aber, nun sei er sich sicher, an diesem Tage in Dresden zur Spartakiade des DRK gewesen zu sein. Doch die Kriminalisten ziehen ungläubig ihre Augenbrauen zusammen, worauf Gronau weitere Ausflüchte unterlässt: „Wenn das auch nicht stimmt, dann weiß ich wirklich nicht mehr, wo ich mich am 31. Mai aufgehalten habe."
„Kann es sein, dass Sie an diesem Tage die Brigitte Hausmann aus Pirna-Jessen getroffen haben?", fragen die Ermittler jetzt.
„Brigitte? Die habe ich schon seit einem Jahr nicht mehr gesehen oder gesprochen", antwortet der Bursche mit einem treuherzigem Augenaufschlag, „ich weiß nicht mal, wie sie sich entwickelt hat und wie sie zuletzt aussah ..."
Die Polizisten lassen nicht locker:
„Wir wissen, dass die DRK-Spartakiade in Dresden schon am 17. Mai stattfand. Uns interessiert aber der 31. Mai. Also noch einmal, wo waren Sie an diesem Tag?"
Gronau bemüht sich krampfhaft um eine plausible Antwort. Jetzt zittert er am ganzen Leibe, stammelt erregt: „Ich, ich weiß auch nicht mehr, was ich sagen soll!"
Einen Augenblick später hat er sich wieder gefasst: „Doch, jetzt fällt's mir ein, ich war ja im Volkshaus in Pirna zum Tanzen."
„Wissen Sie denn noch, welche Kapelle da gespielt hat?", fragen die Ermittler listig.
„Ich kann mit Sicherheit sagen, das waren die Dopix aus Glashütte. Die kenne ich gut."
„Sie bleiben dabei, die Dopix?"

„Ja, ja, die Dopix, ich erinnere mich genau!"
„Wie lange sind Sie denn im Volkshaus geblieben?"
„Na, bis zum Schluss, so ungefähr bis 0.30 Uhr!"
„Und, ein Mädchen kennengelernt?"
„Nee, an dem Tage war absolut nix!"
„Wer kann denn bestätigen, dass Sie am 31. Mai im Volkshaus waren. Irgendwer wird Sie doch wohl gesehen haben, oder?"
Christian Gronau zuckt verlegen mit den Schultern, fühlt sich immer mehr in die Enge getrieben, meint schließlich: „Scheiße, ich kann keinen nennen, der bestätigen kann, dass ich im Volkshaus war!"
Jetzt wird der Ton der Kriminalisten schärfer: „Wir wissen aber, dass am 31. Mai die Mikados im Volkshaus gespielt haben. Sie waren also nicht dort. Jetzt sagen Sie klipp und klar, was Sie am 31. Mai gemacht haben, sonst wird es ziemlich eng für Sie!"
Christian Gronaus Zittern hat an Heftigkeit zugenommen. Es sind Symptome einer inneren Zermürbung. Tränenreich jammert er: „Dann muss ich mich eben geirrt haben. Ich weiß nun auch nicht mehr, wo ich war ...!" Kaum hat er den letzten Satz ausgesprochen, wird er minutenlang von einem hysterischen Weinkrampf geschüttelt. Unmöglich, die Vernehmung fortzusetzen. Ein Arzt wird gerufen. Pause bis zum nächsten Tag.
Am nächsten Morgen wird Gronau wiederum damit konfrontiert, über den Tagesablauf des 31. Mai bisher nur Unwahres geschildert zu haben. Diesmal bekennt er, seiner Exfreundin Brigitte Hausmann am Nachmittag des fraglichen Tages doch begegnet zu sein. Ein Zufall sei es gewesen, der sie in der Karl-Marx-Straße zusammenführte. Nach kurzer Begrüßung habe er gefragt, ob er sie begleiten könne, weil sie im Begriff war, spazieren zu gehen. Sie sei damit einverstanden gewesen. Sodann beschreibt er ihren gemeinsamen Weg bis zu dem Platz nahe der Kiesgrube am Graupaer Wald, an dem sie sich niedersetzten.
Auszug aus der Vernehmung:
„... In oder an der Kiesgrube war weit und breit kein Mensch zu sehen. Aus diesem Grunde habe ich sie auf den Mund geküsst. Da sie keinen Widerstand zeigte, sondern mich gleichfalls umarmte, fasste ich Mut und legte sie in den Sand. Sie hat nichts dagegen unternommen, und ich hatte das Gefühl, dass sie ein-

verstanden war. Mir kam nun der Gedanke, mit ihr Geschlechtsverkehr durchzuführen. Deshalb habe ich den Reißverschluss ihrer Steghose geöffnet und die Hose bis unter die Knie heruntergezogen. Gleiches habe ich mit dem Schlüpfer getan. Brigitte hat sich nicht gewehrt, und ich hatte den Eindruck, dass sie schon weg war. Ich meine, dass es doch beim Menschen Gefühle gibt, wo man sich nicht wehrt und so was braucht. Dann holte ich meinen Pimmel aus der Hose und legte mich auf Brigitte. Ich konnte aber meinen Pimmel nicht in ihr Ding schieben, weil sie die Beine nicht breit genug auseinander bekam. Deshalb habe ich ihr Schuhe, Hose und Schlüpfer ausgezogen. Dann steckte ich meinen Pimmel in sie rein. Plötzlich atmete sie so ganz kurz und stoßweise. Da sagte sie: ‚Christian, du bist so schwer.' Ich gab ihr noch einen Kuss auf den Mund und ging von ihr runter. Zum Samenerguss ist es nicht gekommen. Während ich den Hosenstall zuknöpfte, sah ich zu Brigitte hin und bemerkte, dass sich ihre Brust nicht mehr hob und senkte. Ich dachte sofort, dass sie tot ist und überzeugte mich davon, indem ich mein Ohr an ihre Brust legte. Als ich keinen Herzschlag mehr hörte, habe ich ihr den Anorak ausgezogen, weil der eine so leuchtend gelbe Farbe hatte und ich nicht wollte, dass andere Leute die Brigitte entdecken. Dann habe ich mit meinen Händen Sand über sie geschüttet ... Vorher hatte ich ihr den Schlüpfer wieder angezogen, weil ich nur die Sachen mitnehmen wollte, die auffällig sind. Ich breitete den Anorak im Sand aus und legte Hose, Schuhe und Tasche hinein, schlug den Anorak zusammen und rannte weg. Das Bündel trug ich unterm Arm. Ich lief bis zu dem Trampelpfad, der zwischen Tümpeln und Gartenanlagen zum Hauptweg verläuft, kletterte den Hang runter und versteckte die Sachen unter den Sträuchern. Anschließend lief ich den gleichen Weg zurück und begab mich in die Mitropa am Bahnhof. Ich habe noch eine Bockwurst gegessen und einige Bier getrunken und war so um 22 Uhr zu Hause ..."

Christian Gronaus Schilderungen strotzen von Ungereimtheiten und widersprechen in entscheidenden Punkten der materiellen Beweislage. Doch bei aller Einschränkung, drei wichtige Fakten lassen sich aus seinen Aussagen ableiten: Erstens, in der fraglichen Zeit war er mit seiner Exfreundin zusammen. Zweitens erklärt er, freilich mit absurden Begründungen, ihren vermeintlich natürlichen Tod, womit er seine Anwesenheit am Tatort bestätigt. Und drittens beschreibt er, in grober Übereinstimmung mit den spurenkundlichen Befunden, die Beseitigung der toten Brigitte. Es ist ein Teilgeständnis, ein erster, kleiner Schritt auf einem langen, steinigen Weg zur objektiven Wahrheit, der die Ermittler der Einsatzgruppe erst Monate später an ihr Ziel führen wird.

Solange müssen sie sich mit den bewussten und unbewussten Falschaussagen des Beschuldigten auseinandersetzen, die nach kritischem Einwand oder Konfrontation mit widerlegenden Fakten zumeist durch neue Unwahrheiten ersetzt werden. Der achtzehnjährige, intellektuell gerade noch im Normbereich liegende Beschuldigte Christian Gronau ist eine ungewöhnliche Herausforderung für die Analytiker, die die Aussageninhalte seiner Vernehmungen Punkt für Punkt bewerten müssen. Lange, zermürbende, oft bis an die Grenze der psychischen und physischen Belastbarkeit Gronaus heranreichende Vernehmungen folgen, ehe die Widersprüche dank überprüfbarer, objektiver Außenkriterien restlos ausgeräumt werden können.

Ende Januar 1970, Christian Gronau ist gerade 19 Jahre alt geworden, wird endlich das Verfahren abgeschlossen. Vier prall gefüllte Aktenbände können dem Staatsanwalt zur Anklageerhebung übergeben werden. Allein die Aussagen des Beschuldigten finden sich auf 120 Protokollseiten. Sie sind eindrucksvolle Zeugnisse des hindernisreichen kriminalistischen Erkenntnisweges durch den Dschungel von Falschaussagen bis zur Wahrheit über ein tödliches Ereignis, das sich am 31. Mai 1969 zugetragen hat.

Christian Gronau, Jahrgang 1951, wächst im Milieu einer Arbeiterfamilie auf. Seine frühe Kindheit verläuft zunächst ohne nennenswerte Besonderheiten. Dies ändert sich, als der Junge knapp sechs Jahre alt ist und die elterliche Ehe, vermutlich aufgrund der Liederlichkeit und Trunksucht der Mutter, geschieden wird. Der Vater verlässt alsbald die Familie und das Land der machthabenden Arbeiterklasse und baut sich irgendwo im kapitalistischen Westen eine neue Existenz auf. Die Mutter, egoistisch, gleich-

gültig und erziehungsunfähig, überlässt die weitere Entwicklung des Knaben der gutmütigen, duldsamen, aber wenig durchsetzungsfähigen Großmutter, die mit im gleichen Haushalt lebt. Bald darauf wendet sich die Mutter einem anderen Mann zu, mit dem sie von nun an Bett und Wohnung teilt, bringt ein weiteres Kind zur Welt und heiratet schließlich den neuen Partner. Die Familie lebt auf diese Weise in sehr beengten, sozial und psychisch belastenden Wohnverhältnissen. Diese, der Alkoholismus der Mutter und die chronischen, stetig an Schärfe zunehmenden Auseinandersetzungen zwischen den Eheleuten bilden die Kulisse, innerhalb derer der ohnehin labile Junge heranreift. Die ersten Anzeichen einer sich entwickelnden sozialen Anpassungsstörung bleiben im Wirrwarr dieser Bedingungen unbemerkt. Mit sechs Jahren wird der Knabe eingeschult, quält sich disziplinlos und mit ungenügenden Leistungen durch die ersten drei Klassen, bis er schließlich in eine Sonderschule wechselt, die er mit Abschluss der siebten Klasse verlässt. Zu Hause ist er meist sich selbst überlassen, wenn man von dem begrenzten Einfluss seiner Großmutter absieht. Da der chronische Umgang mit Alkohol und Nikotin das familiäre Bild weitgehend bestimmt, ist es nur folgerichtig, dass Christian Gronau mit knapp 13 Jahren selbst beginnt, regelmäßig zu rauchen und zu trinken.
Nach der Schulentlassung beginnt er ein Anlernverhältnis als Fluchtenmaurer im Baugewerbe, das aber nach einem Jahr aufgelöst werden muss, weil der Junge den Anforderungen nicht gerecht werden kann oder sich ihnen nicht angemessen stellt. In dieser Zeit lernt er die gleichaltrige Brigitte Hausmann kennen und freundet sich mit ihr an. Es bleibt allerdings eine oberflächliche Beziehung von nur wenigen Monaten Bestand.
Bis zu seiner späteren Inhaftierung verdingt er sich nun als Beifahrer im Backwarenkombinat Praschwitz, zeigt sich dort einsatzfreudig und hilfsbereit. Allerdings fällt sein zunehmender Alkoholkonsum auf, der ihm sogar einen Verweis einbringt, als er eines Tages ziemlich betrunken zur Arbeit erscheint.
In der Freizeit pflegt er den Umgang mit anderen sauffreudigen Jugendlichen, ansonsten bevorzugt er Kinobesuche, das Hören von moderner Tanzmusik im Radio und Lesen von anspruchslosen Schmökern aus der Kategorie der sogenannten Schund-

und Schmutzliteratur. Sein Sozialverhalten ist durch Eitelkeit, Egozentrismus und Zügellosigkeit geprägt, echte emotionale Wärme hat er nicht erworben und kann sie deshalb auch nicht anderen gegenüber entwickeln. Er lebt in einer naiven Erlebniswelt, träumt vom großen Geld, von vielen Frauenbekanntschaften, am liebsten von einem Leben in der schillernden Welt des Westens.

Christian Gronaus Beziehungen zum schönen Geschlecht werden weitgehend durch sexuelle Impulse gesteuert, denen er, sobald er eine günstige Gelegenheit zu erkennen glaubt, ungehinderten Durchbruch verschaffen will. Einige Male gelingt ihm das auch, weil er offenbar an promiskuöse Partnerinnen gerät, die sich ihm bereitwillig und rasch hingeben. Dieser Erfolg stärkt seinen Selbstwert, macht ihn zum eitlen Helden vor sich selbst. Doch er hat nicht gelernt, in anderen erotischen Situationen sein Verhalten sozial angemessen zu steuern. Wie die späteren polizeilichen Ermittlungen ergeben, stößt sein unverblümtes sexuelles Drängen bei zwei anderen jungen Frauen nämlich auf heftigen verbalen und körperlichen Widerstand. Sofort reagiert er aggressiv und unbeherrscht, wendet brachiale Gewalt an, um sein Ziel zu erreichen. Nur glücklichen Umständen ist es zu verdanken, dass er dabei rechtzeitig gestört wird, sein Vorhaben zähneknirschend abbrechen muss und nicht angezeigt wird.

Am Nachmittag des 31. Mai 1969 hockt Christian Gronau in der Pirnaer Gaststätte „Volkshaus", sinniert bei Bier und Korn über die Gestaltung des Wochenendes und hofft vergeblich darauf, dass irgendein Kumpel seiner Clique zu ihm stößt. Der Stumpfsinn treibt ihn schließlich zum Aufbruch. Nun will er im Norden von Pirna eine Kneipe aufsuchen in der stillen Hoffnung, dort Kumpels zu treffen. Gronau winkt die Kellnerin heran. Mit geübtem Blick dechiffriert sie die Zeichen auf seinem Bierdeckel und meint: „Sieben Bier, drei Korn – macht viereinundachtzig!"
Er gibt ihr einen Fünfmarkschein, bemerkt nobel: „Stimmt so!", und bricht auf.
Inzwischen ist es kurz nach 17 Uhr. Draußen empfängt ihn ein mildes, frühsommerliches Lüftchen. Gronau schlägt den Weg

Richtung Elbbrücke ein. Er schlendert vorbei an der HOG „Dampfschiff" in Richtung Bahnhof, weil er dort noch Zigaretten kaufen will. Dann führt ihn sein Weg weiter über die Elbbrücke auf die nach Norden verlaufende, endlos erscheinende Ernst-Renner-Straße. In der Nähe des Walter-Hultsch-Heims begegnet ihm unerwartet Brigitte Hausmann. Beide erkennen sich an Anhieb, obwohl sie sich seit fast zwei Jahren nicht mehr gesehen haben. Die Begrüßung ist ungezwungen und freundlich.
„Eh, wie geht's denn?", grinst er sie an und mustert sie von oben bis unten.
„Gut, und dir?", entgegnet Brigitte interessiert.
„Geht so", meint Gronau und fragt: „Wo willst'n hin?"
„Spazieren, vielleicht zum Flugplatz zu den Segelfliegern", meint das Mädchen, das mit dem Wort „vielleicht" andeutet, das Vorhaben auch spontan aufgeben zu können. Gronau scheint dies richtig zu deuten, denn er sagt gleich: „Und ich will eigentlich nach Graupa zu meinen Kumpels. Ich kann aber auch mitkommen, wenn du willst."
Brigitte hat nichts dagegen. Und so schlendern die beiden in Richtung Graupaer Wald, unverkrampft und heiter. Brigitte berichtet über ihre Lehrzeit als Betriebsschlosser bei der DR, die bald zu Ende geht, Christian plaudert über seinen Job in der Großbäckerei, der ihm monatlich 360 Mark Netto einbringt, und zwischendurch lassen sie die Gags des Superhektikers Louis de Funes Revue passieren, der derzeit mit „Scharfe Sachen für Monsieur" im Pirnaer Kino UT-Lichtspiele für volle Kassen sorgt. Irgendwann sagt Gronau: „Ich muss jetzt eine rauchen." Er zündet sich eine Zigarette an, setzt sich kurzerhand auf den Waldboden und schlägt mit der flachen Hand neben sich ins dürre Gras. „Setz dich doch", fordert er Brigitte auf. Arglos nimmt sie neben ihm Platz. Und während Gronau raucht, kramt sie aus ihrer Handtasche ein buntes Tütchen hervor, entnimmt ihm ein Sahnebonbon, befreit es von der schützenden Umhüllung, die sie unbekümmert hinter sich wirft, und lutscht genüsslich an der Leckerei. Indessen setzen sie ihre harmlose Plauderei über sich und die Welt fort, er unablässig rauchend, sie weiter Bonbon lutschend. Fünf Zigarettenreste und Papier von sieben Sahnebonbons stellt später die Polizei sicher.

Plötzlich legt Gronau einen Arm um Brigitte und zieht sie zu sich heran. Sie lässt ihn gewähren. Liebkosungen folgen, die Brigitte anfangs auch erwidert. „Aber nur küssen", meint sie freundlich. Gronau respektiert diesen Wunsch nur für wenige Momente, schon sind die Augenblicke der Zärtlichkeit zu Ende, bleiben für ihn nur überflüssiges Vorspiel. Schluss mit dem Getue! Seine Erregungskurve steigt schnell an, verdrängt mit ebensolcher Geschwindigkeit jedes Zartgefühl. Rücksichtslosigkeit und Trieb bestimmen sein weiteres Tun. Jetzt steuert er auf direktem Wege nur seine sexuelle Befriedigung an. Brigittes Empfindungen interessieren ihn nicht. Er wird grob und zudringlich, grapscht an ihre Brust. „Nur küssen!", verlangt sie nachdrücklich und schiebt seine Hand zurück. Gronau missachtet das Stoppsignal, packt mit groben Händen zwischen ihre Beine, zieht den Reißverschluss ihrer Hose herunter. Brigitte erkennt seine Absicht und stößt ihn mit einem unmissverständlichen, energischen und lauten „Lass das, ich will nicht!" von sich. Unbeeindruckt stürzt er sich auf sie und zischt: „Jetzt bist du dran!" Brigitte dreht sich blitzschnell zur Seite, schlägt ihm die flache Hand ins Gesicht, schreit: „Du Schwein!", springt auf, ergreift ihre Handtasche und will fortlaufen. Gronau richtet sich auf, erfasst dabei Brigittes Beine und bringt sie zu Fall. Gleich ist er wieder bei ihr, drückt sie zu Boden. Jedoch gelingt es ihr, sich von ihm zu lösen und mit der Handtasche kräftig um sich zu schlagen. Dabei versetzt sie ihm eine blutende Kratzwunde am Oberarm, die ihn um so mehr in sexuelle Wallung bringt. Jetzt will Gronau ihr die Hose vom Körper reißen, noch strebt er den Geschlechtsverkehr an. Auch mit Gewalt, gemäß seiner ordinären Maxime „Frauen muss man hart nehmen!" Brigitte erkennt die Gefährlichkeit seiner sittenlosen Absicht, wehrt sich aus Leibeskräften, versetzt ihm einige gezielte Faustschläge gegen den Körper. Ihr unerwartet heftiger Widerstand bremst Gronaus zügellose sexuelle Begierde schlagartig, die rasch in eine allgemeine Aggression übergeht. Von nun an handelt er nur noch aus Wut und Hass. Ein gezielter, äußerst heftiger Faustschlag in ihren Leib wirft sie augenblicklich nieder. Brigitte hält sich den Bauch, krümmt sich vor Schmerzen, wälzt sich am Boden. „Das tut so weh!" Abermals versetzt Gronau ihr mit seiner starken Faust zwei gezielte Leberhaken, wie er es vom

Boxen kennt. Dann ist Brigittes Widerstand endgültig gebrochen. Prompt beherrscht ihn die sexuelle Erregung wieder, und er beginnt, ihr die Hose auszuziehen. Noch einmal bäumt sie sich auf, schreit laut um Hilfe. Gronau befürchtet, Spaziergänger könnten die Schreie hören. Eilig kniet er sich neben sie, lauscht in die Gegend, ob sich jemand nähert. Doch ringsum ist Stille. Er umfasst mit beiden Händen Brigittes Hals und drückt so lange zu, bis ihr Leben ausgehaucht ist. Sodann zieht er ihr Hose und Schlüpfer aus. Der Anblick ihres Genitale lässt die sexuelle Erregung erneut aufflammen. Jetzt will er die Befriedigung seiner Lust. Aber einen Geschlechtsverkehr mit der Toten wagt Gronau nicht. Er beschränkt sich auf einen masturbatorischen Akt, dessen Produkt er mit dem Schlüpfer seines Opfers auffängt. Dem wollüstigen Taumel folgt die rapide Ernüchterung, der Ernüchterung folgt die Angst vor Entdeckung. Eigentlich will er sofort flüchten. Doch Brigittes gelber Anorak schimmert weithin durch das Unterholz. Gronau fasst seine Sinne zusammen, soweit er in der Angsterregung fähig ist, zieht der toten Brigitte das auffällige Kleidungsstück vom Leib, stopft es zusammen mit der Hose und den Schuhen in ihre Stadttasche, um sie später irgendwo unbemerkt zu entsorgen. Die Leiche bugsiert er zu einer wenige Meter vom Ort seiner Untat entfernten Mulde und verscharrt sie zusammen mit dem Schlüpfer unter Sand und Laub. Danach entfernt er sich eilig, ohne die Gegenstände zu bemerken, die bei dem Handgemenge aus Brigittes Tasche herausgefallen waren und die am 15. Juni zufällig gefunden werden.

In den folgenden Tagen verhält sich Christian Gronau, als wäre nichts geschehen. Sein unterkühltes Gemüt macht ihn für seine Umwelt unauffällig. Die Zeitungsnotiz der Polizei vom 10. Juni über die Suche nach der plötzlich verschwundenen Brigitte Hausmann beunruhigt ihn nicht besonders. Er hält es kaum für möglich, dass man ihn in Verbindung mit dem Fall bringen könnte. Das ändert sich erst, als Tage später das vermisste Mädchen tot im Graupaer Wald entdeckt wird und die Nachricht über den schrecklichen Mord sich in Windeseile in der Stadt verbreitet. Mit einem Mal sind die Ereignisse in seinem Kopf wieder präsent. Jetzt wird Gronau wieder von der Angst erfasst, die

Polizei könnte ihm bald auf den Fersen sein. Er erinnert sich, dass beim Kampf mit Brigitte das Blut aus seiner Kratzwunde an ihren Anorak gelangte. Er weiß, dass man daraus seine Blutgruppe bestimmen könnte, falls die Klamotten gefunden würden. Jetzt hat er arge Bedenken, Brigittes Handtasche mit dem verräterischen Inhalt könnte nicht sicher genug versteckt sein. Deshalb erwägt er eine bessere Beseitigung dieses belastenden Beweismittels. So schleicht er am 23. Juni unbemerkt zum Versteck der Handtasche, buddelt sie aus, um sie weitab im Graupaer Wald an einer anderen, sicheren Stelle zu vergraben.
Später im Ermittlungsverfahren soll Gronau der Kripo zeigen, wo er die Tasche vergraben hat. Doch er kann sie nicht finden, stattdessen gibt er im Verlaufe weiterer Vernehmungen immer wieder andere Orte an. Erst nach der neunten, wiederum erfolglosen Suchaktion stellen die genervten Ermittler schließlich weitere Anstrengungen in dieser Richtung ein. Bis zum Ende des Verfahrens bleibt die Frage unbeantwortet: Hat Gronau die Polizei neunmal genarrt, oder fand er das Versteck tatsächlich nicht mehr?
Wie bei der Untersuchung und Beurteilung von Gewaltverbrechen üblich, wird auch Christian Gronau psychiatrisch und hinsichtlich seiner Glaubwürdigkeit psychologisch begutachtet. Intellektuelle Mängel, durchaus praktisches Lebenswissen, soziales Mangelmilieu sind die Schlagworte der Experten, die Gronaus Persönlichkeit markieren. „Seine egozentrische Lebenseinstellung und Grundstimmung in der Abreaktion sexueller Bedürfnisse kennzeichnen seine innere Haltung und sind auch im Vorfeld des Geschehens entscheidend dafür, dass es zu einer solchen grausamen Tat kommen konnte ... Er ist bedenkenlos und hemmungslos auf ein sich selbst vorgegebenes Befriedigungsziel losgegangen und davon nicht zurückgetreten, als er merken musste und auch eindeutig gemerkt hat, dass kein Einverständnis des Mädchens vorlag. Die letzten Tatvollzüge dürften primitive Angst vor unmittelbarem Entdecktwerden zur Handlungsgrundlage gehabt haben. Das spätere Umlagern der vergrabenen Utensilien lässt Tarnungsabsicht annehmen. Unter dem Beur-teilungsaspekt der §§ 15,16 StGB, für deren Anwendung tat-bezogen keine hinreichende Begründung besteht, liegt volle strafrechtliche Verantwortlichkeit vor."

Anfang Mai 1970 findet vor dem 2. Strafsenat des Bezirksgerichts Dresden die dreitägige Hauptverhandlung gegen Christian Gronau wegen Mordes und versuchter Vergewaltigung im schweren Falle statt. An Ende der Beweisaufnahme plädiert der Staatsanwalt für eine lebenslange Freiheitsstrafe und dauernde Aberkennung der staatsbürgerlichen Rechte. Der Verteidiger hingegen verweist in seinem Vortrag auf die asozialen häuslichen Bedingungen, unter denen Christian Gronau aufwuchs und beantragt angesichts der Geständnisbereitschaft und des jugendlichen Alters seines Mandanten eine zeitlich begrenzte Freiheitsstrafe. Das Gericht folgt seinem Antrag nicht und vertritt die Auffassung, dass die Verteidigungsargumente – wie es dann im Urteil heißt – „nicht tatbezogen und nicht geeignet sind, den Angeklagten zu entlasten. Er war nach den getroffenen Feststellungen zur Tatzeit fähig, sich positiv zu entscheiden und sowohl von der versuchten Vergewaltigung, einschließlich der schweren Körperverletzung, als auch von der anschließenden Ermordung Brigittes Hausmanns Abstand zu nehmen. Auch der Angeklagte hatte, wie andere junge Menschen in unserer Gesellschaftsordnung, alle Möglichkeiten, zu lernen, das ihm infolge seiner schulischen Ausbildung fehlende Wissen zu ergänzen und durch eigene Anstrengungen sich von den Nachwirkungen des häuslichen Milieus zu befreien. Es fehlte in dieser Beziehung nicht an gutgemeinten Ratschlägen und Hinweisen seines Arbeitskollektivs. Wenn der Angeklagte von diesen Möglichkeiten keinen Gebrauch machte, hat er das selbst zu verantworten."

Nach den Plädoyers benötigt das Gericht keine lange Beratungszeit. Oberrichter Wolf und die beiden Schöffen sind sich schnell einig, gemäß dem Antrag des Staatsanwalts Christian Gronau zu lebenslanger Freiheitsstrafe zu verurteilen. Der Verteidiger legt fristgemäß gegen das Urteil Berufung ein, die am 16. Juni 1970 durch Beschluss des Obersten Gerichts als offensichtlich unbegründet verworfen wird. Seitdem ist das Urteil rechtskräftig, und Christian Gronau muss sich auf lange Jahre eines entbehrungsreichen Lebens hinter Gefängnismauern einstellen.

Im Wege eines am 1. Dezember 1986 erlassenen Gnadenentscheids des Generalstaatsanwalts der DDR wird er nach mehr als 16-jähriger Haft zurück in die Freiheit entlassen.

Haftbeschwerde

*Aktenzeichen Bezirksstaatsanwalt Rostock B I 18/67,
VPKA Wolgast Tgb.-Nr.281/67*

Auf Usedom, der beliebten Bäderinsel in der Ostsee, liegt einen Kilometer südlich von der nur wenige hundert Meter breiten Landenge zwischen Zemplin und Ückeritz der Ort Koserow – das sommerliche Eldorado für Abertausende badefreudige Nudisten, die dort auf den weitläufigen Campingplätzen ihren Strandurlaub verbringen. Koserow ist mit der Zeit zum Sinnbild für grenzenlose Freiheit geworden, freilich beschränkt auf die körperliche Freizügigkeit. Die wirtschaftliche Infrastruktur funktioniert während der allsommerlichen Gästeinvasion unter den Bedingungen der permanenten Versorgungsschwierigkeiten im sozialistischen Einzelhandel zwar nur recht und schlecht, sichert aber vielen Einheimischen berufliche Beschäftigung. Außerhalb der Saison ist Koserow mit seinen knapp tausendfünfhundert Seelen ein ruhiger, beschaulicher Ort inmitten einer reizvollen Landschaft. Und es ist die Heimat von Gabriele (17), schüchtern, still, vielleicht auch ein wenig willensschwach, aber wohlproportioniert und ausgestattet mit allen Attributen üppiger Weiblichkeit. Sie arbeitet seit ihrem Schulabschluss in einem nahen FDGB-Ferienheim als Zimmermädchen. Ihre Mutter, mit der sie unter einem Dach lebt, eine ehrbare, arbeitsame Frau, führt seit dem krankheitsbedingten Tod des Vaters den kleinen Schreibwarenladen allein weiter. So herrscht zwischen beiden ein harmonisches Miteinander.
An einem Nachmittag im Sommer 1964 macht Gabriele auf dem Rummelplatz zufällig die Bekanntschaft eines Burschen namens Horst Rudow. Der 20-jährige, eine schlanke, geschmeidige Erscheinung, wie ein Dressman aus einem Modejournal, ist Wachtmeister bei der Schutzpolizei. Gern folgt sie seiner Einladung zu Zuckerwatte und Karussellvergnügen. So vergeht der Nachmittag in berauschendem Fluge. Gabriele ist entflammt von dem jungen Ordnungshüter, fühlt bald die ersten Schmetterlinge in ihrem Bauch. Als der Abend hereinbricht und sie sich tren-

nen, verabreden sie ein Stelldichein. Dem folgt bald der erste Kuss, und dabei bleibt es nicht. Wenig später offenbart Gabriele ihrer Mutter, dass sie einen Freund hat und über beide Ohren verliebt ist. „Lad ihn doch mal zum Essen ein", schlägt die Mutter nicht ohne Hintergedanken vor. Irgendwann geschieht dies auch. Und als Horst Rudow eines Mittags zum Sonntagsbraten erscheint, macht seine Alkoholfahne die Mutter misstrauisch. „Pass bloß auf, dass dein Horst kein Trinker ist", warnt sie Gabriele später in guter Absicht. Doch offensichtlich macht Liebe nicht nur blind, sondern auch taub, denn die Tochter ignoriert schlichtweg die mütterliche Mahnung und ärgert sich über die übertriebene Besorgnis. Sie habe derlei Laster bei ihrem Freund bisher nicht feststellen können. Ansonsten produziert sich Horst Rudow als ein lebenspraktischer, sozial gefestigter Pfiffikus, ausgestattet mit jener sympathischen Weltverbesserungssicht, die viele Jungerwachsene prägt. Er stammt, wie er selbst einschätzt, aus einem ordentlichen Elternhaus, erlernt nach der Mittleren Reife den ehrenvollen Beruf eines Schiffsbauers, entdeckt dann aber sein Interesse am Polizeiberuf und ist seit Frühjahr des Jahres 1964 im Verantwortungsbereich des VPKA Wolgast im Wach- und Streifendienst eingesetzt. Horst macht keinen Hehl aus seinen zurückliegenden Erfahrungen mit dem weiblichen Geschlecht, gesteht Gabriele aber insgeheim, dass ihn, im Vergleich zu seinen früheren Freundinnen, vor allem ihre Brüste geradezu magisch anziehen. Ein sonderbares Kompliment, das Gabriele als intimen Liebesbeweis gern entgegennimmt. Ja, sie liebt ihren Horst. Freilich, seine schier unerschöpfliche sexuelle Begierde bereitet ihr manchmal Unbehagen, vor allem, wenn er Alkohol getrunken hat und ungestüm und ohne Zärtlichkeit Besitz von ihr ergreift. Es sind unliebsame Eigenarten, die sie allerdings devot toleriert.

Ein halbes Jahr später ist sie schwanger. Das Paar entschließt sich für ein gemeinsames Leben zu dritt. Gabrieles Mutter geht das zwar alles viel zu schnell, zumal ihr Argwohn gegenüber dem werdenden Vater keineswegs überwunden ist. Letzten Endes aber unterdrückt sie ihre Vorbehalte und unterstützt angesichts der bevorstehenden Großmutterfreuden die Zukunftspläne der beiden.

Anfang des Jahres 1965 geben sich Gabriele und Horst das Jawort zum Bund fürs Leben und einigen sich auf den Familiennamen Rudow. Das offizielle Ritual findet nicht wie üblich im Standesamt statt, sondern im Saal des FDGB-Ferienheims. Aus pragmatischen Gründen hat sich das Paar nämlich für eine sogenannte „sozialistische Eheschließung" entschieden. Sie ist das staatlich privilegierte und subventionierte Pendant zur kirchlichen Trauung, für deren Ausgestaltung die Arbeitsstellen der Brautleute zu sorgen haben. Deshalb organisiert und finanziert das VPKA im Verbund mit dem FDGB die übliche Festlichkeit. Auf diese Weise bleibt selbst der anschließende Hochzeitsschmaus für Brautleute und Gäste kostenfrei.

Während das Kind unter Gabrieles Herzen wächst und gedeiht, beschleunigt Horsts Chef kraft polizeilicher Autorität beim zuständigen Wohnungsamt die Bearbeitung des Antrages der jungen Eheleute auf „Zuweisung einer Zweiraumwohnung".

Ende des Jahres ist die Freude groß: Gabriele bringt einen gesunden, strammen Jungen zur Welt, und dem jungen Paar wird eine Wohnung in Koserow angeboten. Horst nutzt die wochenbettbedingte Abwesenheit Gabrieles, um die neue Bleibe, die nur wenige hundert Meter vom Domizil seiner Schwiegermutter entfernt liegt, einzurichten. Es scheint, als wäre das Familienglück nun komplett.

Anfangs geht auch alles gut. Gabriele genießt die ihr arbeitsrechtlich zustehenden Babywochen, kümmert sich liebevoll um Sohn und Haushalt, während Horst in drei Schichten seinen Wachtmeisterpflichten nachkommt. Doch mit der Zeit schleicht sich in die kleine Familie ein schädlicher Alltagstrott ein, der vor allem das Wohlbefinden der jungen Mutter beeinträchtigt. Horst übernimmt die Rolle eines Hauspaschas, nur er will die Gestaltung des Familienlebens bestimmen, während Gabriele, sklavisch wie immer, sich seinen Geboten zu fügen hat. Er kommt immer häufiger schlecht gelaunt und alkoholisiert von der Arbeit nach Hause, poltert unentwegt herum oder zieht sich gleich schweigend zurück. So sehr sich Gabriele nach den bewährten Regeln weiblicher Kunst auch bemüht, ihn für sich zu gewinnen, um so mehr zeigt er Unlust und Ablehnung. Sie findet nur eine Erklärung für sein verändertes Verhalten: „Horst hat eine

andere!" Eine Zeit lang quält sie sich sich mit ihrem Zweifel herum, bis sie ihn eines Tages darauf anspricht. Doch Horst ist zutiefst gekränkt, weist den Verdacht schroff von sich, wirft ihr indes vor, sein Verhalten lediglich zu missdeuten und dabei zu übersehen, dass allein der Schichtdienst ihn nervlich kaputt macht. Gabriele entschuldigt sich für ihren Argwohn, ergeht sich in Selbstvorwürfen, fleht unterwürfig um seine Gunst. Horst zeigt Entgegenkommen, und der eheliche Frieden ist gerettet. Wenigstens für die nächste Zeit ...
Wenige Wochen später spitzt sich die Situation erneut zu. Horsts unschöne Auftritte, seine permanenten Nörgeleien und Zornesausbrüche gehören bald zum Alltag, haben sich mittlerweile sogar verstärkt. Gabrieles Besorgnis um den Erhalt der jungen Ehe wächst ebenso wie ihre Eifersucht. „Ich erkenne ihn nicht mehr", beklagt sie sich einmal bei der Mutter, die sich aber aus gutem Grund aus den internen Eheangelegenheiten der Tochter heraushält. Unaufhaltsam wie ein heimtückisches Krebsgeschwür frisst sich der Kummer weiter tief hinein in Gabrieles Seele. Als eines Nachts das Bett neben ihr leer bleibt, obwohl Horst keinen Dienst hat, kann sie sich nicht mehr zurückhalten. Sie fasst sich ein Herz und wiederholt bei nächster Gelegenheit ihre brennenden Fragen, will endlich von Horst wissen, was seit Monaten mit ihm los ist. Der wiederum erhitzt sich in dem folgenden Disput so sehr, dass er unumwunden einräumt, neben Gabriele seit langem auch andere Damen sexuell zu beglücken. „Ich brauche diese Abwechslung", rechtfertigt er sich, „und wenn dir das nicht passt, lasse ich mich scheiden!" Gabriele ist verzweifelt, jammert: „Aber wir sind doch eine Familie, denk an den Kleinen, du bist doch mein Mann, und wenn du mich haben willst, bin ich doch immer für dich da!"
Gleichwohl findet ihr Klagelied bei ihm kein Gehör. Ungerührt und unmissverständlich wiederholt er seinen Standpunkt: „Entweder du lässt mir meine Freiheit, oder ich gehe!"
Gabriele erkennt das Dilemma: Beharrt sie weiter auf ehelicher Treue, könnte sie den Mann verlieren, toleriert sie hingegen sein Verhalten, muss sie ihn mit anderen Frauen teilen. Und in ihrer Verzweiflung gibt sie klein bei, kuscht trotz aller Seelenqual vor dem absurden Ansinnen, die Seitensprünge hinzunehmen.

Widerstandslos unterwirft sie sich seinem Willen, um die ehelichen Konflikte nicht zu verschärfen. Seitdem herrscht ein höchst fragiler Burgfrieden zwischen beiden Eheleuten.
Nach den Babywochen nimmt Gabriele wieder ihre Beschäftigung im Ferienheim auf, derweil sie ihren kleinen Sohn der Obhut der Kinderkrippe oder ihrer Mutter anvertraut.
So vergehen die Monate. Für ihre Seele bedeuten sie ein neurotisierendes Hin und Her zwischen quälendem Devotismus, Erwartungsfurcht und der naiven Zuversicht, Horst würde ihretwegen irgendwann den Sinnesfreuden in fremden Betten entsagen. Für ihn aber, wie er später einmal sagen wird, bleibt es „eine Zeit, in der er das Leben und die Frauen genießt". Zwar versucht Gabriele ein weiteres Mal, ihn von seinen exzessiven Seitensprüngen abzuhalten. Diesmal jedoch droht er nicht nur, sondern ist fest entschlossen, sich endgültig von ihr zu trennen. Tatsächlich reicht er tags darauf beim Kreisgericht Wolgast die Scheidung ein. Gabriele ist verzweifelt, beschwört Horst inständig, alles für den Erhalt ihrer Beziehung zu tun, und gelobt, sich bedingungslos seinem Diktat zu unterwerfen, wenn er sein Scheidungsbegehren aufgibt. Mit eitlem Großmut gibt Horst ihr eine letzte Chance und zieht tatsächlich den Scheidungsantrag zurück. So ist der empfindliche Burgfrieden wieder hergestellt. Aber wie bisher verläuft das Eheleben im weitgehend stummen Nebeneinander. Allein die Fragen des Haushalts und die Belange des kleinen Sohnes werden knapp besprochen. Gabriele hat sich längst mit diesem Schicksal abgefunden und das Leben ihren bescheidenen Bedürfnissen entsprechend eingerichtet. Gerade deshalb erscheint es höchst widersinnig, dass sie sich Horst immer wieder mit aller Inbrunst erotisch anbiedert. Und dabei bemerkt sie nicht einmal, dass es ihm oft zuwider ist.

Es ist ein durchaus bekanntes sexualpsychologisches Phänomen, wenn ein Partner, der unter permanentem Liebesentzug leidet, sich selbst immer tiefer im Geflecht sexueller Sehnsüchte nach dem anderen verfängt, statt sich unter Aufbietung aller rationalen Kräfte von ihm zu lösen. So geartete seelische Verstrickungen machen den Weg frei für depressive Verstimmungen, die nicht selten in den Suizid führen.

Zu Beginn des Jahres teilt Horst der Gattin mit knappen Worten mit, nicht mehr Angehöriger der VP zu sein, sondern fortan im Kraftwerk Peenemünde als Betriebsschlosser zu arbeiten. Immerhin bedeutet das: Uniform, Einsatzbereitschaft, Urlaubssperre und Dreischichtsystem für immer passé. „Und, hast du jetzt mehr Zeit für mich und den Jungen?", fragt sie behutsam. Horst beantwortet ihre Frage nicht, reagiert nur mit einem stummen, vielsagenden Grinsen, das Gabriele sogleich abschreckt. Sie wagt es nicht, ihn weiter zu bedrängen, und unterlässt es vor allem, ihn nach den Gründen seines plötzlichen Berufswechsels zu fragen.
So setzen die beiden unverändert ihre triste, emotional und sozial erstarrte Partnerschaft fort, mit einem lieblichen Kind zwar, aber mit nur wenigen Bekannten und noch weniger Freunden.

Drei Monate später. Es ist der 18. Mai, ein sommerlich warmer Donnerstag. Horst Rudow hat einige Tage Urlaub, muss erst ab morgen wieder arbeiten. Gleich nach dem Frühstück taucht er, sichtlich angespannt, fahrig und leicht angetrunken, bei seiner Schwiegermutter auf, das zweijährige Söhnchen auf dem Arm. Als das Kind die Oma erblickt, streckt es freudig erregt seine Hände nach ihr aus, um auf ihren Arm zu wechseln. Augenblicklich schlägt das Herz der Großmutter höher. Horst überreicht ihr das Kind und nutzt die Gunst des Augenblicks, um ein Anliegen vorzubringen: „Ich brauche deine Hilfe, Gabi musste weg, kannst du den Jungen nehmen?" Die Frau ist irritiert, versteht nicht. Horst erklärt den Grund für die dringende Abwesenheit der Angetrauten, wobei er ein bislang streng behütetes Geheimnis verrät. Es hängt damit zusammen, dass Gabriele im vierten Monat schwanger ist.
„Gabi will kein zweites Kind", warnt er eindringlich, „lieber würde sie sich umbringen, und sie meint es ernst."
Deshalb, so schildert er, einigten sich die Eheleute nach langem Hin und Her, heimlich eine fachmännische Schwangerschaftsunterbrechung vornehmen zu lassen. Die Organisation dieser riskanten Unternehmung habe Gabriele übernommen. Als ihr jemand unter dem Siegel der Diskretion schließlich einen Arzt aus Greifswald vermittelte, habe sie gleich Kontakt mit diesem

Doktor aufgenommen. Für ein stattliches Honorar seien sie auch schnell handelseinig geworden. Die verabredeten Modalitäten sähen vor, dass der kriminelle Doktor sie mit seinem Wagen von Koserow abhole, in seiner Praxis die fruchtentfernende Ausschabung vornähme und sie anschließend wieder heimbringe. Deshalb, so vermutet Horst, habe sie Koserow heute Morgen in aller Frühe und klammheimlich in Richtung Greifswald verlassen. Lediglich eine kurze handschriftliche Notiz mit den Worten „entweder es klappt oder es klappt nicht!" habe sie für ihn zurückgelassen, und er wisse, was diese Mitteilung bedeute ...
Rudows seltsame Geschichte löst zwar bei der Schwiegermutter ungläubiges Erstaunen aus, doch ein kritisches Hinterfragen unterbleibt. Sie hält ihre Skepsis lieber zurück, will „mit solchen verbotenen Sachen" partout nichts zu tun haben. Ihre Sorge gilt allein dem Enkel, den sie mit den Worten: „Lass den Kleinen hier, bis Gabi wieder zurück ist", in liebevolle Obhut nimmt. Damit hat Horst sein Ziel erreicht und trabt erleichtert von dannen.

Der Tag geht zu Ende, ohne dass Gabriele heimkehrt. Als die Schwiegermutter am nächsten Morgen wissen will, wie es ihrer Tochter geht, kann Horst Rudow nur hilflos mit den Schultern zucken. Er muss vollen Einsatz zeigen, um die bestürzte Frau zu beschwichtigen und ihr Zuversicht zu demonstrieren, dass kein Grund für ernste Besorgnis vorliegt. Als auch dieser Tag ohne ein Lebenszeichen von Gabriele verstreicht, rechnet ihre Mutter bereits mit dem Schlimmsten, malt sich allerlei logische und abstruse Gründe für Gabrieles Fernbleiben aus und drängt Horst zur Erstattung einer Vermisstenanzeige. Doch Rudow mahnt zu weiterer Zurückhaltung, will noch ein paar Tage abwarten, um erst eigene Nachforschungen anzustellen und gibt vor allem zu bedenken, im Falle einer Anzeige der Polizei die Gründe für Gabrieles Fahrt nach Greifswald eingestehen zu müssen. „Wenn die das mit der Abtreibung wissen, haben sie nicht nur den Doktor, sondern auch uns am Arsch!" So gelingt es ihm, den Handlungsdrang der Schwiegermutter zu dämpfen.
Am Dienstag, dem 23. Mai, schließlich erscheint Horst Rudow am Tresen der örtlichen Polizeiwache, um das Verschwinden

seiner Frau anzuzeigen. Schonungslos erklärt er dem Diensthabenden: „Ich weiß, dass es verboten ist, aber Gabi wollte sich in Greifswald ein Kind wegmachen lassen."
Aber wo, wie und mit wessen Hilfe, das wisse er leider nicht. „Da muss irgendetwas schiefgelaufen sein, sonst hätte sie sich längst gemeldet", befürchtet er und jammert: „Hoffentlich hat sie sich nichts angetan!"
Ungeachtet der eigenen strafrechtlichen Konsequenzen schildert er dem Gesetzeshüter die Vorgeschichte ihres Verschwindens genauso wie zuvor seiner Schwiegermutter. Gewissenhaft protokolliert der Polizist den Sachverhalt und die Angaben zur Personenbeschreibung im Vordruck der Vermisstenanzeige. Horst Rudow muss ein Foto seiner Frau für Fahndungszwecke heranschaffen. Als der Polizist schließlich fragt, wo denn der Zettel mit Gabrieles letzter Mitteilung sei, bekennt Rudow kleinlaut, ihn wegen seines brisanten Inhalts gleich nach dem Lesen verbrannt zu haben. „Ich wusste ja nicht, dass der Brief einmal solche Bedeutung haben könnte!" Ohne die Miene zu verziehen, nimmt der Wachtmeister die Erklärung entgegen und sagt abschließend nur: „Wir kümmern uns um den Vorgang und informieren Sie sofort, wenn wir etwas wissen!"
Auch in der folgenden Woche meldet sich die Polizei nicht bei Horst. Er nimmt an, dass der Fall von den Ordnungshütern nicht sehr ernsthaft bearbeitet wird, weil Gabriele eine erwachsene Frau und kein kleines, hilfloses Kind ist und deshalb der polizeiliche Aufwand ziemlich gering bleibt. In Wirklichkeit ist die Polizei nicht untätig. Nur stecken die Nachforschungen in Koserow und der näheren Umgebung bald in einer Sackgasse. Auch der Versuch, Fahrzeuge mit Greifswalder Kennzeichen, die am 18. Mai frühmorgens auf der Fernverkehrsstraße 111 in Richtung Wolgast verkehrten, einigermaßen lückenlos zu erfassen, scheitert.
Am 29. Mai wird Horst Rudow überraschend von einem Polizisten aufgesucht, der sich in der ehelichen Wohnung umsehen will. Bereitwillig lässt er den Gesetzeshüter gewähren. Aber schon nach wenigen Minuten ist die Aktion beendet, und der ungebetene Gast geht. Später wird in einem kurz gefassten Protokoll zu lesen sein, dass die „Besichtigung der letzten Wohn- und Aufenthaltsräume der Vermissten keinen relevanten Hin-

weis" erbrachte.

Danach vergeht ein weiterer Monat, ohne ein Lebenszeichen von Gabriele einerseits, ohne eine Neuigkeit von der Polizei andererseits. Was Rudow allerdings nicht weiß: Die Ermittler im VPKA Wolgast haben inzwischen in Erfahrung gebracht, dass er seinerzeit in Unehren aus dem Polizeidienst entlassen wurde. „Fortgesetzter unmoralischer Lebenswandel, Alkoholgenuss im Dienst und exhibitionistische Handlungen in der Öffentlichkeit" waren der Grund für seine fristlose Entlassung – ein Vorgang, der nach außen nicht an die große Glocke gehängt wurde. Dieses bislang unbekannte, für die Einschätzung seiner Persönlichkeit jedoch wichtige Faktum führt zu der Vermutung, er könnte mit dem Verschwinden seiner Frau direkt zu tun haben. Die Polizei beginnt, sich für ihn zu interessieren.

Deshalb wird Rudow am Mittwoch, dem 19. Juni, im VPKA Wolgast von Mitarbeitern des Kommissariats III förmlich befragt. Unter anderem hält man ihm die Aussage seiner Schwiegermutter vor, nach welcher der von ihm in der Vermisstenanzeige beschriebene karierte Trägerrock seiner Frau unberührt im häuslichen Kleiderschrank hängen und aus dem Bestand seiner Haushaltswäsche ein Laken und ein Bettbezug fehlen würde. Rudow ist über die Unterstellung sehr aufgebracht, hält sie für pure Bosheit seiner Schwiegermutter, die ihn noch nie mochte.

„Die spinnt. Gabi hat zwei Trägerröcke, aber mit verschiedenen Mustern. Einen hatte sie an, der andere hängt im Schrank", verteidigt er sich.

Und was die angeblich fehlende Bettwäsche betrifft: In seinem Haushalt fehle nichts, das könne jederzeit überprüft werden. Dass er nun dazu Stellung nehmen muss, wäre nur ein Erfolg seiner bösartigen Schwiegermutter, die ihn schon immer „bei jeder Gelegenheit madig macht".

Weil die Kriminalisten seiner Rechtfertigung über das Zustandekommen eines solchen Verdachts im Augenblick nichts entgegensetzen können, wechseln sie das Thema. Denn er wird gefragt, warum er einigen Zeugen gegenüber abweichende Angaben über die Höhe des Geldbetrages macht, den seine Frau angeblich mitgenommen habe. Jedoch ist dieser Widerspruch in der Sache unbedeutend, denn er bestätigt bestenfalls seine Prahlsucht. Und da es so ist, entschuldigt sich Rudow augenblicklich: „Es stimmt, das war Mist, ich hab eben ein bisschen rumgesponnen." Damit haben die Kriminalisten alles verfügbare Pulver verschossen. So bleibt ihnen schließlich nichts weiter übrig, als ihn freundlich zu verabschieden, auch wenn das Misstrauen gegen ihn zurückbleibt.

Ein weiterer Monat vergeht. Inzwischen hat sich, wie es die Weisungen vorsehen, die Rostocker Mordkommission des Vermisstenfalls angenommen. Doch trotz allen Eifers der Kriminalisten gibt es immer noch keinen brauchbaren Hinweis über Gabrieles Verbleib. Und an die obskure Geschichte von der illegalen Schwangerschaftsunterbrechung und dem geheimnisvollen Doktor, der Gabriele unbemerkt abgeholt haben soll, glaubt niemand mehr, spätestens nachdem die gemeinsam mit der Greifswalder Polizei geführten Nachforschungen in dieser Richtung ins Leere gelaufen sind. Obwohl offiziell noch kein Ermittlungsverfahren gegen Horst Rudow läuft, befindet er sich längst im Visier der Fahnder, die bereits wegen Mordverdachts ermitteln. Allerdings gibt es keine Leiche, sind die Indizien mager, und überzeugende Beweise fehlen gänzlich. So stehen die Männer der Mordkommission vor der Alternative, entweder durch eine stabsmäßig geführte Suche das Opfer aufzuspüren oder abzuwarten, bis der Verdächtige den Verbringungsort verrät.
Zunächst aber setzen sie ihre Hoffnung auf die erste, eher offensive Möglichkeit. Die Umstände aber, unter denen eine Suchaktion stattfinden soll, sind alles andere als günstig. Denn auf der Koserower Landenge zwischen Ostsee und Achterwasser herrscht ebenso Badesaison wie auf dem Rest der Insel. Massen von Urlaubern tummeln sich an den Stränden, belagern die Zeltplätze oder flanieren im Naturschutzgebiet am Streckelsberg. Unter diesen Bedingungen wird am Montag, dem 29. Juli, das mehrere Quadratkilometer umfassende Gelände unter Beteiligung etlicher Freiwilliger systematisch abgesucht. Auch Spürhunde kommen zu Einsatz. Das Unternehmen gestaltet sich zu einer filmreifen organisatorischen Glanzleistung, wird allerdings nicht von Erfolg gekrönt.

Auch die Wohnung des Verdächtigen wird zeitweilig von Ermittlern okkupiert. Diesmal allerdings mit einer Durchsuchungsanordnung. Gabrieles Mutter ist Zeugin der Aktion. Horst Rudow verfolgt die Schnüffelei mit eiskalter Miene. Als ein Kriminalist die Textilien im Schlafzimmerschrank in kritischen Augenschein nimmt, zeigt sie spontan auf einen karierten Trägerrock: „Das ist er! Den soll Gabi angehabt haben, hat mein Schwiegersohn bei der Anzeige gesagt", ereifert sie sich.
Rudow ist sofort bei ihr und zischt giftig: „So'n Quatsch, der hier hat doch ein ganz anderes Muster!"
„Ich bin doch nicht verrückt!", wehrt sich die Frau, doch Rudow kontert respektlos: „Klar bist du's, reif für die Klapsmühle!"
Die Schwiegermutter fühlt ihre Machtlosigkeit und gibt auf.
Dieser kurze Zwischenfall wird von dem Polizisten aufmerksam registriert. Später macht er ihn zum Inhalt einer Aktennotiz für die Handakte des MUK-Leiters, weil sie vielleicht einmal von Bedeutung sein könnte.
Dann: An der Tapete im Schlafzimmer entdecken die Kriminalisten den mit Bleistift hingekritzelten Schriftzug: „Ich gehe weg, Gabi." Endlich eine Spur. Rudow ist erstaunt, meint nur: „Noch nie gesehen!" Gleich reicht man ihm Bleistift und Papier. „Wir brauchen eine Vergleichsprobe", sagt einer der Männer und diktiert einen Text, den Rudow mehrmals schreiben muss. Unterdessen fotografiert ein Kriminaltechniker den Schriftzug an der Wand, trennt ihn dann fein säuberlich aus der Tapete und deponiert beides in Plastiktüten. Dann wendet er sich an einen Ermittler: „Ich brauche noch ein paar Schreibleistungen der Vermissten, vielleicht den Lebenslauf aus der Kaderakte." Der Angesprochene weiß, was zu tun ist, und sagt: „Gut, hast du morgen!"
Ob die kurze Aktion für die Wahrheitsfindung bedeutungsvoll ist, wird sich erst nach dem Gutachten des Schriftsachverständigen herausstellen.
Insgesamt aber ist das Ergebnis der Durchsuchung ziemlich mager. Es bringt nicht den ersehnten Schwung in die Ermittlungen. Bis auf den ominösen Schriftzug auf der Tapete gibt es zur Zeit keinen Hinweis, keine konkrete Spur, die auf eine Tat hindeuten könnte, und nichts, was Rudow überzeugend belasten

könnte. Dennoch haben die Kriminalisten das Gespür, auf dem richtigen Erkenntnisweg zu sein.

Die nächste Arbeitsbesprechung des Untersucherteams gilt der Analyse der bisherigen Ermittlungsergebnisse. Berge von Protokollen werden gesichtet, sortiert, verglichen, bewertet. Doch die Bilanz ist wenig verheißungsvoll. Kein Opfer, kein Täter, nicht einmal Gründe für einen dringenden Verdacht. Doch die Kriminalisten wissen, dass der Aufdeckungsprozess bei Tötungsdelikten, die sich hinter Vermisstenfällen verbergen, meist mit sehr wenigen, oft unscheinbaren Informationen auskommen muss. Dieser Umstand erschwert die Festlegung konkreter Untersuchungsrichtungen und erfordert deshalb besonders breit angelegte Ermittlungen, aber auch die kritische Bewertung aller, selbst harmlos erscheinender Nebensächlichkeiten. Resignation und Ungenauigkeit wären in diesem Falle schlechte Ratgeber. Ungeachtet der offenen Frage nach der Urheberschaft der Bleistiftnotiz auf der Schlafzimmertapete fördert die Analyse der bisherigen Befragungen und der Vergleich mit den Einlassungen Rudows einige Ungereimtheiten zutage. Es sind nicht zu unterschätzende Aussagewidersprüche. Sie sollen zum Gegenstand der nächsten Vernehmung Rudows gemacht werden, denn ihre Klärung könnte die Ermittlungen durchaus wieder beschleunigen: Zum einen wurde Gabriele letztmalig am Pfingstsonntag, dem 14. Mai, gegen 20 Uhr in der Nähe des Kinos von zwei Zeugen gesehen. Darüber hinaus wurde bisher zu wenig Augenmerk darauf gelegt, dass sie seit Dienstag, dem 16. Mai, nicht mehr zur Arbeit im Ferienheim erschien, obwohl sie nur übers Pfingstwochenende frei hatte. Warum hat sich Rudow dazu nicht geäußert? Wie erklärt er die Differenz zwischen den zeitlichen Angaben der Zeugen und den eigenen Einlassungen?
Weiter: Hat Rudows Schwiegermutter möglicherweise das richtige Gespür, wenn sie darauf beharrt, der karierte Trägerrock im Kleiderschrank sei genau jener, den Horst Rudow bei der polizeilichen Anzeige beschrieb, weil ihn Gabriele am Morgen ihres Verschwindens getragen haben soll?
Und schließlich: Hinsichtlich der angeblich verschwundenen Bettwäsche hat die Frau in einer Folgevernehmung zwar einge-

räumt, sich womöglich geirrt zu haben, doch spricht der vermeintliche Irrtum keineswegs dagegen, dass die Erstaussage trotzdem der Wahrheit entspricht. Also, es gibt triftige Gründe, Horst Rudow vorzuladen, um diese Fragen zu klären.
So geschieht es auch. Im spartanisch eingerichteten, schallisolierten Vernehmungsraum sitzt er alsbald zwei Ermittlern der MUK gegenüber. Ein Tonbandgerät wird aufnahmebereit gemacht. „Nach unserem Erkenntnisstand besteht der dringende Verdacht, dass Ihre Frau nicht mehr lebt", beginnen sie das Gespräch. Sogleich wird ihm eröffnet, dass das bisherige Verfahren gegen Unbekannt umgewandelt wird in ein Verfahren gegen ihn. Rudow ist außer sich und verbittet sich die Unterstellung, er hätte mit dem Verschwinden seiner Frau zu tun. Hartnäckig verteidigt er seine Position, völlig unschuldig zu sein. Die Polizei solle gefälligst die Spur des unbekannten Doktors verfolgen, denn nur der wisse, was mit Gabriele passiert ist. Lediglich seine Passivität zum verbotenen Vorhaben seiner Frau gibt er zu und bereut aus tiefstem Herzen, sie insofern moralisch unterstützt zu haben. Rudow zittert am ganzen Leibe, während er redet. Schweißperlen bedecken seine Stirn, Tränen fließen, er schluchzt: „Niemals könnte ich Gabi was antun, niemals!"
Die Vernehmer lassen ihn gewähren. Sie zeigen sogar scheinbar Verständnis für seine vertrackte Situation und beruhigen ihn damit, dass das Ermittlungsverfahren ja nicht nur dem Nachweis seiner Schuld dient, sondern gleichzeitig auch allen Umständen, die ihn vom Schuldvorwurf entlasten. Aber nachdem sich Rudow gefasst hat, drängen sie: „Kommen wir zu der Kritzelei an der Schlafzimmertapete. Was können Sie dazu sagen?"
Rudow holt tief Luft, blickt genervt ins Leere und meint: „Was soll ich dazu sagen. Weiß der Teufel, wie lange das da schon steht. Vielleicht hat Gabi das geschrieben, als wir uns mal gekracht haben, ich war's jedenfalls nicht!"
Ohne sichtbare Regung nehmen die Männer die Antwort entgegen. Dann konfrontieren sie ihn mit den Widersprüchen. Erneut erbost er sich lautstark, ist wieder ganz der Alte. Doch immerhin bestätigt er die Wahrnehmung der beiden Zeugen, Gabriele letztmalig am Pfingstsonntagabend in der Nähe des Kinos gese-

hen zu haben. Dafür gäbe es einen plausiblen Grund, denn er habe eine Filmveranstaltung besucht, und seine Frau habe ihn anschließend dort abgeholt. Und auf den Vorhalt, Gabriele hätte bereits am Dienstag nach Pfingsten wieder arbeiten müssen, entgegnet er gelassen: „Ich hatte ja bis Freitag Urlaub, das wissen Sie doch. Gabi ist auch zu Hause geblieben. Mir jedenfalls hat sie gesagt, dass sie frei hat. Ich bleibe dabei, sie ist am Donnerstagmorgen von Zuhause weg, und wenn sie nach Pfingsten von anderen nicht mehr gesehen wurde, kann ich doch nichts dafür!" Schließlich kommt man auf den karierten Trägerrock zu sprechen. Rudow reagiert darauf wieder ziemlich grantig: „Lassen 'Se bloß die Alte aus dem Spiel. Dauernd will'se mir was anhängen mit ihrem Gequatsche. Erst das mit der Bettwäsche, jetzt das hier! Immer bin ich der Buhmann. Sie haben doch gesehen, Gabi hat genug Klamotten im Schrank, auch zwei karierte Röcke mit Trägern, aber unterschiedlichen Mustern. Noch mal: Einer hängt im Schrank, den anderen hatte sie an. Das war's, Ende der Vorstellung!" Rudow lehnt sich zurück, demonstriert Abwehrhaltung, indem er die Arme vor der Brust verschränkt und brabbelt kaum hörbar vor sich hin: „Ich sag jetzt gar nix mehr!"
Damit lassen es die Kriminalisten bewenden, und er darf gehen.

Einige Tage später liegt der Mordkommission das Ergebnis der Schriftanalyse über den Tapetentext vor. „Na, da klingen doch alle Glocken", resümieren die Ermittler zufrieden, denn es fällt besser aus, als erwartet. Zwar konnte nicht bestimmt werden, wann der Bleistifttext geschrieben wurde, und auch die Frage, ob Horst Rudow als Schrifturheber infrage kommt, war nur mit der Einschränkung „nicht sicher nachzuweisen" zu beantworten, doch gilt es als erwiesen, dass Gabriele den Text nicht geschrieben hat. Mit diesem wichtigen Indiz liegen nun ausreichende Fakten für die Begründung eines dringenden Verdachts gegen Rudow vor, um ihn endlich in Haft zu nehmen.

Der Begriff „Verdacht" wird für die Einleitung eines Ermittlungsverfahrens verwendet, „dringender" Tatverdacht begründet die Untersuchungshaft (im Gegensatz zum Begriff „hinreichender Verdacht", der sich auf das gerichtliche Verfahren bezieht).

Der dringende Tatverdacht setzt jedoch nicht voraus, dass der infrage stehende Sachverhalt bereits allseitig aufgeklärt wurde. Er bezieht sich lediglich auf den Grad des bestehenden Verdachts und nicht auf den Umfang der Aufklärung.
Mit der Bekanntgabe des Haftbefehls und der Begründung des dringenden Tatverdachts erfolgt die Belehrung des Beschuldigten darüber, dass innerhalb einer Woche gegen den Erlass des Haftbefehls Beschwerde eingelegt werden kann.
Er soll mit der Beschwerde seine Einwände gegen die Verhaftung vorbringen. Sie ist eine der rechtlich verbrieften „Garantien zur Gewährleistung der Gesetzlichkeit der Untersuchungshaft und steht im Zusammenhang mit den weiteren Möglichkeiten, insbesondere der ständigen Haftprüfung" (§§ 127, 305 ff. StPO der DDR, Lehrkommentar 1968). Es muss dabei aber berücksichtigt werden, dass der anwaltliche Beistand im Ermittlungsverfahren unter den Rechtsbedingungen der DDR durch „Sprechen und Korrespondieren mit dem in Untersuchungshaft befindlichen Beschuldigten" zwar möglich war, jedoch legte nach § 64 Abs. 3 StPO der Staatsanwalt eigenmächtig hierfür Bedingungen (z. B. nach ermittlungstaktischen Erwägungen) fest, die sicherten, dass „der Zweck der Untersuchung nicht gefährdet wird".
Mit anderen Worten: Faktisch war im laufenden Ermittlungsverfahren die Akteneinsicht für den Rechtsanwalt grundsätzlich ausgeschlossen. Die Formulierung einer Haftbeschwerde blieb allein Angelegenheit des Untersuchungsgefangenen.

Die Entscheidung für den Erlass eines Haftbefehls ist schnell getroffen. Am Freitag, dem 11. August, wird er vollzogen, als Horst Rudow an seinem Arbeitsplatz in der Schlosserei des Peenemünder Kraftwerks von zivilen Polizisten zum Mitkommen aufgefordert wird. Während der Fahrt zur Rostocker Untersuchungshaftanstalt verhält er sich mucksmäuschenstill und abwartend. Den Staatsanwalt jedoch, der gewissermaßen ihm zu Unehren das Empfangskomitee in der BdVP anführt, überschüttet er sogleich kübelweise mit Vorwürfen, dass man ihn zu Unrecht verdächtige, am Verschwinden seiner Frau schuldig zu sein, jedoch den wahren Täter, nämlich den unbekannten Arzt aus Greifswald, offenbar unbehelligt lässt und er nun dafür bluten

müsse. Ihn zu verhaften sei höchstes Unrecht, und er fordere, unverzüglich freigelassen zu werden. Der Staatsanwalt und die Männer der MUK sind aber von den sich ständig wiederholenden Verbalattacken wenig beeindruckt. Sie belehren ihn kurz und bündig über sein Recht, binnen einer Woche Beschwerde gegen den Haftbefehl einzulegen, fertigen dazu ein Protokoll und lassen ihn abführen.
Erst später, in der Stille und Trostlosigkeit des Verwahrraums, gewinnt Horst Rudow halbwegs seine Fassung zurück. Zwei lange Tage ist er dann der quälenden Erwartung ausgesetzt, ob man ihn zur Vernehmung holen wird. Gefangenenzählung, Freistunde und Essenfassen bilden die einzigen Abwechslungen. Ansonsten behelligt ihn niemand. Denn es ist Wochenendruhe, auch bei der Mordkommission – und erhöhte Einsatzbereitschaft. Weil sich nämlich am Sonntag, dem 13. August, der Tag des Mauerbaus zum sechsten Mal jährt, sorgt sich die Staatsmacht besonders aufmerksam um die öffentliche Ordnung und Sicherheit. So bleibt Rudow nichts weiter übrig, als abzuwarten. Allein in seiner Zelle gibt er sich endlosen Grübeleien hin. Am Montagmorgen aber drängt es ihn zur Offensive. Er will dem aufsichtsführenden Staatsanwalt eine geharnischte Haftbeschwerde schreiben und ersucht seine Bewacher um Papier und Bleistift. Natürlich gewährt man ihm diesen Wunsch, denn das Recht auf Beschwerde wird jedem Untersuchungshäftling zugestanden.

Mit den Worten „Werter Herr Staatsanwalt!" beginnt sein zweiseitiger Brief. Zunächst huldigt er pathetisch dem sozialistischen Arbeiter-und-Bauern-Staat und seiner führenden Partei, um schließlich dazu überzuleiten, dass er durch Verkettung unglücklicher Umstände unschuldig in den schweren Verdacht geraten ist, schuld am Verschwinden seiner Frau zu sein. Vehement wendet er sich gegen einen solchen Vorwurf. Die Untersuchungsorgane sollten lieber den wahren Schuldigen fassen, anstatt ihn zu verdächtigen. Ihn nun zu inhaftieren, empfindet er als bloße Willkür. Und abschließend schreibt er: „Ich habe bisher immer geglaubt, so etwas gibt es nur in Westdeutschland. Aber mit unserer sozialistischen Rechtspflege scheint es auch nicht weit her zu sein. Ich kann mit ruhigem Gewissen sagen, dass ich mit dem Verschwinden meiner Frau nichts zu tun habe. Deshalb fordere ich eine Aufhebung des Haftbefehls. Hochachtungsvoll! Horst Rudow."

Mit diesem Schriftstück will Rudow eigentlich eisernen Verteidigungswillen demonstrieren und seine Unschuld bekräftigen. Doch er verkennt die Folgen. Denn: Selbst wenn er unschuldig ist und demzufolge standhaft bei der Wahrheit bleibt, gibt es noch längst keine Garantie für eine positive Entscheidung seiner Haftbeschwerde. Unterdrückt er die Wahrheit aber durch Lüge, erweist sich seine Beschwerde dann als ein sicherer Schuss ins eigene Tor, wenn späterhin die Wahrheit feststeht.

Horst Rudow ist davon überzeugt, dass die Ermittler ihm nichts beweisen können. Auch hält er die gegen ihn gerichteten Indizien für wirkungslos. Er glaubt an den Erfolg seiner verbalen Kraftmeierei. Überheblichkeit versperrt ihm den kritischen Blick auf sich selbst. Auf seiner Pritsche liegend, malt er sich aus, wie die Polizei sich seinetwegen vergeblich anstrengt. Aber schon am Nachmittag des nächsten Tages wird er in die Realität zurückgeholt, als ihm der Staatsanwalt ungerührt mitteilt, dass die Haftbeschwerde als nicht begründet zurückgewiesen wird. Rudow will etwas entgegnen, doch der Herr des Verfahrens lässt sich auf keinen Dialog ein. Er hat es eilig, muss zu einer Gerichtsverhandlung. Stattdessen wird Rudow in ein Vernehmungszimmer geführt, wo ihn der Ermittler der MUK, Oberleutnant Walter Gruber, ein frühzeitig ergrauter, bedächtiger Mittvierziger, gleich mit den Worten empfängt: „Na, Rudow, den Zwergenaufstand hätten Sie sich sparen können."

Mit einer Handbewegung deutet er dem Beschuldigten an, auf dem Stuhl vor dem Schreibtisch Platz zu nehmen. Rudow setzt sich, tastet mit unsicherem Blick den Raum ab. Der Mann hinterm Schreibtisch blättert gerade in einer Akte und bemerkt beiläufig: „Ich hoffe, Sie hatten übers Wochenende genug Zeit, sich auszuruhen. Wir beide haben nämlich heute noch 'ne Menge vor, vielleicht 'ne Nachtschicht. Wie lange wir hier sitzen, liegt ganz bei Ihnen. Denken Sie mal in Ruhe darüber nach." Rudow darf sich eine Zigarette anzünden und einen Kaffee trinken. Dann legt Gruber die Akte beiseite und hantiert an einem

Magnettongerät Typ „Qualiton", ein für polizeiliche Zwecke gebräuchlicher Apparat ungarischer Herkunft.
Horst Rudow ist ganz still geworden. Plötzlich blickt ihn der Kriminalist eindringlich an und meint in ruhigem, fast kameradschaftlichem Ton: „Junge, Junge, Sie müssen sich doch klar darüber sein, nicht die geringste Chance zu haben, aus dieser Sache rauszukommen. Es hat doch keinen Sinn, uns ein Märchen nach dem anderen aufzutischen. Solche Mätzchen wie Ihre Haftbeschwerde bringen doch nichts! Sagen Sie klipp und klar die Wahrheit, dann haben Sie vor Gericht einen Bonus, sonst beweisen Sie doch nur, dass Sie nicht zu Ihrer Tat stehen und nichts bereuen."
Still ist es in dem Vernehmungsraum. Gruber lässt seinem Gesprächspartner Zeit zum Überlegen, fast eine Minute lang. In Rudows Hirn kreisen die Gedanken. Unmöglich, sie zu ordnen. Beinahe unbewusst, wie verzweifelt, sagt er plötzlich: „Mich versteht ja sowieso keiner."
Gruber wiegt nachdenklich mit dem Kopf und redet ihm zu: „Denken Sie das nicht! In der Situation, in der Sie sich jetzt befinden, bin ich der Einzige, der vor allem jede Menge Zeit und Verständnis für Sie hat. Und das, solange Sie wollen. Ich verurteile Sie nicht, auch wenn ich nicht nachvollziehen kann, was Sie getan haben. Wenn Sie also mit mir reden wollen, sagen Sie die Wahrheit, dann können wir in aller Ruhe die Gründe erörtern, die Sie zu der Tat getrieben haben. Ich weiß, Sie befinden sich in einer schrecklichen Zwangslage, aus der Sie irgendwie heraus müssen. Mit Leugnen oder Schweigen schlittern Sie nur noch tiefer in den Schlamassel."
Rudow sitzt, in sich gekehrt, zusammengesunken auf seinem Stuhl. Es ist ihm anzusehen, wie sein Hirn arbeitet, wie er gedanklich durchspielt, welche Lebensperspektive vor ihm liegt. Er bemerkt nicht, wie durch die Kraft der sanften Argumente seines Gegenübers die Verteidigungsmauer Stein für Stein abgebaut wird und wie er widerspruchslos jetzt sogar Äußerungen hinnimmt, die vor Kurzem noch ungezügelte Abwehr bei ihm ausgelöst hätten.
Eine weitere Pause. Gruber lässt ihn noch immer gewähren. Nach einer Weile fragt er behutsam: „Und, wollen wir reden?"

Wieder folgt ein Moment der Besinnung, dann signalisiert Rudow, bereit zu sein: „Also gut, fragen Sie!"
Endlich. Rudows spontaner Entschluss, Fragen beantworten zu wollen, ist ein deutlicher Hinweis dafür, dem psychischen Druck der letzen Zeit nicht mehr standzuhalten und den Widerstand aufzugeben. Es ist ein erster vorsichtiger Schritt auf dem steinigen Weg zur Wahrheit. Aber Oberleutnant Gruber ist wachsam, denn hinter Rudows plötzlichem Verhaltenswandel könnte sich auch eine neue, subtilere Verteidigungsvariante verbergen. Dennoch ist er zufrieden. Jetzt spricht er ins Mikrofon: „Dienstag, der 15.8.1967. Aus der UHA Rostock vorgeführt erscheint der Beschuldigte Horst Rudow, weitere Personalien bekannt. Beginn der Vernehmung 16.20 Uhr ..."
Es folgt ein langes Gespräch, ruhig, sachlich, mit gebändigten Emotionen. Zunächst erörtern die beiden alle denkbaren Möglichkeiten für Gabrieles Verschwinden, welche über die von Rudow vorgebrachte Variante hinausgehen. Es ist ein beklemmendes Gedankenspiel, dessen hintergründigen Sinn nur Gruber kennt. Sie unterhalten sich auch darüber, warum nach Lage der Dinge Gabriele eigentlich nicht mehr am Leben sein kann. Immerhin ist sie vor mehr als drei Monaten unter sonderbaren Umständen verschwunden, und die polizeilichen Ermittlungen blieben bisher ohne Erfolg. Gruber tastet sich auf diese Weise unauffällig an das Innenleben Rudows heran, studiert dessen Ausdrucksverhalten, Bewusstseinslage und Intelligenz. Nur nebenbei interessiert ihn, warum, wann und wie Gabriele zu Tode kam. Er weiß, dass dieser Vernehmung noch etliche weitere folgen werden, in denen derlei Fakten in der Tiefe ausgelotet werden. Absoluten Vorrang hat jetzt die Frage „Wo ist Gabrieles Leiche?" Und die kann nur Rudow beantworten. Nur allein das Auffinden der Toten ermöglicht klare gerichtsmedizinische Befunde. Und diese wiederum sind die einzigen Prüfkriterien für Rudows weitere Aussagen hinsichtlich der objektiven Seite des Todes seiner Frau. Gruber wechselt mit einem Mal das Thema und spricht lang und breit mit ihm über den Tod an sich und die üblichen Rituale einer Bestattung, um den Beschuldigten schließlich zu veranlassen, seine Gedanken darüber zu äußern, wie er Gabriele bestatten würde, wenn man sie fände.

Und mitten in Rudows langer Antwort, in der er erklären will, dass Gabrieles verstorbener Vater irgendwo auf einem Friedhof in Wolgast oder Zinnowitz bestattet wurde, und dort ein geeigneter Platz wäre, schießt Gruber plötzlich eine unerwartete Frage auf ihn ab: „Und wo liegt sie jetzt?"
Rudow ist so perplex, dass er ohne weiteres Nachdenken sagt: „Im Wasser!"
Der Vernehmer lässt ihm keine Zeit zum Überlegen und hakt sofort nach: „Wo im Wasser?"
„Im Koserower Achterwasser", antwortet Rudow wie benebelt. Gruber holt aus der Schreibtischschublade eine Landkarte von der Insel Usedom hervor, breitet sie aus und fordert ihn auf: „Wo genau!" Rudow tippt mit dem Zeigefinger auf die vermeintliche Stelle: „Hier ungefähr."
Als Gruber dazu mehr wissen will, meint der Beschuldigte: „Die findet keiner. Die liegt auf dem Grund. Metertief. Ich habe sie mit Steinen beschwert." Der Polizist verzieht keine Miene, doch ganz im Innern ist er zufrieden.
So verläuft die erste, große Vernehmung auch am Schluss unverändert sachlich wie zu Beginn. Gruber hat die taktische Entscheidung, in dem gewagten Dialog den Gebrauch solcher Begriffe wie „Mord", „Leiche", „Täter", „Opfer" oder „Tat" tunlichst zu vermeiden, nicht bereut. Sie wären von Rudow vermutlich als Vorwurf oder Angriff missverstanden worden und hätten seine Widerstandsenergie erneuern können. Gleichermaßen hat der Kriminalist Vorhaltungen unterlassen, auch wenn sie berechtigt waren. Unter keinen Umständen sollte die günstige, wenngleich sehr störanfällige Gesprächssituation beeinträchtigt werden. Und Rudow hingegen hat sich ohne offenkundiges Sicherungsbestreben an dem Gespräch beteiligt und sich ruhig und besonnen verhalten. Nur die roten Flecken an seinem Hals haben höchste innere Anspannung signalisiert.
Damit ist das Etappenziel erreicht: Horst Rudow hat preisgegeben, wohin er seine tote Gattin verbracht hat.
Als die Morgendämmerung Rostocks Himmel erhellt, wird die Vernehmung unterbrochen. Beide Männer sind erschöpft und müde. Gruber lässt den Untersuchungsgefangenen zurück in seine Zelle bringen. „Schlafen Sie sich aus", ruft er ihm nach.

Geschafft. Nur noch ein kurzer Besuch in der Einsatzzentrale der BdVP, um Suchkräfte und Taucher zu mobilisieren, die am frühen Nachmittag an der von Rudow bezeichneten Stelle in Koserow zum Einsatz kommen sollen. Dann endlich gönnt auch er sich einige Stunden Schlaf.

Was zu dieser Zeit niemand vermuten oder wissen kann: Als Rudow im Vernehmungszimmer der MUK Rostock seine ersten zaghaften Eingeständnisse über den Verbleib des Leichnams seiner Frau macht, greift hundertfünfzig Kilometer entfernt ein wundersamer Zufall in die Geschehnisse ein. Denn vom ufernahen Achterwasser bei Koserow meldet sich Gabriele zurück, in dem ihr Leichnam im wahrsten Sinne des Wortes aus der Versenkung auftaucht und auf diese sonderbare Weise die Angaben ihres Gatten bestätigt.

Die angeforderten Suchtrupps und Taucher gelangen folglich nicht zum Einsatz, weil der im Wasser treibende Leichnam bereits am Morgen entdeckt, geborgen und umgehend in das Gerichtsmedizinische Institut Greifswald überführt wurde. Dort widmet sich der Chef des Hauses, Prof. Scheibe, sofort und mit voller beruflicher Hingabe Gabriele Rudows sterblichen Überresten. Weil der Leichnam aber erhebliche Zersetzungserscheinungen aufweist, bleiben die Befunde eher bescheiden: Sicher ausgeschlossen werden jedoch knochenverletzende Gewalteinwirkungen. Hingegen können entweder Stichverletzungen zu einer Verblutung geführt haben oder aber ein Drossel- bzw. Würgemechanismus verursachte den Tod. Da der Leichnam in eine Decke gewickelt und mit einer Wäscheleine fest verschnürt war, bekräftigt allein dieser Umstand den Verdacht eines Tötungsverbrechens.

Die schlagartig veränderte Untersuchungssituation verleiht den Männern in der MUK einen neuen Motivationsschub, der das Räderwerk der Ermittlungen schnell wieder auf Touren bringt. Denn jetzt sind zielgerichtete Untersuchungen möglich.

Als Rudow in der nächsten Vernehmung vom Fund der Leiche seiner Frau erfährt, ist er so beeindruckt, dass er sogleich eingesteht, Gabriele erwürgt zu haben. Auch im weiteren Verlauf des Ermittlungsverfahrens bleibt er durchweg gesprächsbereit und bemüht, die Vorgänge, die zum Tod seiner Frau geführt haben, von seinem Standpunkt aus wahrheitgemäß zu beschreiben. Natürlich bedenken die Ermittler, dass er bezüglich des engeren Tatgeschehens gewissermaßen als einziger Zeuge in eigener Sache aussagt. Seine Einlassungen sind daher nicht frei von subjektiven Färbungen, Rechtfertigungen und Schuldzuweisungen. Um diesen Makel möglichst gering zu halten, unterstützen geeignete Überprüfungen die Verifizierung seiner Aussagen auf indirektem Wege. Auf diese Weise lassen sich die folgenden Vorgänge rekonstruieren:

Bereits seit der Heirat vor zwei Jahren waren Rudows chronische Seitensprünge und sein Alkoholmissbrauch ein ständiger Grund für eheliche Auseinandersetzungen. Gabriele wollte nicht hinnehmen, dass er neben ihr auch „andere Frauen braucht". Auch seine Alkoholexzesse vergifteten das innereheliche Klima. Dennoch gab sie immer wieder klein bei, buhlte mit allen Mitteln um seine Gunst. Die immer heftiger werdenden Streitereien einerseits und ihre unterwürfigen, erotischen Anbiederungen andererseits wurden ihm mit der Zeit so zuwider, dass er sie zu hassen begann und sich zur Scheidung entschloss. Er wollte frei sein, das Leben genießen und nicht in der Eingeengtheit einer familiären Bindung an der Seite einer ungeliebten Frau verkümmern. Doch erneut gelang es der Gattin dank erotischer Überzeugungskraft, ihn von seinem Vorhaben abzubringen und den Scheidungsantrag zu annullieren. Bis zu diesem Zeitpunkt schlüpfte er also hin und wieder auch unter die Bettdecke seiner ungeliebten Frau, freilich nur, um sich sexuell abzureagieren. Doch ab März 1967 veränderte er sein Verhalten. Einerseits zeigte er sich von nun an auffällig freundlich, andererseits verweigerte er Gabriele jeglichen körperlichen Kontakt, obgleich sie ihre Annäherungsversuche unbeirrt fortsetzte. Er schlief fortan getrennt von ihr auf der Wohnzimmercouch. Längst beschäftigte ihn der teuflische Gedanke, wie er sie aus dem Weg räumen könnte, ohne verräterische Spuren zu hinterlassen. Zur Kaschierung seiner Tat sollte die Polizei sogar auf eine falsche Fährte gelockt werden, die unweigerlich in die Irre führt. Und was die Tötung selbst betrifft, wollte er Blutspuren unbedingt vermeiden. Kurzzeitig dachte er daran, Gabriele zu vergiften, nahm aber

mangels Beschaffungsmöglichkeit bald wieder Abstand davon. Eine weitere Überlegung war, sie bei einem Spaziergang die Brandungsmauer am Streckelsberg hinunterzustoßen. Doch auch diese Idee verwarf er wieder. Schließlich entschloss er sich, Gabriele zu erwürgen. Er hielt es für die am wenigsten spurenverursachende, sicherste Methode. Anschließend sollte der Leichnam irgendwo im Meer versenkt werden. Sein Plan sah vor, die arbeitsfreien Tage über Pfingsten für die Realisierung dieses todbringenden Vorhabens zu nutzen.
Am 14. Mai, Pfingstsonntag, kam es gegen Abend aus nichtigem Anlass wieder zu einem heftigen Streit zwischen den Eheleuten. Horst Rudow hatte ihn bewusst ausgelöst, spielte nun den Beleidigten, erneuerte sein Scheidungsverlangen und verließ mit den Worten: „Du kotzt mich an, ich geh jetzt ins Kino", entrüstet das Haus, während Gabriele verzweifelt heulend zurückblieb. In ihm tobten der Hass und der ungezügelte Gedanke, sie sich vom Halse zu schaffen, gewaltsam und schnell. Die nächste sich bietende Gelegenheit wollte er dazu nutzen. Für eine vernünftige Lösung war längst kein Platz mehr in seinem Hirn.
Rudow ging an diesem Abend tatsächlich ins Kino. Der Indianerfilm „Die Söhne der großen Bärin" weckte sein Interesse nach Ablenkung. Nach der Vorstellung überraschte ihn Gabriele am Kinoausgang. Sie wollte sich wegen des Streits entschuldigen und ihn bitten, bei ihr zu bleiben. In sattsam bekannter Art umgarnte sie ihn wieder. Doch diesmal hielt er aus taktischen Gründen seine Abneigung zurück und zeigte stattdessen eine scheinbare Bereitschaft für Versöhnung, vor allem aber für Intimitäten. So flanierten sie in äußerlicher Eintracht heimwärts, und so wurden sie auch von Zeugen wahrgenommen.
Zu Hause angekommen stellte Gabriele mit Genugtuung fest, dass der Gatte sein auf dem Wohnzimmersofa deponiertes Bettzeug wieder ins eheliche Schlafgemach zurückbrachte. Als er sich dann flugs entkleidete und unter der Decke verschwand, konnte sie dies nur als untrügliches Zeichen seiner Kopulationsbereitschaft deuten. Nur noch ein prüfender Blick auf das schlafende Kind, dessen Bettchen nur eine Armlänge vom Ehebett entfernt stand, dann warf auch sie, in jeder Weise erregt, ihre Kleider von sich und folgte ihm. Horst kroch wortlos zu ihr her-

über, legte sich auf sie, umschloss mit seinen kräftigen Händen blitzschnell ihren Hals und drückte zu. Minutenlang lag er auf ihrem Körper und löste seinen Griff erst, als er bei ihr kein Lebenszeichen mehr wahrnahm. Dann stand er auf, zog die Decke vom Körper seiner Frau und hängte sie als Blickfang über das Kinderbettchen. Er ging in die Küche, goss in einem Zug eine Flasche Bier in sich hinein und rauchte, beherrscht von einem sonderbaren, beängstigenden Gefühlswirrwarr aus tiefer Zufriedenheit, plötzlicher Einsamkeit und innerer Leere. Trotzdem glaubte er, sich und das eben Geschehene rational zu beherrschen. Es war ein Irrtum. Denn entgegen früherer Überlegungen, Blutspuren tunlichst zu vermeiden, ergriff er plötzlich ein Fahrtenmesser, kehrte zurück ins Schlafzimmer und versetzte der Leblosen mehrere tiefe Stiche in die Herzgegend und in den Hals. „Ich wollte ganz sicher sein, dass sie tot ist." Diese postmortale Attacke hatte nur zu verhältnismäßig geringem Blutaustritt aus Gabrieles Körper geführt, dennoch wurden Decke und Laken beschmutzt. Rudow zog die blutbefleckten Textilien vom Bett, legte sie sicher ab, um sie einen Tag später unbemerkt zu verbrennen. Dass ihn seine argwöhnische Schwiegermutter wegen der fehlenden Wäsche später in Schwierigkeiten bringen würde, konnte er nicht ahnen. Sorgfältig überprüfte er danach die Matratze und war zufrieden, darauf keine Blutspuren zu entdecken. Dann wickelte er den Leichnam in eine alte Decke und verschnürte ihn mit einer Wäscheleine zu einem festen Paket, das er unter dem Ehebett verstaute. Er legte sich wieder aufs Bett und schlief, bis das Kind erwachte. Fast drei Tage lang lebte er unauffällig mit dem kleinen Sohn zusammen. Er überließ ihn tagsüber der Obhut in der Krippe. Ansonsten kümmerte er sich um ihn, so gut er es vermochte. Währenddessen lag die Leiche seiner Frau unterm Ehebett.

Im Schutze der Nacht vom 17. zum 18. Mai bugsierte er die grausige Fracht schließlich mittels eines Fahrrads unbemerkt zum Ufer des Achterwassers und stürzte sie in die Fluten. Sodann steckte er sich eine Zigarette an und wartete, bis der Leichnam unterging. Vergeblich. Er versank nicht, sondern trieb an der Oberfläche des Wassers. Voller Angst, dass die Leiche aufs offene Meer hinausgetragen werden könnte, suchte Rudow hastig einen geeigneten Ast, mit dessen Hilfe es gelang, das schwere Bündel wieder ans Ufer zu hieven. Er fand in der Umgebung einige schwere Steinbrocken, band sie an der Verschnürung des triefnassen Pakets fest, und ließ es wieder ins Wasser. Dann sah er, wie der Leichnam in der Tiefe verschwand. Einigermaßen beruhigt kehrte er nach Hause zurück, ohne jemals damit zu rechnen, dass die Kraft des Wassers den steinernen Ballast irgendwann von der Verschnürung lösen könnte. Nachdem Rudow sich ausgeruht hatte, versorgte er seinen Sohn, brachte ihn zu seiner Schwiegermutter und tischte ihr die fantastische Legende von Gabrieles geheimnisvollem Schwangerschaftsabbruch in Greifswald auf, derentwegen sie angeblich frühmorgens unbemerkt das Haus verließ.

Später, als die Schwiegermutter ihn zur Erstattung einer Vermisstenanzeige drängte, präsentierte Rudow auch der Polizei diese Mär. Um dabei glaubhafte Angaben zur Bekleidung Gabrieles zu machen, hatte er jedoch aus Ratlosigkeit den karierten Trägerrock beschrieben, der ungetragen im Kleiderschrank hing. Diese unbedachte Äußerung hielt er spätestens von dem Tage an für einen Riesenpatzer, als seine Schwiegermutter ihn mit ihrer diesbezüglichen Verdächtigung erstmals in Bedrängnis brachte.

Die im Hintergrund der Vernehmungen Rudows ablaufenden Ermittlungen gelten nicht allein der Überprüfung seiner Aussagen. Sie legen zusätzlich auch bislang unbekannte, kriminologisch wichtige Details aus seiner Biografie frei, die im Vorfeld des Todes von Gabriele zeitlich zwar weit zurückliegen, aber entscheidenden Einfluss auf seine Entwicklung zur Mörderpersönlichkeit hatten.

Die polizeilichen Nachforschungen in seiner ehemaligen VP-Dienststelle, bei seinem ersten Arbeitgeber, dem VEB Schiffbau- und Reparaturwerft Stralsund, die Überprüfung seiner Personalakten, die Befragung etlicher Personen aus seinem früheren und gegenwärtigen Umfeld und die psychiatrische Begutachtung Rudows ergeben ein halbwegs geschlossenes Bild des psychischen und situativen Bedingungsgefüges, das schließlich den Mord entscheidend begünstigte.

Über Horst Rudows Herkunft ist nur bekannt, dass seine Eltern einfache, fleißige und odentliche Menschen sind, zu denen er seit Abschluss der Lehre nur noch sehr losen Kontakt unterhält. Nach seiner Schilderung verlebte er bei ihnen jedoch eine unauffällige, unbeschwerte Kindheit. Mit 17 Jahren renommiert er unter seinesgleichen als Frauenheld. Häufig wechselnde, oberflächliche, unkritische Partnerschaften prägen diese Zeit. Zu echter emotionaler Bindung unfähig, bestimmen immer stärker die sexuellen Impulse sein Leben, die ihn schließlich wie eine Sucht beherrschen. Auch der Alkohol wird dabei zu einem wichtigen Begleiter.

Der Anblick weiblicher Brüste versetzt ihn mitunter in eine solche Erregung, dass er sich durch exhibitionistische Praktiken in der Öffentlichkeit abreagieren muss. Einer Festnahme kann er sich jedoch durch geschickte Flucht entziehen. Obwohl sich die Anzeigen mehren, bleiben die polizeilichen Ermittlungen erfolglos. So bleibt er trotz ausgelöster Fahndung unbekannt und unentdeckt. Dieser Umstand macht ihn einerseits verhaltenssicher und begünstigt den Wunsch nach Fortsetzung, andererseits führt er mit der Zeit dazu, Frauen auf pure Objekte seiner Lust zu reduzieren. Eklatanter Höhepunkt dieser verhängnisvollen Entwicklung ist eine gewaltsame Notzucht, die er als Neunzehnjähriger an einer unbekannten, jungen Frau verübt. Er schlägt ihr hinterrücks eine Eisenstange auf den Kopf, fügt ihr dadurch lebensgefährliche Verletzungen zu und befriedigt sich auf brutalste Weise an ihr. Wieder verschwindet er als unbekannter Täter im Hintergrund, und die polizeilichen Ermittlungen verlaufen schließlich im Sande. Drei Monate nach dem sexuellen Gewaltakt wird das Verfahren wegen „Nichtermittlung des Täters" vorläufig eingestellt. Mit dieser latenten Vorgeschichte wird er im Jahre 1964 arglos bei der VP eingestellt, bis drei Jahre später sein Rausschmiss erfolgt. Erst der Mord an seiner Frau stoppt Horst Rudows kriminelle Karriere.

Ein halbes Jahr nach Gabrieles gewaltsamem Tod ist der Fall umfassend aufgeklärt. Als am Ende der Ermittlungen ein psychiatrisches Gutachten Rudows volle strafrechtliche Verantwortlichkeit bestätigt hat, kann die mehrbändige Akte geschlossen werden. Nun haben Staatsanwalt und Richter das Wort.

Der 1. Strafsenat des Bezirksgerichts Rostock gelangt nach mehrtägiger öffentlicher Sitzung im Namen des Volkes zu dem Urteil:
„Der Angeklagte wird wegen Mordes – Verbrechen nach § 211 StGB – zu lebenslangem Zuchthaus verurteilt. Ihm werden die bürgerlichen Ehrenrechte auf Lebenszeit aberkannt. Die Auslagen des Verfahrens hat der Angeklagte zu tragen."

Der Polizistenmord von Gera

Aktenzeichen BS-Amt SDAG Wismut Tgb.-Nr. 103/79
Aktenzeichen 2. Strafsenat Bezirksgericht Gera 2 BS 7/80

Donnerstag, der 14. Juni, gegen 3.30 Uhr. In der Notrufzentrale der Geraer Feuerwehr läutet das Telefon. Ein aufgeregter Hausbewohner meldet einen Wohnungsbrand in der Ernst-Toller-Straße 14, graue, beißende Rauchwolken würden aus einer Wohnung des ersten Obergeschosses dringen. Andere aufgeschreckte Nachbarn versammeln sich vor der Wohnung. Rasch sind die Floriansjünger zur Stelle. Sie wissen, was zu tun ist, dringen in das Einraum-Appartement. Gleich auf dem Korridor die ersten, routinierten Handgriffe: Sicherungen raus und Gaszufuhr sperren! Dann weiter zur Brandquelle im Wohnzimmer. Qualm versperrt die Sicht. Nur undeutlich erkennbar ein Schwelbrand an einer Liege, aber auch an einem Stuhlsessel und am Wohnzimmerschrank. Feuerlöscher kommen zum Einsatz. Gleich drei Brandquellen an verschiedenen Orten? Das ist ungewöhnlich und verdächtig. Ein Feuerwehrmann öffnet die Fenster, der Rauch zieht ab. Schnell ist der Blick frei. Da, hinter dem rauchenden, stark verkohlten Sessel liegt ein mit Socken, Hose und Turnhemd bekleideter, regloser Mann. Ein Feuerwehrmann versucht es mit erster Hilfe, doch der Mann zeigt kein Lebenszeichen. Über Funk wird ein Notarzt angefordert, der kurz darauf erscheint. Die Diagnose erfolgt schnell, der Mann zeigt zwar noch Körperwärme, aber er ist tot. „Nicht länger als ein, zwei Stunden", ist die sachliche Feststellung des Mediziners. Spuren von Gewalt am Körper des Toten sind augenscheinlich nicht zu entdecken. Woran der Mann gestorben ist, bleibt unklar. Also verdächtiger Todesfall mit schwer feststellbarem Sachverhalt. Ist der Tote der Wohnungsinhaber? Sogleich wird jener Nachbar, der die Feuerwehr alarmiert hat, hereingebeten, um ihn zu identifizieren:
„Ja", antwortet der Nachbar sicher, nachdem er ins Gesicht des Toten geblickt und sich neugierig im Zimmer umgesehen hat, „das ist Herr Langloff. Junggeselle, ein komischer Heiliger. Er

wohnt allein hier, arbeitet wohl beim Betriebsschutz der Wismut, glaube ich. Wenn Sie mehr wissen wollen, ich wohne nebenan in der 116. Reinhold mein Name ..."
Mit einem „Danke, Sie können gehen", komplimentiert einer der Feuerwehrmänner den redseligen Nachbarn wieder aus der Wohnung, ehe er sich an seinen Kollegen wendet: „Wir warten jetzt auf die K!" Und das bedeutet: Einsatz der Kriminalpolizei, genauer gesagt, der MUK.
Unterdessen sehen sich die Feuerwehrleute in der Wohnung um. Fest steht, vor kurzem müssen sich hier mehrere Personen aufgehalten haben. Denn: Auf dem Tisch stehen leere Wein- und Bierflaschen, verschiedene Gläser, Aschenbecher, gefüllt mit Zigarettenresten. Es sind untrügliche Relikte eines Trinkgelages. Auch sonst herrscht eine ziemliche Unordnung im Raum. Schränke und Behältnisse sind geöffnet, scheinen durchwühlt worden zu sein. Papiere, Kleidung und allerlei Utensilien liegen auf dem Fußboden herum. Im Flur steht ein kleines Regal mit leeren Bierflaschen. Am Garderobenständer, fein säuberlich über einem Kleiderbügel, hängt neben einem grauen Jackett die Uniformjacke eines Polizisten, Dienstgrad VP-Hauptwachtmeister. Auf der Hutablage zwei Polizeidienstmützen, jeweils darin ein Etikett mit dem Namen „L. Langloff". Der Name stimmt mit dem auf dem Klingelschild der Wohnungstür überein. Als die Brandbekämpfer schließlich die Kochnische inspizieren, stellen sie mit ziemlichem Schrecken fest, dass beide Gerätehähne des Gaskochers geöffnet sind. Wie gut, dass die Männer beim Betreten der Wohnung die Gaszufuhr routinemäßig gesperrt haben, denn bis zu diesem Zeitpunkt ist ungehindert Gas ausgeströmt und hätte leicht zu einer Katastrophe führen können. Glückliche Umstände haben verhindert, dass die Kraft des Schwelbrandes nicht ausreichte, das Gas zur Explosion zu bringen.
Es dauert nicht lange und Oberleutnant Kleinsteuber (35), Bereitschaftsdienst der MUK, erscheint vor Ort, um die Lage einzuschätzen und für die folgenden Ermittlungen entsprechende Kräfte und Mittel planen zu können. Ein kurzer Bericht der Feuerwehrleute, ein ebenso langer Dialog mit dem Arzt und ein geschulter Rundblick durch die Wohnung genügen, um in der Einsatzzentrale der BdVP das Ergebnis seiner Prüfung zu

melden: Zwei Gründe sprechen für einen Großeinsatz der MUK. Zum einen geht es um den nicht natürlichen Todesfall eines Polizisten. Ihn zu untersuchen, würde nach den entsprechenden Weisungen die Kompetenz eines regionalen Leichensachbearbeiters überschreiten, weshalb die Sache der zuständigen MUK übergeben werden muss, selbst wenn kein Tötungsdelikt begangen wurde. Im vorliegenden Fall liegt aber zusätzlich ein solcher Verdacht vor, denn die offenstehende Wohnungstür, überzeugende Spuren eines Gelages, durchwühlte Schränke und Behältnisse sowie drei Brandstellen sprechen für sich. Es gibt also ausreichende Gründe für einen Einsatz der MUK ...

Reichlich zwölf Stunden zuvor: Etwa 230 Kilometer nordöstlich von Gera, auf dem Fernbahnsteig des Bahnhofs Luckenwalde, der Kreis- und Industriestadt am Flüsschen Nuthe, lümmeln zwei junge Männer in ziemlich schmuddeligem Outfit, so um die zwanzig, gelangweilt und stumm auf einer Bank. Der eine, schlank, mit schulterlangem, dunklem Haar, der andere stämmiger als sein Kumpan, einen halben Kopf kleiner, aber mit ebensolcher Haarpracht. Sie warten auf den Personenzug nach Leipzig, planmäßige Abfahrtszeit 6.25 Uhr. Außer ihnen halten sich zu dieser frühen Stunde nur einige Pendler auf dem Bahnsteig auf.
Nach einer Weile fragt der Kleinere: „Haste noch 'ne Lulle?"
Der Angesprochene fingert aus der Tasche seiner verschlissenen Windbluse eine leicht zerdrückte Schachtel „Juwel", entnimmt eine Zigarette, reicht die noch halb volle Schachtel dem anderen und fragt: „Wie viel Knete hast'n noch?"
„Vier Mark. Gut, dass wir die Fahrkarten haben", antwortet dieser, „wir müssen uns wieder was klemmen". Damit deutet er an, dass sich die beiden auf unlautere Weise finanziellen Nachschub verschaffen wollen.
„Nachher im Zug!", meint der erste zuversichtlich.
Nach diesem kurzen Wortwechsel stellen sie ihre Konversation ein und paffen genüsslich an ihren Glimmstängeln. Einige Zeit später. Ein älterer Mann torkelt schwerfällig heran und lässt sich auf einer Nachbarbank nieder. Die beiden jungen Männer blicken sich kurz an, einer raunt: „Der ist ja hackevoll!"

Der andere erhebt sich und gibt seinem Kumpel mit einer Kopfbewegung zu verstehen, ihm unauffällig zu folgen. Sekunden später sitzen sie dicht bei dem alkoholisierten Alten, der offensichtlich schlafen will. Ärgerlich brabbelt er: „Was is'n? Lasst mich in Ruhe", als der Größere ungehemmt dessen Taschen durchsucht, während der andere wachsam in Bereitschaft bleibt, um eine mögliche Gegenwehr sofort schlagkräftig zu unterbinden. Als wenn nichts geschehen wäre, schlendern die Übeltäter Augenblicke später gemächlich zu ihrem alten Platz zurück. Der Alte, der in ziemlicher Schieflage auf seiner Bank ruht, ist unterdessen eingeschlafen.
Wenig später fährt zischend und quietschend der Personenzug nach Leipzig ein. Einige Menschen verlassen den Zug. Andere steigen ein, unter ihnen die beiden jungen Männer. Zwei Minuten später ist der Bahnsteig wieder wie leergefegt. Nur der einsame, schlafende Alte auf der Bank bleibt zurück, verharrt weiterhin in seiner alkoholbedingten Schieflage.
Bald zuckelt der Zug durch die brandenburgische Landschaft gen Süden. Die beiden jungen Männer haben inzwischen Platz in einem leeren Abteil gefunden. Der Kleinere fragt neugierig: „Und, wie viel?" Grinsend fischt der andere aus seiner Jeans eine Geldbörse, entnimmt das Papiergeld und die Münzen, präsentiert seinem Kumpan die Beute und verkündet stolz: „Alter, das reicht für die nächsten Tage!"
Später öffnet er das Abteilfenster und schleudert das leere Behältnis in die vorbeihuschende Landschaft. Dann strecken sich die beiden auf ihren Sitzen aus und dösen in den Morgen hinein.
Dies alles geschieht in den Frühstunden des 13. Juni 1979. Protagonisten sind der 20-jährige Uwe Jakobus und sein gleichaltriger Kumpan Horst Schröder. Beide stammen aus Luckenwalde, wohnen nur wenige Minuten voneinander entfernt in der Nähe des Bahnhofs. Seit Jahren sind sie in sonderbarer Freundschaft verbunden, wobei Schröder in seiner überheblich-distanzlosen Art die bestimmende Position innehat, während der zwar körperlich überlegene, jedoch intellektuell tieferstehende Jakobus sich ihm bereitwillig unterordnet. Auf diese Weise bieten sich die beiden gegenseitigen Schutz. Ihr bisheriger Lebensweg verläuft erschreckend trostlos. Aufgewachsen in

sozial schwer gestörten Familien unter den Bedingungen mehrfacher Scheidung der Eltern und Alkoholismus, prägten körperliche Züchtigung, fehlende emotionale Nestwärme, Ablehnung und Vernachlässigung die Erziehungssituation. Mehr noch: Langjähriger Aufenthalt in Kinderheimen, Sonderschulausbildung mit vorzeitigem Abbruch und schließlich ihre Unterbringung im Jugendwerkhof förderten die soziale Verwilderung. Die Folge ist die massive Milieuschädigung der beiden. Damit sind die Bedingungen erfasst, die in lehrbuchhafter Weise klassische Brutstätten für delinquente Karrieren kennzeichnen. So ist es nur zu natürlich, dass die fast identischen Biografien der beiden jungen Männer sie als Brüder gleichen Geistes fest zusammenschweißen. Ihr fades Freizeitverhalten beschränkt sich im Wesentlichen auf ausgiebige Kneipen- und Kinogänge. Am Wunsch, viel Geld zu besitzen, mangelt es ihnen wahrlich nicht. Lust, für seinen Erwerb redliche Leistung zu zeigen, ist ihnen fremd. Zaghafte Versuche, eine Berufausbildung zu absolvieren, scheitern sehr bald, denn nach wenigen Monaten schmeißen sie die Lehre, arbeiten lieber gar nicht. Da im marxistisch-leninistischen Selbstverständnis das höchste Bedürfnis des sozialistischen Menschen darin besteht, durch Arbeit an der „steten Mehrung des gesellschaftlichen Reichtums im Interesse der Arbeiterklasse und der ganzen Gesellschaft sowie jedes Einzelnen" aktiv mitzuwirken, ist Arbeitsbummelei Ausdruck einer dekadenten, feindlichen Einstellung, auf die die staatlichen Organe schnell mit der Härte der Strafgesetze reagieren. Das wissen die beiden Drückeberger nur zu gut. Damit man ihnen nicht auf die Schliche kommt, verdingen sie sich kurzzeitig als Hilfsarbeiter, wechseln aber bald wieder in einen anderen Betrieb, um sich zwischen zwei Arbeitsverhältnissen eine Zeit lang unbeschadet dem Müßiggang hingeben zu können.
Bis vorgestern jobbte Uwe Jakobus als Beifahrer im VEB Molkerei Luckenwalde und Horst Schröder als Transportarbeiter im VEB Pappen und Papier. Zur heutigen Frühschicht sind sie allerdings nicht mehr erschienen. Denn wieder drängt es die ruhelosen Jünglinge, dem lästigen Arbeitsalltag zu entfliehen, um dann irgendwann irgendwo für kurze Dauer eine neue Arbeit aufzunehmen.

Jetzt aber reisen sie in die Messemetropole Leipzig. Von dort aus wollen sie nach Dresden weiterfahren, um sich dann aus simplem Grund zeitweise zu trennen: Jakobus will nämlich im sächsischen Colditz einen alten Kumpel aufsuchen, mit dem er einst den drakonischen Erziehungsmaßnahmen im Jugendwerkhof ausgesetzt war. Schröder wiederum zieht es in einen Dresdener Vorort. Dort soll angeblich eine verflossene Freundin leben. Dieser Dame will er seine Aufwartung machen, um die erotische Beziehung zu ihr für kurze Zeit zu reanimieren.

In Leipzig angekommen, heißt es Weiterfahrt nach Dresden in zwei Stunden. Schon fühlen sich die beiden von einer Mitropa-Gaststätte angelockt. Da sie im Besitz einer gültigen Fahrkarte nach Dresden sind, ist ihr Aufenthalt in dem alkohol- und rauchgeschwängerten Etablissement legitim. Sie überstehen unbeschadet eine Personalausweiskontrolle durch die wachsame Trapo. Danach fühlen sich die unsteten Tippelbrüder in ihrem kläglichen Dasein sichtlich wohl. Geld für üppiges Essen und Trinken haben sie ja. So fließt die Zeit dahin wie das Bier in ihren Kehlen.

Plötzlich kündigt der Bahnhofslautsprecher mit blecherner, undeutlicher Stimme die Zugabfahrt nach Dresden an. Es bleibt kaum Zeit, die Zeche zu bezahlen. Die beiden hasten zum Bahnsteig und erreichen den Zug in letzter Sekunde. Als die Eisenbahn die Stadt verlässt, lümmeln Jakobus und Schröder längst auf ihren Sitzen und geben sich dem Stumpfsinn hin. Irgendwann kontrolliert der Schaffner ihre Fahrkarten, runzelt die Stirn und mosert, dass sie im Zug nach Gera sitzen. Schröder und Jakobus, zutiefst erstaunt, versuchen zu verhandeln, doch der Mann mit der roten Mütze drückt kein Auge zu. Ihre Unachtsamkeit wird mit dem Lösen einer Umwegkarte und Nachgebühr geahndet. Ärgerlich, denn mit einem Mal bleibt ihnen nur noch ein kärglicher Rest von dem Geld, das sie des Morgens auf dem Bahnsteig in Luckenwalde auf so schändliche Weise erbeutet haben.

Am frühen Nachmittag Ankunft in Gera. Dass Jakobus und Schröder irrtümlich einen falschen Zug erwischt haben, ist längst vergessen. Spätabends gibt es auch noch einen Anschluss nach

Dresden. Sodann tauchen die beiden im Großstadttrubel unter. Stundenlang streifen sie wie herrenlose Hunde durch das belebte Zentrum der Bezirksstadt, immer auf der Suche nach einer günstigen Gelegenheit, auf unlautere Weise weitere Barmittel zu beschaffen. Mehrfach unterliegen sie der Verlockung, älteren Damen die Handtaschen zu entreißen. Doch wegen des Risikos unkalkulierbarer Gegenwehr nehmen sie kurz vor Tatvollendung wieder Abstand davon. Auch erörtern sie die Möglichkeit, die Verkäuferin in einem Kiosk des Postzeitungsvertriebs zu bedrohen und die Herausgabe ihrer Tageseinnahmen zu fordern, doch sie kennen sich in der Stadt nicht aus – ein Umstand, der eine sichere Flucht danach infrage stellen könnte. Schließlich enden ihre Überlegungen in dem törichten Plan, den Abend abzuwarten und darauf zu bauen, im Schutz der Dunkelheit wiederum einen Betrunkenen ausrauben zu können. Immerhin fühlen sie sich durch den Erfolg bei der morgendlichen Gaunerei in Luckenwalde bestätigt. Sollte es also klappen, wollen sie mit dem nächsten Zug Gera in Richtung Dresden verlassen.
Bei einem Kassensturz stellen Schröder und Jakobus fest, noch über knapp 20 Mark zu verfügen, Geld genug, um die Zeit bis zum Abend auszufüllen. An einem Imbissstand leisten sie sich Thüringer Bratwurst, und in einer Kaschemme warten sie bei etlichen Gläsern Bier auf die Dunkelheit. Kurz nach 22 Uhr verlassen sie die Destille. Aber es sind nur wenige Passanten auf der Straße, und niemand von denen ist betrunken. Ernste Zweifel an der Zuverlässigkeit ihres Planes kommen auf. Vielleicht bietet sich bei den chronischen Trinkern in der Bahnhofs-Mitropa eine günstige Gelegenheit. Und schon treiben sie die unredlichen Beweggründe in Richtung Bahnhof. Jedoch ist ihr topografischer Instinkt höchst unzuverlässig, sodass sie ziemlich orientierungslos durch Geras nächtliche Innenstadt irren. Dann: In der Nähe der Otto-Grotewohl-Straße begegnen sie einem dunkelhaarigen, kräftigen Mann in grauem Jackett, der sich mit einem bierflaschengefüllten, großen Einkaufsbeutel abplagt.
„'tschuldigung, können Sie uns sagen, wie wir zum Bahnhof kommen?", fragt Jakobus höflich. Der Mann, etwa doppelt so alt wie die beiden Jünglinge, in offensichtlicher Bierlaune, stellt für einen Augenblick den schweren Beutel ab, atmet kurz durch und

meint hilfsbereit: „Eh, ihr lauft ja in die falsche Richtung. Ihr müßt die Straße wieder zurück, dann die zweite nach links, die nächste wieder links, dann geradeaus, über den Platz nach rechts!"
Schröder und Jakobus blicken entgeistert in die Gegend. Sie verstehen absolut nichts. Der Mann im grauem Jackett erkennt offenbar ihre Hilflosigkeit und schlägt kurzerhand vor: „Na, am besten, ihr kommt ein Stück mit, ich wohne ja da in der Nähe!" So geschieht es auch. Jakobus erklärt sich sofort bereit, den schweren Beutel zu tragen, was der Mann im grauen Jackett wohlgefällig registriert. Dann traben die drei los ...

Beim gegenwärtigen Wissensstand hat die Polizei natürlich keine Kenntnis von diesen Szenen, die sich Stunden zuvor abgespielt haben. Folglich kann auch kein Zusammenhang mit dem jetzt zu untersuchenden Ereignis in der Ernst-Toller-Straße hergestellt werden. Die Ermittlungen stehen noch ganz am Anfang, und die beginnen gewöhnlich mit dem Einsatz der MUK.
Bevor der Trubel der Spurensuche in der Wohnung des Polizisten Langloff beginnt, erscheint zunächst der Chef der MUK, Hauptmann Festerling, ein hellwacher, drahtiger Mittvierziger, um sich einen Eindruck von der Situation am Tatort zu verschaffen. Auch der Dezernatsleiter, Major Wagemann, lässt sich die nächtliche Besichtigung nicht entgehen. Er will gleich wissen, ob die Dienstpistole des Hauptwachtmeisters gestohlen wurde. Wäre dies nämlich so, könnte der Fall womöglich politische Dimensionen annehmen und die Kameraden des Mielke-Imperiums auf den Plan rufen. Doch Festerling kann ihn beruhigen: „Langloff war kein ständiger Waffenträger!" Das heißt, dem Hauptwachtmeister war es nur gestattet, die Pistole während des Dienstes zu tragen, ansonsten blieb sie auf der Dienststelle unter Verschluss.
Festerlings und Wagemanns Auftritt dauert nur wenige Minuten. Sehr bald gelangen sie zu der Überzeugung, dass der Verdacht eines Tötungsverbrechens näher liegt als der eines Unfalls oder Suizids.
Dann läuft das filigran verzahnte Räderwerk der Spurensuche an. Unter dem Kommando des Kriminaltechnikers der MUK, Ober-

leutnant Rohn, sind daktyloskopische, trassologische und biologische Spezialisten zwei Tage lang in der Wohnung des getöteten Polizisten im Einsatz. An den Möbeln, Gläsern und Flaschen werden Langloffs Fingerabdruckspuren, aber auch ihm nicht zuzuordnende, fremde Spuren gesichert. Auch die Relikte im Aschenbecher sind von kriminalistischem Interesse. Immerhin: Nur einige Zigarettenreste stimmen mit Langloffs Blutgruppe überein, die anderen stammen folglich von Personen, die sich an dem Trinkgelage beteiligt haben müssen. Zeitgleich untersucht ein Brandursachenermittler der Feuerwehr die genaue Ursache für den dreifachen Schwelbrand und schlussfolgert, dass mit sehr hoher Wahrscheinlichkeit eine klassische Brandstiftung vorliegt. Auch ein Gasexperte des Energiekombinats kommt zum Einsatz und soll klären, ob unter den gegebenen Bedingungen eine Explosionsgefährdung bestand. Er hält dies für wenig wahrscheinlich, weil der Glimmbrand als unvollständige Verbrennung bei niedriger Verbrennungstemperatur und hohem Sauerstoffmangel alsbald von selbst erloschen und somit als Zündquelle nicht mehr wirksam geworden wäre.

Wenig später liegt auch das Ergebnis der Obduktion vor. Der beeindruckend hohe Blutalkoholwert in Hauptwachtmeister Langloffs Körper spricht für ein hemmungsloses Besäufnis. Doch am Rausch wäre er keinesfalls gestorben, allenfalls hätte tags darauf ein gigantischer Kater für seine kurzfristige Dienstuntauglichkeit gesorgt. Die Todesursache liegt einzig und allein in einer heimtückischen Kohlenmonoxidvergiftung. Offenbar haben sowohl die Rauchgase als auch das aus beiden geöffneten Gerätehähnen ausströmende Gas schnell zu einer letalen CO-Konzentration geführt.

Parallel zu den gerichtsmedizinischen Erhebungen laufen Recherchen im sozialen Umfeld und zum möglichen Bewegungsablauf des Polizisten am fraglichen Abend des 13. Juni. Schon drei Tage danach haben die bienenfleißigen Ermittler so viel Material zusammengetragen, dass auf der Lokalseite der Tageszeitungen eine Presseinformation mit einem Passfoto des Getöteten veröffentlicht werden kann:

„Die Volkspolizei bittet um Mithilfe bei der Aufklärung eines Wohnungsbrandes in der Nacht vom 13. zum 14. Juni in Gera, Appartementhaus Ernst-Toller-Straße 14, Wohnung 113. Der Mieter (siehe Bild) dieses Appartements hat bei diesem Brand tödliche Verletzungen erlitten. Er hielt sich am 13. Juni in der Gaststätte ‚Rudelsburg' in Gera, Otto-Grotewohl-Straße, auf und verließ diese gegen 22.00 bis 22.30 Uhr. Wer hat diese Person nach dieser Zeit in der Stadt Gera gesehen bzw. wer war mit ihr noch zusammen? Auf dem Nachhauseweg trug er einen Einkaufsbeutel, in welchem sich Getränke befanden. Zweckdienliche Angaben sind an das Volkspolizei-Kreisamt Gera, Kriminalpolizei, App. 613293 oder an jede VP-Dienststelle zu richten. Hinweise werden auf Wunsch vertraulich behandelt."

Ziel der polizeilichen Rundumermittlungen ist aber auch das Aufspüren von Personen, die mit dem Inventar und den Accessoires in der Tatwohnung vertraut sind. Ihre Wahrnehmungen sind für die Sachfahndung nach den entwendeten Gegenständen von großer Bedeutung. Nach wenigen Tagen liegen die erforderlichen Informationen für eine polizeiinterne Fahndungsmitteilung vor. Zusätzlich erscheint auch auf den Lokalseiten der „Thüringer Landeszeitung" und des „Thüringer Tageblatts" vom 22. Juni 1979 eine kleine Liste mit dem vermuteten Diebesgut. Verwunderlich ist, dass die gestohlenen Gegenstände von verhältnismäßig geringem Wert sind. Allerdings war Hauptwachtmeister Langloff ohnehin nicht im Besitz von Kostbarkeiten. So fehlen aus seinem Besitz eine kunstlederne Reisetasche, ein Ruhla-Doppelglockenwecker und ein weiterer Wecker, ein Kofferradio Typ „Wega 402" aus sowjetischer Produktion, eine Schreibgarnitur „Bosch", ein Windlicht mit eloxiertem Unterteil, ein Windlicht ohne Unterteil, aber auch ein Schlüsselbund des Toten, an dem sich Wohnungs- und Hausschlüssel befanden. Das bescheidene Diebesgut ermöglicht aber wichtige kriminalpsychologische Rückschlüsse auf die Persönlichkeitsstruktur der Täter, wonach am ehesten Jugendliche infrage kommen. Kriminalistischen Erfahrungen zufolge könnte die Reisetasche zum Abtransport der Beute benutzt worden sein. Die Wohnungsschlüssel benötigten die Übeltäter zum Verlassen des Gebäudes, weil sie gewusst haben müssen, dass nachts die Haustür verschlossen ist. Unbeantwortet bleibt allerdings die Frage, wie viel Bargeld die mörderischen Diebe mitgehen ließen. Dass sie jedoch aus Gera oder zumindest aus dem Kreisgebiet stammen, daran zweifelt zu diesem Zeitpunkt niemand.

MUK-Chef Festerling und der Dezernatsleiter Wagemann sind sich wegen des Mangels an konkreten Hinweisen über die unbekannten Täter sehr bald darüber einig, die Mordkommission nach bewährtem Rezept personell zeitweilig aufzustocken. So geschieht es auch. Auf diese Weise wird die erforderliche Breite und Zielgerichtetheit der Ermittlungen gesichert und die zu erwartende Informationsflut mit der gebotenen Akkuratesse bewältigt. Schon bald arbeiten nahezu dreißig Kriminalisten in verschiedenen, komplexbezogenen Arbeitsgruppen und widmen sich mit Hingabe der Persönlichkeitsaufklärung des getöteten Hauptwachtmeisters, der Überprüfung von Personen aus seinem sozialen Umfeld, der Analyse der Fahrzeug- und Personenbewegung am Tatabend zwischen der Gaststätte „Rudelsburg" und der Wohnung des Hauptwachtmeisters sowie der diskreten Überprüfung der polizeibekannten Vorbestraften und kriminell Gefährdeten.

Mit beträchtlichem technischen und personellen Aufwand werden so die eingehenden Daten ausgewertet, sortiert und für weitere Ermittlungen aufbereitet. Mit der Zeit wachsen die Aktenberge. Nur die Hoffnung auf eine baldige Täterergreifung schrumpft. Nach acht Wochen intensiver Ermittlungstätigkeit bleibt das Ergebnis wenig befriedigend: Keine heiße Spur, keine Aussicht auf einen baldigen Ermittlungserfolg.

Die Zweifel an der bisherigen Version, die Täter wären Einheimische und würden sich bald im Netz der lokalen Ermittlungen verfangen, mehren sich. Hauptmann Festerling entschließt sich deshalb, die Version „reisende Täter" künftig in den untersuchungsmethodischen Mittelpunkt zu stellen.

Doch zurück zu den Ereignissen am späten Abend des 13. Juni. Uwe Jakobus schleppt den Beutel mit den Bierflaschen. Der bierlaunige Mann im grauen Jackett und Horst Schröder laufen neben ihm her. Zwischen den Männern entspinnt sich ein belangloses Unterwegsgespräch. Schröder und Jakobus präsentieren sich dabei mit hinterlistiger Freundlichkeit. Als der Mann im grauen Jackett wissen will, woher seine Begleiter kommen und wohin sie wollen, lügen sie, was das Zeug hält. Keineswegs wollen sie ihre wahre Identität preisgeben. Angeblich seien sie Berliner und auf dem Weg ins erzgebirgische Olbernhau, weil sie dort als Monteure arbeiten. Den Zwischenaufenthalt in Gera hätten sie genutzt, um die Stadt näher kennenzulernen. Jetzt aber wollen sie zum Hauptbahnhof zurück, ihre Koffer aus dem Schließfach holen und mit dem nächsten Zug weiterfahren. Jakobus und Schröder ergänzen sich bei ihren Spintisierereien wie ein eingespieltes Schauspielerduo. Als die drei die John-Schehr-Straße erreicht haben, wechselt Jakobus plötzlich das Thema und fragt den Mann mit dem grauem Jackett, indem er auf den prall gefüllten Beutel deutet: „He, Kumpel, willst du das etwa alleine trinken?" Und Schröder fügt hinzu: „Kannst ruhig 'ne Lage springen lassen!"

Zunächst reagiert der Angesprochene nicht darauf und läuft wortlos und unbeirrt weiter. Schröder wiederholt Augenblicke später seine Aufforderung. Gerade sind sie in die kurze Handwerkstraße eingebogen, da will der Mann im grauen Jackett plötzlich wissen: „Könnt ihr wenigstens Skat spielen?"

Wie aus einem Mund bejahen Schröder und Jakobus diese Frage. Jetzt wittern sie eine baldige Chance zum Ansteuern ihres arglistigen Ziels.

„Spielen wir 'ne Runde, und ihr kriegt euer Bier", schlägt der Mann vor. Jakobus und Schröder besprechen zum Schein die angeblichen Konsequenzen für ihren Zeitplan, wenn sie einen späteren Zug nehmen, erklären schließlich ihre Bereitschaft zu einem nächtlichen Kartenspiel.

„Na, dann kommt mal mit rein", meint der Mann, als sie das elfgeschossige Appartementhaus in der Ernst-Toller-Straße 14 erreicht haben. Er kramt ein Schlüsselbund aus seiner Hosentasche hervor und schließt die Haustür auf. Schröder und Jakobus folgen ihm. Als der Mann die Haustür von innen sorgfältig verschließt, fragt Schröder ironisch: „Hast du Angst, dich klauen'se weg?"

„Strenge Hausordnung!", ist die sachliche Antwort des Mannes, der mit leicht ataktischen Bewegungen die Treppe hinaufsteigt, die zum ersten Obergeschoss führt. Jakobus und Schröder folgen ihm in gespannter Erwartung, bis sie eine Wohnung mit dem Namensschild „L. Langloff" erreicht haben. Schröder tippt mit dem Finger auf den Namenszug: „Bist du das?" Der Mann nickt ihm zu, öffnet die Tür und sagt: „Geht schon mal rein, ich muss erst pinkeln."

Jakobus marschiert, ohne sich weiter umzusehen, geradewegs durch den kleinen Korridor ins Wohnzimmer und stellt den Beutel mit den Bierflaschen neben dem Tisch ab, ehe er sich in einem Sessel niederlässt. Schröder hingegen betritt den Korridor mit einem aufmerksamen Rundblick und zuckt zusammen, als er an der Garderobe die Jacke einer Polizeiuniform und zwei Dienstmützen erblickt.

Ziemlich aufgeregt folgt er seinem Kumpel ins Zimmer und raunt ihm leise zu: „Ach du Scheiße, das ist ja ein Bulle!"
Jakobus indes behält die Fassung und flüstert: „Bleib ruhig, den mach'n wir fertig!"

Als sie die Geräusche der Toilettenspülung wahrnehmen, setzen sie sich schnell in die Sessel und verhalten sich still wie Schulkinder, die ihren gestrengen Lehrer erwarten. Langloff hat sich unterdessen eines Teils seiner Oberbekleidung entledigt. Nun erscheint er, nur mit Hose und Unterhemd bekleidet, bei seinen Gästen. Er kramt aus dem Anbauschrank einen Stapel abgegriffener Skatkarten hervor, reicht sie Jakobus mit den Worten „Hier, misch mal!", verschwindet kurz in der Kochnische, um Gläser und einen Aschenbecher zu holen. Während Jakobus die Bierflaschen aus dem Beutel holt und auf den Tisch stellt, wirft ihm Langloff sein Schlüsselbund zu, an dem sich ein Flaschenöffner befindet. Jakobus versteht die stumme Aufforderung.

Es ist kurz nach 23 Uhr. Inzwischen ist das Trio mit Kartenspiel, Rauchen und Trinken voll beschäftigt. Jakobus und Schröder halten sich, was den Alkohol betrifft, absichtlich zurück, um jederzeit Herr der Lage zu sein. Sie nippen nur an ihren Gläsern, achten fortwährend aber auf flüssigen Nachschub für Langloff, den dieser auch ungehemmt in sich hineinschüttet. Als knapp zwei Stunden später die Bierquelle schließlich versiegt, ist Langloff bereits so betrunken, dass er sich kaum aufrecht halten kann.

Dennoch muss seine strapazierte Leber zusätzlich eine Flasche Dessertwein verkraften. Bald darauf ist er völlig außer Gefecht gesetzt. Er verfällt in einen narkoseähnlichen Tiefschlaf und ist vorübergehend gegen jedweden Außenreiz immun. Schröder überprüft den physischen Zustand des Gastgebers, kramt eine Geldbörse aus dessen Gesäßtasche, die sogleich in seiner eigenen verschwindet und stellt mit Zufriedenheit fest: „Der ist blau wie 'ne Strandhaubitze!"
Dann beginnen die beiden Tunichtgute mit dem Durchstöbern der Wohnung. Jeder Schrank, jede Kommode, jede Schublade der Anbauwand und jedes Behältnis hinter dem Vorhang zur Kochnische ist Ziel ihrer diebischen Neugierde.
„Der Scheißbulle muss doch irgendwo 'ne Knarre haben", meint Jakobus beim Durchsuchen des Kleiderschranks, in dem sich neben einigen zivilen Kleidungsstücken vor allem die textile Sommer- und Winterausstattung für uniformierte Polizisten befindet. Doch seine unredliche Mühe ist vergebens. Die Dienstpistole ist nicht zu finden, dafür aber fast zweihundert Mark Bargeld. Eine willkommene Beute. Alles andere Brauchbare landet zunächst auf dem Wohnzimmertisch, darunter ein handliches Kofferradio, das Jakobus gleich zu seinem Eigentum erklärt. Schröder entdeckt eine schwarze Reisetasche, in der sich irgendwelche Papiere und Schnellhefter befinden, entleert sie kurzerhand auf dem Fußboden und verstaut darin die Sachen, die bereits auf dem Tisch stehen. Nur das Kofferradio bleibt zurück. Dann wendet er sich an seinen Kumpan und fordert: „Bringen wir den Bullen zum Schweigen!"
Jakobus ist gleich bei der Sache und beginnt mit der Bemerkung „den fackeln wir ab", an verschiedenen Stellen in der Schrankwand und an den Polstermöbeln Feuer zu legen. Doch das erweist sich als schwieriger als zunächst gedacht. Einige Brandstellen verlöschen nämlich gleich wieder, andere glimmen schwerfällig vor sich hin. Schröder, der bereits in einer Hand die schwarze Tasche, in der anderen Langloffs Schlüsselbund hat, sieht seinem Kumpel zu, mahnt dann aber ungeduldig, sich zu beeilen und die Wohnung zu verlassen. Doch Jakobus sagt nur: „Warte, gleich!", verschwindet hinter dem Vorhang zur Kochnische und öffnet beide Brennerhähne des Gaskochers.

Dann erscheint er wieder, ergreift das Kofferradio und sagt zu Schröder: „Hauen wir ab!"
Ohne einen weiteren Blick an den am Boden liegenden, volltrunkenen Langloff zu verschwenden, machen sich die beiden auf leisen Sohlen aus dem Staub.
Der Weg zum Hauptbahnhof dauert nur wenige Minuten – Zeit und Gelegenheit genug, um übereinzukommen, über ihren Aufenthalt in Gera absolutes Stillschweigen zu wahren. Sie rechnen fest damit, dass das Feuer alle Spuren beseitigen wird und der Tod des Polizisten niemals mit ihnen in Verbindung gebracht werden kann.
Schröder trägt die Tasche mit dem Diebesgut, Jakobus hält voller Stolz das Kofferradio in der Hand und dreht versonnen am Sendersuchrad, um passende Musik zu finden. Ziemlich erschöpft, aber heiter und ohne jeglichen Gewissensdruck erreichen sie den Bahnhof. Kurz darauf wird der Personenzug nach Leipzig bereitgestellt. Als die Bahn pünktlich um 3.50 Uhr abfährt, lümmeln sie auf den Sitzbänken ihres Abteils und schlafen, bis sie die Messestadt erreicht haben.
Und genau zu dieser Zeit stehen vor dem Appartementhaus in der Geraer Ernst-Toller-Straße Einsatzfahrzeuge der Feuerwehr, der Polizei und ein Krankenwagen, weil in der Wohnung 113 ein Brand ausgebrochen ist und die Leiche des Hauptwachtmeisters Langloff aufgefunden wurde.
Horst Schröder und Uwe Jakobus sind auch an den darauffolgenden Tagen auf ruheloser Wanderschaft, vagabundieren ziellos von einem Ort zum anderen, aber stets auf der Hut, den verhassten Bullen nicht aufzufallen. Eherner Grundsatz dabei: Personalausweis, gültige Fahrkarte und eine plausible Antwort auf die Frage nach dem Wohin und Warum müssen immer verfügbar sein. Meist benutzen die beiden den Personenzug – ein Bahnkilometer kostet nur acht Pfennige –, gelegentlich fahren sie aber auch per Anhalter. Im Bahnhofsmilieu der Städte finden sie schnell Kontakt zu lichtscheuen Gestalten aus der dumpfen Welt der Kleinkriminellen und Dauertrinker. Sie leben vom Erlös aus dem verhökerten Diebesgut, frischen ihre Finanzen aber auch durch weitere Taschendiebstähle auf, die ihnen die Unachtsamkeit mancher Mitmenschen ermöglicht. Sie kleiden sich neu ein,

übernachten auf Bahnhöfen, in Bummelzügen oder bei ihren zweifelhaften Bekanntschaften.
Später, als Schröder und Jakobus der Kriminalpolizei Rede und Antwort stehen müssen, können sie die einzelnen Stationen ihres Lotterlebens nur unvollständig und schon gar nicht in der richtigen Reihenfolge benennen.
Eine Woche ist inzwischen nach dem gewaltsamen Tod des Hauptwachtmeisters Langloff vergangen. Das durchtriebene, mörderische Freundespaar denkt längst nicht mehr an die Nacht in Gera. Zu gut funktioniert der Mechanismus der inneren Verdrängung. Unverdrossen setzen sie ihr Vagabundenleben fort.
Am Donnerstag, dem 21. Juni, verschlägt es die beiden Nichtsnutze in die Elbmetropole Dresden. Gewiss, nicht die Kunst- und Kulturgüter dieser schicksalgebeutelten Stadt wecken ihr Interesse, derentwegen ganze Heerscharen von Touristen über die Museen und gastronomischen Einrichtungen herfallen, sie wollen einige Tage in der Stadt bleiben, um ein paar Kumpels zu treffen, mit denen Jakobus einst dem erzieherischen Drill im Jugendwerkhof Altgarz ausgesetzt war. Pekuniäre Besorgnis plagt sie momentan nicht, denn die Fahrt nach Dresden nutzten die verschlagenen Langfinger, um einer jungen Frau die Geldbörse zu stehlen, in der sich mehrere hundert Mark befanden.

Am Nachmittag des folgenden Tages. Einen Katzensprung entfernt vom Neustädter Bahnhof steht ein Mietshaus mit verschlissener Stuckfassade, deren beigefarbener Anstrich die Kriegsnarben nur notdürftig überdeckt. Die Bewohner dieses Hauses, zumeist ältere Menschen, halten dem alten Gemäuer bereits eine Jahrzehnte währende Treue. Hier, genauer gesagt, in der dritten Etage, befindet sich der Ort, an dem die folgenden erschütternden Ereignisse stattfinden. In der linken Wohnung lebt Frau Löser (61) mit ihrem Ehemann. Die Nachbarwohnung rechterhand gehört den beiden betagten Schwestern Frau Bader (79) und Frau Ihlow (75), die seit dem frühen Tod ihrer Ehemänner in geschwisterlicher Lebensgemeinschaft vereint sind.
Es ist kurz vor 17.00 Uhr. Frau Löser ist gerade von einem Einkauf zurück, verstaut die Lebensmittel in der Speisekammer, setzt den Wassertopf auf den Gasherd und beginnt in Erwartung

der Heimkehr ihres Mannes, den Kaffeetisch zu decken. Im Hause ist es ruhig wie immer, auch nebenan bei den alten Damen. Nichts deutet auf etwas Ungewöhnliches hin. Plötzlich klingelt es an der Wohnungstür. Arglos öffnet sie die Tür. Was sie erblickt, lässt schier ihr Blut in den Adern erstarren: Zu ihren Füßen die alte Frau Ihlow, kniend auf allen vieren. Ihr Zustand ist so erbärmlich, dass sie kaum zu erkennen ist. Nur mit einer zerfetzten, nicht zugeknöpften Kittelschürze bekleidet, die ihren nackten Körper kaum bedeckt, Gesicht und Hände blutig, die Augen blau und schlitzartig verquollen, das graue Haar wirr und blutverklebt, wimmert sie mit letzter Kraft: „Hilfe, Überfall!" Fassungslos und leichenblass verharrt Frau Löser einige Sekunden in einer Art Lähmung, ehe sie ihre Gedanken ordnen kann. Mit einem Blick erfasst sie die weit geöffnete Wohnungstür der alten Damen, nimmt dort eine lange blutige Spur auf dem Fußboden wahr, die sich bis zu der Stelle erstreckt, an der die alte Frau Ihlow jetzt liegt, und erkennt folgerichtig, dass diese sich kriechend zu der rettenden Klingel geschleppt haben muss. Gerade will sie die Verletzte in ihre Wohnung transportieren, da hört sie im Treppenhaus sich nähernde Schritte. Es sind die ihres heimkehrenden Mannes. Das, was er sieht, macht auch ihn für einen kurzen Moment sprachlos. Dann fasst er sich und fragt: „Und wo ist Frau Bader?" Seine Frau zuckt mit den Schultern, sie weiß es nicht. Dann geht alles ziemlich rasch. Löser betritt vorsichtig die Wohnung der alten Frauen. Dort herrscht das Bild einer wilden Durchsuchung, aber auch eines Gewaltaktes. Auf dem Korridor verstreut Unterwäsche, Hemden, Schlüpfer, teilweise zerrissen. Blutspuren überall. Es riecht nach Gas. Der Gerätehahn in der Küche ist schnell geschlossen. Aber dann: Auf dem Fußboden zwischen Sofa und Tisch im Wohnzimmer liegt Frau Bader, regungslos und nackt. Nur ein nicht verschlossenes orthopädisches Korsett umschlingt lose ihren Körper. Ihre Strümpfe sind bis an die Knöchel heruntergeschoben. Blut rinnt aus Nase und Mund. Beide Augen bis zur Unkenntlichkeit blau zugeschwollen. Ein bejammernswerter Anblick. Herr Löser beugt sich über die Leblose. Gottlob, sie atmet, das heißt, sie lebt, ist nur bewusstlos. Er stürzt los und ruft seiner Frau zu: „Ich laufe rüber zur Trapo!" Frau Löser weiß, dass im Neustädter

Bahnhof eine Polizeiwache ist. Bis zum Eintreffen der Polizei und der Schnellen Medizinischen Hilfe kümmert sie sich so gut es geht um die beiden Verletzten.

Zwei Stunden später. Inzwischen befinden sich die schwer misshandelten Frauen in kompetenter Obhut einer Intensivstation der Medizinischen Akademie „Carl Gustav Carus". Sie sind außer Lebensgefahr. Frau Bader ist gar nicht, ihre Schwester nur sehr schwer ansprechbar. Was Frau Ihlow unter großer Anstrengung dennoch von sich geben kann, reicht aus, um den Kriminalisten der DHG (Diensthabende Gruppe) eine annähernde Vorstellung vom Ablauf des ungeheuerlichen Vorfalls zu vermitteln. Ihre bruchstückhaften Aussagen erklären aber auch die ersten medizinischen Befunde, nämlich den Nachweis schwerer Verletzungen durch Faustschläge und Fußtritte, eines massiven Würgens und brutalen Vergewaltigungsaktes. So kann davon ausgegangen werden, dass Frau Ihlow etwa Folgendes wahrgenommen hat: Gegen 14.45 Uhr klingelte es, zweimal lang, einmal kurz – das Zeichen, das eigentlich nur Verwandte kennen. Frau Ihlow öffnete die Wohnungstür. Zu ihrer Überraschung stand draußen ein fremder junger Mann, der fragte, wann ihr Nachbar Löser nach Hause käme, er sei nämlich dessen Arbeitskollege. Das Verhalten des Fremden kam ihr nicht geheuer vor. Ohne eine Antwort zu geben, wollte sie deshalb die Tür wieder schließen, doch der Mann kam ihr zuvor, stieß sie brutal zurück und versetzte ihr einen Faustschlag ins Gesicht, der sie benommen machte. Frau Ihlow taumelte nach hinten. In diesem Augenblick kam ihre Schwester hinzu und fing an zu schreien. Der Fremde wandte sich nun ihr zu und schlug, ohne etwas zu sagen, auch auf sie ein. Ihre Schwester sank zu Boden. Plötzlich stand ein weiterer junger Mann, etwas größer als der erste, in der Wohnung, die Hände wie ein Boxer zum Schlag erhoben. Er drohte: „Geld her oder wir machen euch alle!" Ihre Schwester wollte sich erheben, als der Kleinere sie an den Haaren packte und ins Wohnzimmer stieß. Was dort geschah, konnte Frau Ihlow nicht wahrnehmen. Sie selbst hatte sich aus Todesangst ganz ruhig verhalten und den Größeren gewähren lassen, der sie rücklings auf den Fußboden des Korridors warf und würgte. Irgendwann verlor sie das Bewusstsein, nahm aber noch wahr, dass sie auf den Bauch gedreht wurde. Was anschließend mit ihr geschah, weiß sie nicht. Wie im Dämmerzustand lag sie hilflos auf dem Fußboden. Ihr Denken, Fühlen und Erinnern an diese Zeit ist derart eingeschränkt, dass sie sich wie abgeschnitten von der Wirklichkeit empfindet. Als die Männer endlich gegangen waren, konnte sie unter Aufwendung aller Kräfte bis an die Wohnungstür der Eheleute Löser kriechen und dort klingeln. Frau Löser sagte ihr später, „das muss kurz nach fünf gewesen sein". So wusste sie, fast zwei Stunden lang waren sie und ihre Schwester in der Gewalt der beiden fremden Männer.

Unter dem Aktenzeichen 7322/79 übernimmt die Dresdener Mordkommission den Fall, führt im Tathaus und in der Umgebung intensive Ermittlungen zur Personenbewegung und zu verdächtigen Wahrnehmungen durch, übernimmt die spurenkundliche Befunderhebung in der Tatwohnung und fertigt dazu eine umfangreiche Dokumentation.

Die Ergebnisse der kriminalistischen Sofortmaßnahmen in dieser frühen Untersuchungsphase sind im Gegensatz zu den Erkenntnissen über den Tatablauf für eine konkrete Personenfahndung zu vage. Dennoch geben sie die ungefähre Richtung für weitere Ermittlungen an. Hausbewohner bemerkten nämlich gegen 17 Uhr zwei junge Männer, die eilig das Wohnhaus verließen. Eine präzise Zeiteingrenzung ist ihnen aber ebenso unmöglich wie eine genauere Beschreibung der Personen. So erfährt die Kripo lediglich von zwei Männern „so um die zwanzig, der eine etwas größer als der andere, und der größere mit einem gestreiften Pullover bekleidet". Andere Zeugen, die um die fragliche Zeit zwei Jugendliche in der Nähe des Tathauses gesehen haben, machen ähnliche Angaben.

In der ziemlich verwüsteten Wohnung werden fremde Schuhabdruckspuren gesichert und ein Schlüsselbund mit Flaschenöffner gefunden, das nicht dorthin gehört. Auswertbare daktyloskopische Fremdspuren können nirgends aufgespürt werden, die zahlreichen Verwischungen weisen aber darauf hin, dass die Täter sie beseitigt haben. Im Ausgussbecken sichern die Kriminalisten eine leere Flasche, an deren Hals sich deutliche Kotspuren befinden, was erahnen lässt, welchen Grausamkeiten die geschundenen und geschändeten Greisinnen ausgesetzt waren.

Am folgenden Tag. Frau Ihlows Schwester ist inzwischen wieder bei Bewusstsein und einigermaßen stabilisiert. Ihr Zustand erlaubt sogar eine kurze, behutsame Befragung. Die alte Dame kann die beiden Männer ebenfalls nur ungenau beschreiben, glaubt aber, sie im Falle einer Gegenüberstellung wiederzuerkennen.

Auch sie kann sich an die schrecklichen Vorgänge des Vortages nur höchst unvollkommen erinnern. Sie entsinnt sich aber, wie der kleinere der beiden Männer sie an den Haaren packte und brutal ins Zimmer schob, wie sie um ihr Leben flehte und dafür die Herausgabe aller vorhandenen Barmittel versprach, wie sie ihm die knapp 600 Mark übergab, die sich in einem Köfferchen befanden, wie er das Geld in seiner Hosentasche verschwinden ließ, wie er sie dann auf die Couch stieß, würgte und ihren Körper begrapschte. Von da an weiß sie nichts mehr.

Übrigens: Die noch offene Frage, ob eine psychogene Verdrängung, traumatisch bedingte Amnesie oder Bewusstlosigkeit den fast zweistündigen Erinnerungsverlust der alten Damen begründen, wird später vor Gericht die Leistungsfähigkeit der medizinischen Gutachter besonders herausfordern. Zum jetzigen Zeitpunkt spielt sie jedoch keine Rolle.

Die Kriminalisten müssen sich nach dem ersten Angriff mit einem Minimum an relevanten Ausgangsinformationen begnügen. Doch solcherlei Defizite sind zu Beginn eines Untersuchungsprozesses nicht ungewöhnlich und kein Grund zur Resignation. Jetzt ist Erkenntniszuversicht, Geduld und methodisches Vorgehen angesagt, damit die Ermittlungsergebnisse der nächsten Tage Stück für Stück zu einem immer klareren Bild der Tätersignalemente zusammengefügt werden können. Trotz ihrer Unvollständigkeit und Ungenauigkeit bilden die bereits vorliegenden Informationen die Basis für erste, die übrigen Ermittlungen begleitende Fahndungsaktivitäten. So dauert es nur wenige Stunden, und alle im Dienst befindlichen Ordnungshüter der Stadt Dresden und angrenzenden Landkreise sind über das Fahndungsanliegen der MUK informiert, ihre Augen und Ohren besonders auf polizeibekannte Jugendliche oder Jungerwachsene, ihre Gruppierungen und Treffpunkte zu richten, gleichzeitig aber auch die unsichtbare Schar der Informanten unter ihnen zu mobilisieren.

Die Dresdener Fahndungsinformation erreicht auch die Mordkommission in Gera, die logischerweise brennendes Interesse an dem Schlüsselbund zeigt, das bei den überfallenen Frauen sichergestellt wurde. Ist es das fehlende Schlüsselbund aus der Wohnung des getöteten Hauptwachtmeisters Langloff? Wenn ja, wäre dies ein wichtiges Indiz dafür, dass beide Verbrechen von den gleichen Tätern begangen wurden. Zuversicht erfasst die Geraer Ermittler, aber nur für einen Moment. Denn schon die kurze telefonische Rücksprache zwischen Hauptmann Festerling und der Dresdener MUK bringt die Ernüchterung: Es ist zweifellos ein anderes Schlüsselbund. Dass auch an diesem ein Flaschenöffner hängt, ist ein Zufall, der nur für den praktischen Sinn ihrer trinkfreudigen Besitzer spricht, nicht aber für deren Identität. Also, anhand der Schlüssel lässt sich kein Zusammenhang zwischen beiden Fällen herleiten.

Am Abend ihrer Ankunft in Dresden sitzen Horst Schröder und Uwe Jakobus mit ihren alten und neuen Kumpels im „Eiscafé" in der Prager Straße, einem beliebten Jugendtreff, und lassen es sich auf Kosten argloser Mitmenschen gutgehen. Die Zeche muss unfreiwillig eine Studentin vom Nebentisch zahlen, der sie unbemerkt 70 Mark aus der Handtasche stehlen. Später halten sich die Tippelbrüder bei einem flüchtigen Bekannten auf, der vor Kurzem aus der Haft entlassen wurde und mit seinen Knastgeschichten prahlt. Jakobus kauft ihm eine Armbanduhr ab, die offenbar aus dunklen Quellen stammt. Gegen 22.30 Uhr machen sie sich auf den Sitzbänken des Bummelzuges nach Zwickau lang und schlafen.
Drei Stunden später in Zwickau. Sie lösen Fahrkarten nach Dresden und gesellen sich zu den unbekannten Trunkenbolden in der Mitropa-Gaststätte des Zwickauer Hauptbahnhofes, trinken Bier und warten auf den Personenzug zurück nach Dresden, um auf den unbequemen Sitzbänken die unterbrochene Nachtruhe fortzusetzen.
Plötzlich bemerken sie, dass zwei Uniformierte der Transportpolizei den Gastraum betreten haben und mit ernsten Gesichtern direkt auf sie zusteuern. Das verheißt nichts Gutes! Schröder, ziemlich erschrocken, kann seinem Kumpan gerade noch zurau-

nen: „Halt bloß die Fresse wegen Gera!" Und schon sind die Gesetzeshüter bei ihnen und fordern: „Personalausweis und Fahrkarte bitte!" Jakobus und Schröder folgen unterwürfig der Aufforderung. Die Polizisten mustern sie von oben bis unten, prüfen mit ernsten Mienen die Ausweise, geben sie schließlich wortlos zurück und begeben sich zum nächsten Tisch, um dort zu kontrollieren. Kaum sind die Ordnungshüter fort, stellt Jakobus erleichtert fest: „Mann, war das knapp!" Und Schröder kann ihm nur beipflichten.

Im Morgengrauen des 22. Juni fahren sie wieder zurück nach Dresden. Schröder mahnt seinen Kumpan erneut, die Sache in Gera für immer zu vergessen. Eindringlich fordert er: „Schwöre, dass du die Schnauze hältst. Wegen Bullenmord fahren wir sonst lebenslänglich ein. Also, du warst nie da, kennst die Stadt nicht. Schwöre jetzt!" Und Jakobus hebt mit dem naiven Ernst eines Schuljungen beim Indianerspiel die Hand und sagt: „Ich schwöre, nix sage ich!"

Am Abend hocken sie wieder im „Eiscafé" Prager Straße, suchen später den mit seinen unendlichen Knaststorys prahlenden Typen auf und finden bei ihm für die Nacht Unterschlupf, den sie mit Hochprozentigem abgelten. Sie können sich nobel geben, denn in ihren Taschen befinden sich knapp 800 Mark unredlich erworbene Barmittel. Am nächsten Tag kommt Horst Schröder auf die Idee, im sächsischen Langburkersdorf, einer Ortschaft nahe des Städtchens Neustadt dreißig Kilometer östlich von Dresden, ein Mädchen zu besuchen, das er vor geraumer Zeit auf einer Geburtstagsfete in Luckenwalde kennengelernt hatte. Artig fügt sich Jakobus den spontanen Impulsen seines Freundes. Schon am Nachmittag kreuzen sie bei der jungen Dame auf. Natürlich kann sie sich an Schröder erinnern. Aber das aufdringliche Erscheinen der Schmuddelgestalten passt ihr nicht. Sie hält die beiden freundlich auf Distanz und wimmelt sie ab. Ernüchtert trotten sie davon. Doch die Enttäuschung verfliegt im Nu. Bald sitzen sie wieder in einem Langburkersdorfer Wirtshaus inmitten einheimischer Schluckspechte. Einem der bierseligen Stammgäste, dessen reich tätowierte Unterarme davon zeugen, sich in der tristen Welt hinter Gefängnismauern bestens auszukennen, sind sie besonders zugetan. Schon sind schnelle Freundschaftsbande geknüpft. Sie spielen in gemütlicher Runde mit ihm Karten und halten ihn großzügig frei. Dafür verspricht ihnen der bierselige Knasti zeitweiliges Asyl in seinem Hause.

Die rastlosen Mitarbeiter der Dresdener MUK haben schon bald nach der fernschriftlichen Verbreitung ihres internen Fahndungsanliegens mit der Bewertung und Verdichtung der ersten eingehenden Informationen alle Hände voll zu tun. Vielzählige offizielle und inoffizielle Quellen stillen in den nächsten zwei Tagen ihren Erkenntnishunger. Natürlich sind die erlangten Hinweise bezüglich ihrer Sachdienlichkeit häufig nur auf Details beschränkt und von sehr unterschiedlicher Qualität, reichen von irreführenden, falsch gedeuteten Wahrnehmungen bis zu sicheren und zutreffenden Feststellungen. Die besten Informationen kommen dabei von den Zwickauer Transportpolizisten, die in der Mitropa-Gaststätte die nächtliche Kontrolle durchführten. So lassen sich alle relevanten Informationen schließlich zu einem kompletten Signalement der beiden fremden Männer zusammenfügen, die im Dresdener Jugendlichenmilieu aufgefallen sind, und für die die Kripo nun brennendes Interesse zeigt.
Am späten Vormittag des 25. Juni kennen die Fahnder nicht nur Schröders und Jakobus' Aussehen, sondern wissen auch, dass sie sich seit zwei Tagen bei einem vorbestraften Kerl in Langburkersdorf aufhalten. Ein Anruf genügt, und Uniformierte des VP-Gruppenpostens aus Neustadt machen sich auf den kurzen Weg in die Nachbargemeinde. Schröder und Jakobus, die es sich in der Bleibe ihres zwielichtigen Gastgebers bequem gemacht haben, sind einigermaßen schockiert, als plötzlich Wachtmeister vor der Tür stehen, nach ihren Ausweisen fragen und sie zur „Klärung eines Sachverhalts" ziemlich schroff zum Mitkommen auffordern. Sofort ist ihnen klar: Jetzt werden sie für die Sache mit dem Geraer Bullen belangt. Betretenes Schweigen. Bevor sie die kurze, unfreiwillige Fahrt nach Neustadt antreten müssen, kann Jakobus seinem Kumpel aber noch unbemerkt zuflüstern: „Denk an den Schwur!"
Auf der VP-Wache. Ein Uniformierter hinter dem Tresen fordert Schröder und Jakobus auf, ihre Taschen zu leeren und die Arm-

banduhren abzumachen. Er fertigt ein Protokoll. Dann lässt er die Asservate in einer Plastiktüte verschwinden. Jetzt weist er den beiden eine Holzbank zu. Ehe sie Platz nehmen, fragen sie vorsichtig: „Worum geht es denn eigentlich?" Der Wachtmeister macht eine merkwürdige Andeutung, die sie nicht verstehen: „Ihr wisst doch am besten, was am Bahnhof in Dresden-Neustadt passiert ist!" Die beiden fühlen sich in dieser Hinsicht unschuldig, denn sie wissen tatsächlich nichts. Schröder hakt deshalb mit einer weiteren Frage nach: „Was soll'n da passiert sein?" Doch der Wachtmeister herrscht sie an: „Hinsetzen und Maul halten!" Mucksmäuschenstill verharren nun die beiden Kumpane auf der harten Bank und grübeln darüber nach, was der Polizist wohl gemeint haben könnte.

Zwei Stunden später erscheint ein Kriminalpolizist aus Dresden auf der Wache, bespricht mit dem Uniformierten hinter dem Tresen einige dienstliche Angelegenheiten, übernimmt die Asservate und das Protokoll und verabschiedet sich. Beim Hinausgehen gibt er Jakobus und Schröder mit einer Handbewegung zu verstehen, mitzukommen. Wortlos folgen die beiden. Draußen warten zwei weitere zivile Bewacher. Auf kürzestem Wege geht es nun nach Dresden zur BdVP, wo in der obersten Etage die Mordkommission residiert. Dort werden die beiden, wie es im Polizeijargon heißt, zunächst erkennungsdienstlich behandelt. Dann heißt es warten. Was Schröder und Jakobus nicht wissen: Kriminalisten eilen unterdessen mit den Porträt- und Ganzkörperfotos der beiden Zugeführten ans Krankenbett der überfallenen Schwestern, um herauszufinden, ob sie die Personen wiedererkennen. Beide Frauen sind sich nicht sicher, stellen nur eine gewisse Ähnlichkeit mit den Tätern fest. Dann werden die Fotos jenen Zeugen vorgelegt, die zwei verdächtige junge Männer nach der Tat wahrgenommen haben. Sie wiederum halten es durchaus für wahrscheinlich, dass die auf den Bildern abgebildeten Personen mit denen identisch sind, die sie in der Nähe des Tathauses gesehen haben. Für die Ermittler steht fest, dass sie zu einem späteren Zeitpunkt noch eine direkte Gegenüberstellung der Personen folgen lassen. Jedoch bedenkt in diesem Moment niemand die Gefahr, dass eine Wiedererkennung dann womöglich nach den vorgelegten Fotos und nicht

nach dem fraglichen Wahrnehmungserlebnis erfolgen könnte. Diese eilige Maßnahme liefert also keine beweiskräftige Erkenntnis, sondern nur ein Ergebnis mit einem unbestimmten Wahrscheinlichkeitsgrad.
Kurz darauf wird den Zugeführten der Grund ihrer vorläufigen Festnahme mitgeteilt. Sie stehen im Verdacht, am 22. Juni in Dresden-Neustadt zwei betagte Frauen in deren Wohnung brutal überfallen und ausgeraubt zu haben. Schröder und Jakobus schweigen irritiert. Mit dem ihnen unterstellten Fall haben sie ja nicht das Geringste zu tun. Doch sie sind auf absonderliche Weise auch zufrieden, denn von dem Mord an einem Polizisten in Gera weiß in Dresden offenbar niemand.
Sie werden getrennt abgeführt und sehen sich von nun an für unbestimmte Zeit nicht mehr. Als sie nacheinander zur haftrichterlichen Vernehmung vorgeführt werden, erwartet sie eine gestrenge Dame, die ihnen erläutert, dass der Überfall auf die beiden Rentnerinnen eine versuchte vorsätzliche Tötung und ein Verbrechen sei, das den Haftbefehl begründet. Sie stellt jede Menge Fragen zum Tathergang, die Schröder und Jakobus freilich gar nicht beantworten können. Das wird als Verstocktheit ausgelegt. Dann werden sie mit Vorhaltungen überschüttet, die logischerweise auch konsequent unbeantwortet bleiben müssen. Aber nun sind sie mit einer Reihe von Informationen aus dem Täterwissen ausgestattet, dass sie sich unschwer zusammenreimen können, was sich in der Wohnung der alten Damen ereignet hat. Damit ist der Prozess der Wahrheitsfindung durch ein höchst zerstörerisches Virus infiziert worden, das Virus des unbrauchbaren Täterwissens. Denn schon bei den ersten Beschuldigtenvernehmungen stellt sich heraus, dass beide Delinquenten immer wieder Details aus einem Kenntnisfundus preisgeben, über den nur die wahren Täter verfügen dürften. Das wirkt sich mit der Zeit auf die Gesprächskonzeption der Vernehmer aus, die ja davon ausgehen, den wahren Tätern gegenüberzusitzen.
Irgendwann aber geraten die Ermittler in eine Art Pattsituation: Die Preisgabe des vermeintlichen Täterwissens durch die Beschuldigten verdichtet die Verdachtsgründe, die für ihre Täterschaft sprechen; es häufen sich gleichzeitig aber auch die Wider-

sprüche und Zweifel, die ihrer Täterschaft entgegenstehen. Resignation erfasst die Kriminalisten. Unter diesen widrigen Bedingungen erweist sich schließlich auch die beste kriminalistische Untersuchungskonzeption als untauglich. Nun soll ein Vernehmerwechsel Abhilfe schaffen. Weit gefehlt. Die logische Folge: Auch andere Vernehmer benutzen das Mittel der Vorhaltungen, weil auch sie von der wahren Täterschaft der Beschuldigten ausgehen. Der Circulus vitiosus wird also nicht unterbrochen.
Schröder und Jakobus gelingt es, ohne intellektuellen Aufwand das für sie leicht erkennbare Dilemma der Ermittler für ihre Zwecke zu nutzen. Es liegt ihnen nichts näher, als diesen unklaren Zustand zu erhalten. Ihre hohe Beeinflussbarkeit, positiv auf das zu reagieren, was die Vernehmer vermutlich von ihnen erwarten, unterstützt sie dabei. Aus ihrer einfältigen Motivlage gesehen ist es allemal besser, portionsweise einen Verbrechensversuch zu gestehen, der geringer bestraft wird als die vollendete vorsätzliche Tötung eines Polizisten und womöglich sogar die vorsätzliche Herbeiführung einer Explosion in einem großen Wohnhaus. Dass sie weder über das eine noch das andere etwas in der Zeitung gelesen haben, bestärkt sie in ihrer Position.

Auch in Gera stagnieren inzwischen die Ermittlungen im Fall des getöteten Polizisten. Sie kommen erst wieder in Gang, als etwa zwei Monate nach dem Überfall auf die beiden alten Frauen in Dresden-Neustadt die Berliner Zentrale der Kripo eine polizeiinterne „Kriminalistische Information" an alle Dienststellen verbreitet. Darin wird die Verhaftung der Beschuldigten Schröder und Jakobus, deren präzise Personenbeschreibung und der Sachverhalt mitgeteilt, wobei die Dresdener MUK immer noch von Schröders und Jakobus' Täterschaft ausgeht. Zwei Fakten aus dieser Information wecken das Interesse des Geraer MUK-Chefs Festerling an dem Dresdener Fall: Zum einen enthält die Information den Hinweis, dass die Verdächtigen sich seit dem 13. Juni unentwegt in den südlichen Bezirken der DDR herumgetrieben haben. Könnten Schröder und Jakobus demzufolge nicht auch in Gera gewesen sein? Zum anderen fällt bei der Beschreibung des Modus operandi auf, dass die Täter beim Verlassen des Tatorts die Brennerhähne des Gasherds geöffnet haben. Weist diese Tatsache womöglich auf die gleichen Täter hin?

Festerling und ein Mitstreiter machen sich unverzüglich auf den Weg nach Dresden und analysieren die dortigen Akten. Dabei fallen weitere Merkwürdigkeiten auf: So gibt Horst Schröder gegenüber den Ermittlern mehrmals an, mit seinem Kumpan auch in einem Ort gewesen zu sein, an dessen Namen er sich zwar ebenso wenig erinnere wie daran, ob es sich dabei um ein Dorf oder eine Stadt gehandelt habe. Jedoch könne dieser Ort mit dem Buchstaben „G" beginnen. Könnte damit Gera gemeint sein? Und weiter: In einer Vernehmung, in der Jakobus das Wohnhaus des Überfalls auf die beiden Damen beschreiben soll, meint er anfangs, „das war ein heller Neubau", korrigiert sich aber nach dem Einwand des Ermittlers, am Bahnhof Dresden-Neustadt befinde sich kein heller Neubau, und behauptet stattdessen, „stimmt, ein Altbau war's".

Endlich! Ein Silberstreif am dunklen Horizont des Erkenntnishimmels. Kein Grund mehr für Resignation. Festerlings üblicher Tatendrang ist mobilisiert, und langsam setzt sich das Räderwerk der Ermittlungen wieder in Bewegung. Schröder und Jakobus werden, ohne voneinander zu wissen, in die UHA nach Gera und nach Rudolstadt überführt, damit jegliches Zusammentreffen vermieden wird. Die Männer der MUK treffen sich zu einer Lagebesprechung und erörtern die vor ihnen stehenden taktischen und methodischen Probleme der Fallbearbeitung. Da die objektive Beweislage im Fall des Hauptwachtmeisters Langloff auf wackligen Füßen steht, geht es vorrangig um die Erlangung von Täterwissen, das aber nur dann die Qualität eines Beweises erreicht, wenn absolut gesichert ist, dass die Beschuldigten es nur durch das Taterlebnis selbst und nicht auf andere Weise erlangt haben. Alle Aussagen zu den Komplexen „Aufenthalt in Gera, Kontakt mit dem Opfer, Tathaus in der Ernst-Toller-Straße, Wohnung des Polizisten, Gesprächsinhalte, Tathandlung, Diebesgut, Verlassen des Tathauses, Abreise aus Gera" sollen durch Aussagedemonstrationen und Rekonstruktionen objektiviert werden.

Bis Anfang Dezember 1979 dauern die Untersuchungen an, konsequent nach dieser Verfahrensstrategie. Anfangs versuchen beide Beschuldigte, die Ermittler mit widersprüchlichen, sich gegenseitig belastenden Angaben abzulenken und zu irritieren, erkennen aber bald, dass ihr teils raffiniertes, teils dümmliches Verteidigungsverhalten keine nachhaltige Wirkung zeigt. Schließlich gestehen sie den Mord an dem Hauptwachtmeister Langloff.

Festerlings Mannschaft vernimmt zweiundfünfzig Zeugen und objektiviert die wichtigsten Einlassungen der Beschuldigten durch Untersuchungsexperimente und Rekonstruktionen, die durch ihre Beweiskraft überzeugen. So wird die Ausdauer der Ermittler doch noch mit Erfolg belohnt.

Einziger Wermutstropfen: Schröder und Jakobus wollen nicht darüber sprechen, wo das Diebesgut verblieben ist. Sie verweigern hartnäckig eine Antwort. Vermutlich wollen sie andere Personen schützen. Ganovenehre. Im Kleinen wie im Großen.

Nach Abschluss des Ermittlungsverfahrens erfolgt die bei Gewaltdelikten übliche psychiatrische Begutachtung der Beschuldigten. Für Schröder stellt der Gutachter fest: „Im Sozialbereich entwickelt Schröder ein hohes Anspruchsniveau, tritt fordernd überheblich-distanzlos auf und strebt offensichtlich gegenüber Jakobus eine Führungsrolle an. Es handelt sich jedoch um ein Streben nach sozialer Dominanz, wobei bei ihm fehlende soziale Gefühle dominieren. Er ist bemüht, seinen eigenen Tatbeitrag möglichst gering erscheinen zu lassen ... Schröder wirkt in seinem Habitus ungepflegt. Er versucht, Jakobus in den Tatvordergrund zu stellen, er habe nur ausgeführt, sei nicht aktiv beteiligt gewesen. Bei ihm handelt es sich um eine unreife Persönlichkeit, verbunden mit Milieuschädigung und starker Verwahrlosung. Zu den Straftaten hat er sich bewusst entschlossen. Seine Zurechnungsfähigkeit ist nicht eingeschränkt ..."

Bei Jakobus hingegen stellt der Gutachter einen Schwachsinn leichten Grades fest (Intelligenzquotient von 72). Auch bei ihm liegt eine massive Milieuschädigung vor. „Die soziale Fehlentwicklung ist schwerwiegend und abnorm, jedoch ist ihr tatbezogen kein Krankheitswert beizumessen. Die Intelligenzmängel sind nicht so ausgeprägt, dass Jakobus nicht in der Lage gewesen wäre, das Unerlaubte seiner Handlung einzuschätzen und sich entsprechend gesellschaftsgemäß verhalten zu können. Die

Milieuschädigung ist zwar schwerwiegend und abnorm, hat jedoch tatbezogen nach dem juristischen Sprachgebrauch keinen Krankheitswert. Jakobus ist voll zurechnungsfähig ..."
Damit sind alle Voraussetzungen für die Anklageerhebung erfüllt.
Anfang Juni 1980 findet vor dem 2. Strafsenat des Geraer Bezirksgerichts unter dem Vorsitz der Oberrichterin Beuthel die Verhandlung gegen Uwe Jakobus und Horst Schröder statt. Ein viertägiges zähes Ringen um die Wahrheit folgt. Schröder versucht vergeblich, die Hauptschuld an der Tötung des Polizisten seinem Kumpel Jakobus anzulasten und bestreitet vehement, gesagt zu haben „bringen wir den Bullen zum Schweigen". Und dies, obwohl er sowohl vor der Kripo als auch vor dem Staatsanwalt längst eingeräumt hatte, diesen teuflischen Vorschlag gemacht zu haben. Doch das Gericht bleibt unbeeindruckt.
Nach viertägiger Verhandlung verliest die Oberrichterin das Urteil. Es heißt für beide: lebenslange Freiheitsstrafe.

Auszug aus dem Urteil:
„Beide Angeklagten haben gemeinsam einen Mord begangen. Sie haben vorsätzlich einen Menschen getötet. Der Angeklagte Schröder hat die Anregung dazu gegeben. Der Angeklagte Jakobus hat zur Durchführung dieses Vorhabens Einrichtungsgegenstände der Wohnung in Brand gesetzt und durch Aufdrehen der Gashähne Gas ausströmen lassen. Danach haben beide Angeklagte die Wohnung verlassen. Sie wussten, dass der Geschädigte infolge des übermäßig genossenen Alkohols hilflos und handlungsunfähig in der Wohnung lag. Sie wussten, dass er verbrennen oder ersticken würde und wollten das auch, um ihre Diebstahlshandlungen zu verdecken. Der Tatbeitrag des Angeklagten Schröder besteht darin, dass er den Vorschlag zur Tötung machte und in Kenntnis dessen, dass in der Wohnung drei Brandstellen gelegt waren und Gas ausströmte, als letzter die Wohnung verließ und die Tür hinter sich zuzog. Damit hat er alle Voraussetzungen geschaffen, dass Gas und Feuer ungestört auf den Geschädigten einwirken konnten und in der Folge – wie beabsichtigt – auch dessen Tod hervorriefen. Da es sich hierbei um ein Erfolgsdelikt handelt, bei dem die Tathandlung nicht

mit dem Eintritt der beabsichtigten Folgen zusammenfällt, waren mit dem Liegenlassen des Geschädigten, dem Verlassen der Wohnung und dem Zuziehen der Wohnungstür die Tathandlungen beendet. Deshalb liegt auch hinsichtlich Schröder Mittäterschaft und nicht Beihilfe, wie von der Verteidigung vorgetragen wird, vor.
Diese Handlung stellt ein Verbrechen nach § 112 Abs. 1 StGB dar. Der Angeklagte Jakobus hat in Tateinheit dazu eine versuchte vorsätzliche Brandstiftung –Verbrechen nach §§ 185 Abs. 1 und 3, 186 Ziff. 3 StGB – begangen, indem er durch Anbrennen verschiedener Einrichtungsgegenstände die Wohnung des Geschädigten in Brand setzen wollte, damit durch einen Wohnungsbrand der Tod des Geschädigten eintritt. Da der Wohnraum selbst zum Zeitpunkt der Erkennung des Brandes noch nicht vom Feuer erfasst war, handelt es sich um einen Versuch. Die schwere Brandstiftung ist deshalb gegeben, da damit die Aufdeckung einer anderen Straftat verhindert werden sollte ..."

Epilog:
Nachdem Horst Schröder und Uwe Jakobus nach Gera überstellt wurden und von nun an als Beschuldigte im Mordfall des Hauptwachtmeisters Langloff im Mittelpunkt des kriminalistischen Untersuchungsinteresses stehen, atmen die Dresdener Mordermittler auf. Damit haben die Irrungen und Wirrungen, die ihnen die beiden aufzwangen, ein Ende. Mit der Einstellung des Ermittlungsverfahrens gegen Schröder und Jakobus kann nun im Fall der geschundenen und geschändeten alten Damen ein ungetrübter kriminalistischer Blick auf die Ermittlung der wahren Täter gerichtet werden. Das umfangreiche Ausgangsmaterial wird neu gesichtet und ausgewertet, die bisherige Untersuchungsplanung wird korrigiert, Zeugenaussagen werden unter den veränderten Bedingungen analysiert und bewertet, einstmals Beiseitegelegtes wird neu beurteilt. Das Verfahren erhält wieder das Prädikat „unbekannter Täter". Derlei Änderungen der Untersuchungsrichtung kommen in der Praxis der Morduntersuchung immer wieder vor und sind auch schnell vollzogen. Mit Feuereifer stürzen sich die Männer der MUK erneut auf den Fall. Es

dauert nur wenige Wochen, und sie können einen überraschenden Aufklärungserfolg verbuchen. Wie kam es dazu? Bereits zu Beginn der 70er Jahre schlossen sich die in der Dresdener Luisenstraße wohnhaften asozialen Jugendlichen Mathias Wimmer (19), sein Stiefbruder Michael Krüger (16) und Bärbel Mandel (17) zu einer kriminellen Gruppe zusammen und begannen, nicht nur Diebstähle, sondern auch Raubüberfälle zu begehen. Dabei gingen sie arbeitsteilig vor. Bärbel Mandel übernahm die Rolle einer Anstifterin, baldowerte aus, wo betagte, alleinstehende Bürger wohnten, klärte deren Wohnumgebung auf, stand dann Schmiere und führte Regie, wenn Wimmer und Krüger bei ihren arglosen Opfer auftauchten, mit fadenscheinigen Begründungen Einlass in deren Wohnung erreichten und unter Gewaltandrohung die Herausgabe von Barmitteln erzwangen. Bei späteren Raubzügen drohten sie ihren Opfern nicht nur Gewalt an, sondern übten sie ohne jede Ankündigung auch aus. Im Verlaufe der Zeit gingen die drei immer rücksichtsloser vor. Am Nachmittag des 22. Juni 1979 überfielen sie die hochbetagten Schwestern Ihlow und Bader in deren Wohnung unweit des Neustädter Bahnhofs, vergingen sich mit unvorstellbarer Brutalität fast zwei Stunden lang an ihnen, öffneten die Brennerhähne des Gasherdes in Tötungsabsicht, um danach mit dem Raubgut zu verschwinden.

Das Ermittlungsverfahren gegen das räuberische Trio führte nicht nur zur Aufklärung dieses Verbrechens, sondern auch weiterer schwerer Straftaten, darunter zwei vollendete Morde.

Noch vor Ende des Jahres 1980 wurden Bärbel Mandel, Mathias Wimmer und Michael Krüger wegen gemeinschaftlich begangenen, vollendeten Mordes in zwei Fällen und versuchten Mordes in zwei Fällen, in Tateinheit mit mehrfachem schweren Raub zu lebenslangen Freiheitsstrafen verurteilt.

Bleibt für Schröder und Jakobus im Falle der alten Damen nur noch festzustellen: Ihr fast gleiches Alter mit Wimmer und Krüger, ihr ähnlicher Habitus, die zeitlichen Bedingungen der Tat, das Öffnen der Brennerhähne des Gasherdes, die Art des Diebesgutes, die widersprüchlichen Zeugenaussagen hinsichtlich der Personenbeschreibung der Verdächtigen und die Offenbarung von Bestandteilen des Täterwissens durch Schröder und

Jakobus führten die Dresdener Kriminalisten eine Zeit lang auf eine falsche Fährte.

Und schließlich: Einige Jahre nach Einlieferung in die Strafvollzugsanstalt Untermaßfeld unternimmt Horst Schröder erfolglos einen gewaltsamen Ausbruchsversuch, bei dem er einen Polizeiposten niederschlägt und erheblich verletzt. Mordversuch heißt es. Erklärlich, dass sich das Gericht bei einem Strafenzuschlag nicht zimperlich zeigt.

Lust auf Gewalt

Aktenzeichen Bezirksgericht Dresden 2 BS 20/64 – I 1/64
Tgb.Nr. MUK Dresden 42/64

Freitag, der 22. November 1963, am frühen Abend. Ein kaltfeuchter, grauer Herbstschleier liegt über der Stadt und kündigt den nahenden Winter an. An der Kasse des Pirnaer Filmtheaters UT Lichtspiele drängt sich eine dichte Menschentraube. „Die drei Musketiere – eine französisch-italienische Coproduktion in Farbe und Cinemascope in zwei Teilen" steht auf dem Transparent über dem Eingang. Der Andrang beweist das große Interesse der Kinobesucher an Importen aus der bunten Flimmerwelt jenseits der Mauer. Es ist die Zeit der gut besetzten Kintopps, und das Abenteuer beginnt bereits mit dem Ergattern einer Eintrittskarte. Abseits von der Menschentraube und unbeeindruckt von der Betriebsamkeit an der Kinokasse steht der 29-jährige Gerhard Schwabe, ein mittelgroßer, kraftstrotzender Pykniker im hellgrauen Anorak und wartet ungeduldig auf seinen Kumpel Dieter Reißberg (22). Schwabe ist bereits stolzer Besitzer zweier Karten für die in wenigen Minuten beginnende Abendvorstellung.

Etwas später als zur verabredeten Zeit erscheint, abgehetzt und fast außer Atem, der längst erwartete Kumpel, ein schlanker, fahlblasser Bursche mit knochigem Gesicht, dessen auffallend gelbe Zähne verraten, dass er ein starker Raucher ist. Beide Männer sind durch zwei Gemeinsamkeiten verbunden: Zum einen sind Reißberg und Schwabe in Ebenheit zu Hause, einer kleinen Gemeinde wenige Kilometer südlich vor den Toren der Stadt. Zum anderen verbindet sie ihr miserabler Leumund. Denn sie sind ortsbekannte Schluckspechte, denen der Wirt des heimischen Dorfkrugs längst die rote Karte gezeigt hat, weil sie im Suff wiederholt andere Gäste beleidigt haben und ihre Muskeln dabei spielen ließen. So manche Kneipenschlägerei geht inzwischen auf ihr Konto.

„Mist, der Bus hatte Verspätung", lügt Reißberg, der verschweigen will, in einer Kneipe bereits etliche Biere getrunken zu

haben. Er blickt suchend um sich und fragt neugierig: „Und wo ist dein Bruder, der wollte doch mit?"
„Der Knallkopp hat seine Brille zerbrochen und muss zum Optiker. Er holt uns nachher ab, hat er versprochen", erklärt Gerhard Schwabe und fordert mit der Bemerkung „Los, gehen wir rein!" seinen Kumpel auf, dem Menschenstrom zu folgen, der langsam im Inneren des Filmtheaters verschwindet.
Während in den nächsten Stunden der stürmische Cascogner d'Artagnan mit seinen degenflinken Freunden die bösen Absichten Richelieus, Rocheforts und der falschen Schlange Mylady Winter vereitelt, hockt Gerhard Schwabes jüngerer Bruder Peter (21), in der Gaststätte „Zur Tankstelle", zufrieden mit sich, dem reparierten Brillengestell auf seiner Nase und dem Bier vor sich auf dem Tisch. Er wohnt seit der Heirat seiner Schwester, die unterdessen nach Dresden umgezogen ist, in deren früherer, inzwischen ziemlich heruntergekommenen Wohnung in der Langestraße und verdingt sich tagsüber als Transportarbeiter in der GHG Lebensmittel. Für die Nachbarn und Kollegen ist er durchaus ein fleißiger, ausgeglichener und behilflicher Zeitgenosse, also keineswegs solch wüster Trunkenbold wie sein älterer Bruder und dessen Kumpan Dieter Reißberg. Dennoch befindet auch er sich bereits auf den unteren Stufen der Karriereleiter ins alkoholische Verhängnis. Denn Bier und Korn bestimmen immer mehr auch seinen Lebensinhalt und sind die Wegbereiter für flüchtige und zweifelhafte Freundschaften aus dem Milieu der Trinker.
Als er um 22.15 Uhr zum Kino geht, um die beiden abzuholen, muss seine strapazierte Leber bereits acht Biere und vier Schnäpse verbrennen. Doch damit nicht genug, denn der tiefere Grund für die Verabredung mit seinem Bruder und Reißberg ist, sie zu einem spätabendlichen Umtrunk zu überreden. Vor dem Kino herrscht eine merkwürdige Ruhe. Die Lichtreklame über dem Eingang ist verloschen, der Kassenraum verwaist, nur ein Liebespärchen interessiert sich für die Fotos im Aushang, die den nächsten Film ankündigen. Doch aus dem Inneren des Gebäudes sind Musik, undeutliche Stimmen der Leinwandakteure und der metallische Klang sich im Kampf kreuzender Degenklingen zu vernehmen. Minuten später die Abspannmusik. Fast gleich-

zeitig öffnen sich die Türen der Seitenausgänge. Menschen strömen heraus, heiter, erregt plaudernd und offenbar zufrieden mit dem Leinwanderlebnis. Unter ihnen Gerhard Schwabe und Dieter Reißberg, die sogleich auf Peter zusteuern, als sie ihn bemerken. Der empfängt sie gleich mit der Frage: „Und wie war's?" Und wie aus einem Mund folgt prompt die Antwort: „Klasse!"
„Eh, jetzt brauch ich erst mal ein Bier!", meint Reißberg, und Peter ergänzt: „Wollte euch gerade vorschlagen, gehen wir in den ‚Adler'?" Die beiden verstehen. Das Lokal „Schwarzer Adler" ist ihnen bestens bekannt, und Gerhard bekundet sofort sein Einverständnis, doch Reißberg wendet ein: „Geht nicht, Lokalverbot!"
Das Trio berät sich kurz, sortiert bei allen Überlegungen, welche Lokale wegen vergangener Randale tabu sind und einigt sich schließlich auf den Besuch der Mitropa-Gaststätte am Bahnhof. Auf dem Weg dorthin reden Gerhard Schwabe und Dieter Reißberg begeistert über den Film, lassen gedanklich in bunter Reihenfolge die ihrer Meinung nach besten Filmepisoden und Gags auferstehen und fechten lautstark mit imaginären Degen, grob scherzend und rücksichtslos gegenüber anderen Passanten, die aus gutem Grund vorsorglich auf die andere Straßenseite wechseln. Gegen 22.45 Uhr erreicht das Trio das Bahnhofslokal. Schon beim Betreten des Gastraums lässt Gerhard Schwabe den Wirt hinterm Tresen gleich wissen: „Drei Bier, drei Klare!" Dann erst nehmen die drei Platz. Der Wirt reagiert sofort. Die jungen Männer stürzen das Bier hinunter in ihre Kehlen, als hätten sie einen langen Weg durch die Wüste Sahara hinter sich. Augenblicke später hebt Reißberg sein geleertes Glas hoch und ruft dem Wirt zu: „Willi, mach mal die Luft aus den Gläsern!" Der versteht, und sorgt von nun an beflissen für stets gefüllte Biergläser. Zunächst beschränkt sich die Konversation der drei Schluckspechte auf das weitere begeisterte Nachempfinden des Filmabenteuers, bis Gerhard Schwabe seinen Blick auf einen Nachbartisch richtet und fragt: „Kennt ihr den alten Sack da drüben?"
Peter Schwabe und Dieter Reißberg sehen hinüber zu dem Tisch, den Gerhard meint. Vor einem halb geleerten Bierglas hockt dort

in bizarrer Haltung ein einsamer Gast und schläft offenbar seinen Rausch aus, ein ziemlich beleibter, mittelgroßer Mann, um die fünfzig, mit graugemischtem, schütterem Haar.
Reißberg verneint, nur Peter Schwabe meint: „Ich glaube, den hab ich schon mal gesehen, den Arsch!"
„Wenn der nachher rausgeht, gibt's eine, dann ist er wieder nüchtern!", frohlockt Reißberg voller böser Lust und schlägt demonstrativ mit der rechten Faust in seine linke Handfläche. Damit deutet er sein großes Vergnügen an einer Schlägerei an. Die beiden Kumpane pflichten ihm bei. Und Gerhard Schwabe zieht nach: „Wir warten, bis er rausgeht, dann gibt's Feuer frei!" Er wendet sich an den jüngeren Bruder und schlägt vor: „Du fängst an, mit ihm zu stänkern, dann haust du ihm eine auf seinen dicken Wanst, dann sind wir dran!"
Wieder trinken sie Bier, und je mehr sie trinken, umso mehr steigern sie sich in die gefährliche Vorfreude auf eine Schlägerei hinein. So zimmern sie sich einen Grund zurecht, der den bevorstehenden Gewaltakt rechtfertigen soll. Er verkörpert eine durchaus mit sadistischen Lusttendenzen durchsetzte archaische Form der Machtausübung über den Schwächeren. Das gegenseitige, kollektive Aufschaukeln begünstigt diesen Vorgang.
Kurz nach Mitternacht macht der Wirt auf die Polizeistunde aufmerksam und kassiert mit den Worten ab: „Ihr könnt in Ruhe austrinken, aber dann ist Feierabend!" Eine Zeche für mehr als dreißig Glas Bier hat das sauffreudige Trio zu berappen. Das bedeutet: In den neunzig Minuten ihrer Anwesenheit im Bahnhofsetablissement haben die drei jeder mindestens zehn Biere getrunken, so jedenfalls ermittelt es später die Polizei.
Unterdessen wecken der Wirt und sein Kellner den schlafenden Mann mit dem schütteren Haar am Nachbartisch und mahnen ihn zum Aufbruch. Doch der Mann schwankt unsicher, stößt beim Hinausgehen mit dem Körper an die auf seinem Parcours im Wege stehenden Tische und Stühle. Behutsam bugsieren Wirt und Kellner den Be- und Schlaftrunkenen in die Bahnhofsvorhalle und setzen ihn dort auf eine Wartebank. Von irgendwoher ist ein Zug angekommen. Leute sind ausgestiegen und eilen durch die Bahnhofshalle zum Ausgang. Diese Unruhe bedeutet Warten. Das schlagfreudige Trio verharrt deshalb

draußen auf dem Bahnhofsvorplatz, bis die mitternächtige Ruhe zurückgekehrt ist. Dann sagt Gerhard Schwabe: „Ich gehe rein und hol'n raus!"
Gesagt, getan. Er nimmt einen Augenblick lang neben dem Betrunkenen Platz und meint arglistig: „Na, Kumpel, wohl zu viel gefrühstückt? Komm, ich bring dich nach draußen!" Bereitwillig erhebt sich der Mann mit dem schütteren Haar, Gerhard hakt ihn unter und beide verlassen das Bahnhofsgebäude. Draußen, auf einer abseits stehenden Bank, warten Reißberg und Peter Schwabe. Gerhard führt sein Opfer dorthin und drückt ihn auf die Bank. „Komm Alter, setz dich und rauch eine", meint er und bietet ihm eine Zigarette an, während Reißberg ihm Feuer gibt. Der Mann mit dem schütteren Haar, dessen Sinne langsam zurückkehren, bedankt sich und pafft an der Zigarette. Auch die anderen rauchen. Eine tückische, angespannte Gesprächslosigkeit herrscht zwischen ihnen. Weiteres Warten ist angesagt, denn noch ist die Personenbewegung auf dem Vorplatz zu groß. Als sich die Menschen schließlich in alle Richtungen zerstreut haben, fangen die drei an, den Mann zu rempeln. Dabei gleitet ihm die Zigarette aus den Fingern und fällt aufs Pflaster. Reißberg tritt absichtlich unabsichtlich auf den Glimmstängel und motzt: „Kannste nich aufpassen, Blödmann, die kostet doch Geld!"
Der Alte erhebt sich, spürt offenbar ein drohendes Ungemach und geht schnellen Schritts zurück in die Vorhalle des Bahnhof. Peter Schwabe ist ihm gleich auf den Fersen, holt ihn ein und fragt scheinheilig: „Warum haust'n ab?"
„Deine Kumpels wollen irgendwas von mir, das sind doch Schläger. Aber du bist in Ordnung!"
„Mach dir keinen Kopf deswegen, ich bringe dich nach Hause, einverstanden?"
Der Mann mit dem schütteren Haar scheint zufrieden zu sein, hakt seinen Begleiter unter, und beide verlassen das Bahnhofsgebäude. Sie tappeln los in Richtung Elbbrücke. Was allerdings nur Peter Schwabe weiß: In sicherem Abstand folgen sein Bruder und Reißberg, jederzeit zur Attacke bereit.
Etwa an der Brückenauffahrt, Einmündung Klosterstraße, bleiben sie stehen. Der Mann fingert eine Zigarette aus der

Schachtel, die in seiner Jackentasche steckt und fragt seinen zwielichtigen Begleiter: „Haste mal Feuer?"
„Klar kriegste Feuer", sagt Peter Schwabe und tut so, als suche er mit beiden Händen in seinen Taschen nach Streichhölzern. Unterdessen haben sich Gerhard Schwabe und Dieter Reißberg hinterrücks genähert. Dann geht es blitzschnell: Peter zieht die Hände aus den Taschen und verpasst dem Mann plötzlich mehrere kräftige Faustschläge ins Gesicht. Der taumelt zurück, will zum Gegenschlag ausholen, wobei er die beiden anderen Kerle bemerkt, die bedrohlich hinter ihm stehen. Jetzt bleibt ihm nur die Flucht. Laut schreiend rennt er davon in Richtung Elbbrücke. Das schlagwütige Trio nimmt die Verfolgung auf, eilt über den Treppenaufgang hoch zur Brücke und schneidet dem Flüchtenden den Weg ab. Ein heftiger Schlag Reißbergs zwingt ihn zu Boden. Er stürzt auf die Fahrbahn. Gerade sind die drei dabei, auf den Mann einzutreten und -zuprügeln, da geraten sie in die Lichtkegel eines Autoscheinwerfers. Ein Kraftfahrzeug nähert sich. Schnell lassen die Schläger von ihrem Opfer ab, richten es auf und täuschen vor, einem Hilflosen behilflich zu sein. Sie stellen den Mann auf die Beine, führen ihn zum Gehweg und lassen ihn ziehen. So jedenfalls deutet der vorbeifahrende Kraftfahrer diese Szene, als er sie später der Polizei beschreibt. In Wirklichkeit sind die Rowdys ganz schnell wieder bei ihm. Etwa in der Mitte der Brücke kriegen sie ihn zu fassen. Peter Schwabe hält sich zurück, sein Bruder Gerhard indes prügelt auf den Mann ein und feuert seinen Kumpan an: „Schieß ihm eine und dann über Bord!"
Prompt trifft Reißbergs harte Rechte das Kinn des Mannes, der mit dem Körper gegen das Brückengeländer stößt und sich vor Schmerzen krümmt. Gerhard Schwabe packt ihn von hinten, hebt ihn hoch, so dass er mit dem Oberkörper über dem Brückengeländer hängt und hält ihn an einem Bein fest. In diesem Moment erblickt Reißberg in der Ferne zwei sich nähernde Radfahrer. „Schnell, da kommen welche!", warnt er seinen Kumpan, erfasst in Windeseile das andere Bein des erbärmlich schreienden Mannes, und mit vereinten Kräften kippen sie das wehrlose Opfer über das Geländer. Mit einem gewaltigen Plumps stürzt der Geschundene fast 14 Meter tief in die eiskalte Elbe. Für die

Übeltäter heißt es nun zu flüchten. „Los, weg hier!", mahnt Gerhard Schwabe. Während Reißmann sich über die Treppe in Richtung Brückenauffahrt auf und davon macht, dabei seinen auffällig roten Schal in einem Gulli verschwinden lässt, weil er befürchtet, dass dieser ihn verraten könnte, laufen die Gebrüder Schwabe zum nahen Eisenbahngelände, überqueren die Gleise und verschwinden irgendwo in der Nacht.

Die Angst vor der Polizei treibt Gerhard und Dieter gleich am nächsten Tag zu Peter Schwabe, um an einer Verhaltenskonzeption zu basteln, falls man sie verdächtigen sollte. Immerhin befürchten sie zu Recht, dass der nächtliche PKW-Fahrer und die beiden Radfahrer sie möglicherweise identifizieren könnten.

Zunächst will Gerhard Schwabe im Falle des Falls die Tat ganz allein auf sich nehmen. Er hält sich für fähig, aus der Sache ohne größeren Schaden herauszukommen. Und das aus seiner Sicht nicht ohne Grund. Denn seine Strategieüberlegungen gehen von folgenden, höchst bemerkenswerten Erfahrungen aus: Gerhard Schwabe ist Analphabet. Er kann gerade seinen Namen schreiben. Im Jahre 1954 stand er einmal wegen kleinerer Diebstähle vor Gericht. Seine Ahnungslosigkeit von der Schriftsprache nutzte er mit schauspielerischem Geschick, sich der Exekutive mit Erfolg einfältiger zu präsentieren, als er realiter war. Der Richter ließ ihn in der Nervenklinik Dresden-Löbtau begutachten. Dabei stellte Gerhard Schwabe sich vor dem Hintergrund seines Analphabetismus durch wohldosiert abweisend-verstocktes Gebaren derart pfiffig an, dass der Gutachter, besser „Schlecht"-achter, bei ihm einen „hochgradigen Schwachsinn" diagnostizierte, infolgedessen er als zurechnungsfähig unter den Schutz des § 51 Abs. 1 StGB gestellt wurde. Logische juristische Folge: Bestrafung ausgeschlossen.

Drei Jahre später wurde Schwabe wegen Sachbeschädigung erneut straffällig. Wieder kam er vor Gericht. Aus Gründen der Zweckmäßigkeit wurde das alte psychiatrische „Gutachten" beigezogen. Wegen seines vermeintlich hochgradigen Schwachsinns unterblieb folgerichtig eine Bestrafung. Das Gericht ordnete seine Unterbringung in einer Heil- und Pflegeanstalt an, was im Gegensatz zum Strafvollzug eher einem Kuraufenthalt

gleichkam. Dort aber wurde Gerhard Schwabe nach einiger Zeit als Simulant entlarvt und sogleich entlassen.
Sein Bruder Peter und Dieter Reißberg halten nichts von der Idee, auch diesmal „einen auf Klapse zu machen" und warnen: „So billig wie damals kommste aber diesmal nicht davon!"
Gerhard Schwabe lässt sich überzeugen und zieht sein waghalsiges Angebot zurück. Nun spielen die drei verschiedene, teilweise ziemlich absurde und komplizierte Varianten durch, einigen sich schließlich aber darauf, das von ihnen angezettelte, verbrecherische Geschehen auf der Elbbrücke einfach nur hartnäckig zu leugnen. Allerdings konstruiert das Trio für die kritische Zeit nach Verlassen der Mitropa-Gaststätte einen angeblichen Heimweg, der den sicheren Rückschluss auf ein späteres Zusammentreffen mit dem unbekannten Mann unmöglich macht.
Nach der Absprache trennen sich die drei wieder, und langsam beruhigen sich ihre morbiden Seelen.

Am Montag, dem 25. November, nimmt ein Wachtmeister der Pirnaer Polizeiwache unter der Tagebuchnummer 1295/63 eine Vermisstenmeldung entgegen. Anzeigeerstatter ist der 25-jährige Tischler Frank Böttcher. Mit sorgenvoller Miene schildert dieser, sein Schwiegervater Alfred Großmann (49), Maschinenarbeiter im VEB Vereinigte Zellstoffwerke, habe letzten Freitag nach Schichtschluss kurz nach 16 Uhr seine Arbeitsstelle verlassen und sei seitdem spurlos verschwunden. Böttcher erwähnt dabei beiläufig, sein Schwiegervater gehe zwar gelegentlich nach Schichtende mit Kollegen einen trinken, doch käme er stets nach einigen Stunden heim, um seine invalidisierte, chronisch kranke Ehefrau nicht über Gebühr allein zu lassen. Über Nacht und sogar übers ganze Wochenende fernzubleiben sei ganz und gar nicht seine Art und deshalb höchst beunruhigend. Die Familie ist nun in großer Sorge, ein unvorhergesehenes Ereignis könne ihn an der Heimkehr hindern, weshalb man sich hilfesuchend an die VP wende. Der Wachtmeister beruhigt den Anzeigeerstatter und entlässt ihn mit der Zusage, die Angelegenheit an die Kripo weiterzuleiten, damit die erforderlichen Überprüfungen und Fahndungsaktivitäten in Gang gesetzt werden können. Aber weil der vermisste Alfred Großmann ein gesunder, erwachsener Mann ist, der überdies auch eine innige Beziehung zu geistigen Getränken zu unterhalten scheint, wird der Vorgang mit bürokratischer Gemächlichkeit behandelt, denn ein akuter Gefährdungsgrad ist derzeit nicht zu erkennen. So bleibt der Ermittlungsaufwand in den ersten Tagen eher bescheiden.

Das ändert sich erst, als Alfred Großmann auch späterhin vermisst bleibt. Drei Wochen nach der Anzeige stoßen die Fahnder aber auf zwei Zeugen, die in der Nacht vom 22. zum 23. November herzzerreißende Schreie eines Mannes wahrgenommen hatten, die von der Elbbrücke zu ihnen drangen. Die Ermittler sehen darin zu Recht sowohl einen zeitlichen als auch örtlichen Zusammenhang zu der aktuellen Vermisstensache, leiten ein Ermittlungsverfahren wegen des Verdachts eines Gewaltverbrechens gegen Unbekannt ein und präzisieren die Fahndungsmaßnahmen. Am 12. Dezember erscheint endlich in der Tageszeitung eine kurze Notiz über die Fahndung der Polizei nach dem vermissten Alfred Großmann. Damit mutiert der Fall zum allgemeinen Stadtgespräch, und die wildesten Gerüchte machen die Runde.

Als Gerhard Schwabe davon erfährt, packt ihn wieder die Angst vor der Polizei. Es drängt ihn unablässig, mit einer Person seines Vertrauens über die neue Sachlage sprechen. Deshalb begibt er sich zur Wohnung seines Kumpels Reißberg. Doch er trifft nur dessen ältere Schwester Elly an, die längst eine eigene Familie hat.

„Wo ist Dieter? Muss was Wichtiges besprechen", stammelt er mit zittriger, banger Stimme.

Die Frau zuckt bedauernd mit den Schultern, weiß nicht, wo ihr Bruder sein könnte. Schwabes ungewöhnliche, innere Spannung fällt ihr sofort auf. Irgendetwas muss ihn sehr bedrücken. Deshalb redet sie auf ihn ein, er möge frank und frei sagen, was los ist, und sein Gewissensdruck ist so überwältigend, dass es aus ihm herausbricht: „Wir haben Scheiße gebaut!"

Elly will natürlich mehr wissen. Gerhard Schwabe überlegt kurz. Dann muss sie ihm absolute Verschwiegenheit versprechen, und er sagt: „Das mit dem Mann in der Zeitung haben wir verzapft!"

„Wer wir?", fragt Elly bestürzt.
„Dieter und ich", antwortet Schwabe zögerlich.
Elly ist mit der knappen Antwort nicht zufrieden, will wissen: „Sag, was da los war!"
„Der ist von der Elbbrücke gefallen ..." Als würde ihm die Brisanz seiner Äußerung plötzlich bewusst, will er mit einem Mal nichts mehr sagen. Abrupt beendet das kurze Gespräch, macht auf dem Absatz kehrt, und während er geht, ruft er ihr noch zu: „Frag ihn doch selbst!"
Als Dieter Reißberg später heimkommt, stellt Elly den kleinen Bruder gleich zur Rede und fragt entschlossen: „Was habt ihr mit dem Mann auf der Elbbrücke gemacht?"
Reißberg ist die Frage höchst fatal, er druckst herum. Die große Schwester lässt nicht locker: „Gerhard war hier und hat gesagt, ihr wart das!"
Der Satz zeigt Wirkung. Dieter Reißberg ist völlig überrascht. Er winkt energisch ab, läuft nervös in der Stube umher, tippt mit dem Zeigefinger an seine Stirn und poltert: „Das Arschloch muss doch spinnen. Der hat doch 'nen Dachschaden!"
Aber Elly schwant nichts Gutes und fragt energisch: „Hast du mit der Sache was zu tun, ja oder nein?"
Vehement weist Reißberg den ungeheuren Verdacht von sich und versichert seiner Schwester hoch und heilig, mit der obskuren Sache nicht das Geringste zu tun zu haben. Damit beendet er den Dialog. Doch in Ellys Kopf arbeiten die Dinge weiter ...

Am 20. Dezember geht bei der für die Vermisstensache Großmann zuständigen Einsatzgruppe ein anonymer Anruf ein. „Es geht um Ihre Vermisstenmeldung in der Zeitung", sagt die unbekannte Stimme, „kümmern Sie sich mal um Gerhard Schwabe und Dieter Reißberg aus Ebenheit, die haben mit dem vermissten Mann was zu tun. Fragen Sie mal, was da auf der Elbbrücke los war." Mehr will der geheimnisvolle Anrufer nicht sagen und legt auf. Bösartige Denunziation oder reine Wahrheit? Warum die Geheimnistuerei? Natürlich kennt sich die Kripo mit derlei inoffiziellen Hinweisen aus. Doch trotz eines gesunden Misstrauens gegenüber Informationen von Tippgebern aus dem Hintergrund gilt die Regel, auch diese ernst zu nehmen und

abzuklären. Umgehend werden die Umgebung der Elbbrücke und das Ufergelände der Elbe abgesucht. Ohne Erfolg. Schnell werden auch Schwabe und Reißberg in der kleinen Gemeinde Ebenheit, wo sie bekannt wie bunte Hunde sind, ausfindig gemacht und befragt. Wie ursprünglich abgesprochen, halten sie sich konsequent an ihre festgelegte Verteidigungskonzeption und leugnen jeglichen Kontakt zu dem vermissten Großmann. Und da die Polizei das Gegenteil nicht beweisen kann und überhaupt nicht den geringsten Anhalt hat, der einen Verdacht gegen die beiden stützen könnte, lässt man sie zunächst unbehelligt, auch wenn der kriminalistische Argwohn zurückbleibt.
Dann passiert etwas Unvorhergesehenes: Einen Tag nach Neujahr, am Donnerstag, den 2. Januar 1964, wird nämlich Gerhard Schwabe bei der Einsatzgruppe der Kripo vorstellig, um freiwillig eine Aussage zu machen. Der ungewöhnliche Auftritt, sich freiwillig gewissermaßen in die Höhle des Löwen zu wagen, ist weder mit seinem Bruder noch mit Dieter Reißberg abgesprochen. Die Kriminalisten sind baff. Hingebungsvoll kümmern sie sich um ihren merkwürdigen Gast. Schwabe offeriert ihnen eine wundersame Geschichte mit etwa folgendem Inhalt: Am späten Abend des 22. November wollte er in der Mitropa-Gaststätte des Bahnhofs in Ruhe ein paar Bierchen genießen. Dabei habe er die Bekanntschaft eines Mannes gemacht, der, wie sich später auf dem gemeinsamen Heimweg über die Elbbrücke herausstellte, unmissverständlich homosexuelle Absichten verfolgte, die energisch zurückgewiesen werden mussten.
„Da der Schwule mit seiner Betatscherei nicht aufhören wollte, verpasste ich ihm einen Faustschlag, dabei kippte er zufällig übers Brückengeländer und fiel runter ins Wasser", behauptet Schwabe.
Er sei dann in der Annahme, „der Alte würde schon an Land schwimmen" seines Wegs gegangen. Wenn der Mann nun ertrunken sein sollte, täte ihm dies außerordentlich leid, denn das hätte niemals in seiner Absicht gelegen. Aber er musste sich ja gegen die homosexuelle Bedrängung irgendwie zur Wehr setzen. Der Faustschlag sei deshalb eine reine Notwehrreaktion gewesen.
Gewiss, Schwabes Schilderung ist eine Selbstbeschuldigung, die

einen strafrechtlich bedeutsamen Sachverhalt betrifft, der natürlich genau untersucht werden muss und folgerichtig die Einleitung eines Ermittlungsverfahren gegen ihn rechtfertigt.
In der sich anschließenden Beschuldigtenvernehmung wird schnell klar, dass es sich bei Schwabes bisherigen Einlassungen lediglich um ein Teilgeständnis handelt. Denn: Zunächst reagiert er auf die bohrenden Fragen der Ermittler mit Antworten, die durch und durch widerspruchsvoll sind. Sie ziehen neue, immer weiter in die Details der Sache reichende Fragen und Vorhalte nach sich, denen er schließlich nichts mehr entgegensetzen kann, so dass er Stunden später seinen Widerstand aufgibt und sich zur Wahrheit bekennt. Von nun an schildert er die Vorgänge in der fraglichen Nacht ungeschönt so, wie sie sich tatsächlich abgespielt haben. Jedoch mit einer Einschränkung: Die Anwesenheit und folgerichtig den Tatbeitrag seines Bruders Peter verschweigt er tunlichst, beschränkt also alle Handlungsbestandteile nur auf sich und seinen Kumpan Reißberg. Und noch ehe der nächste Morgen dämmert, werden Haftbefehle gegen ihn und Dieter Reißberg beantragt, die im Laufe des Tages vollzogen werden.

Am frühen Morgen des 6. Januar am Elbkilometer 175 in Pretzsch, Kleinstadt am Nordrand der Dübener Heide, nahe der Luther-Stadt Wittenberg. Ein Mitarbeiter des Fährbetriebes entdeckt im ufernahen Wasser einen knapp metergroßen sackartigen, schlammig-verschmutzten Gegenstand aus dunkelgrauem Textil. Bei näherer Betrachtung ist ein menschlicher Körper erkennbar, der mit dem Gesäß nach oben im Wasser treibt. Bis ins Mark erschrocken eilt der Mann zum Fährhaus und alarmiert die Polizei.
Nach Bergung des makabren Fundes steht fest: Es ist die Leiche eines Mannes in erheblichem Fäulniszustand, zur Unkenntlichkeit entstellt. Den massiven Schürfverletzungen an Stirn, Handrücken und Knien zufolge ist der tote Körper längere Zeit über eine große Strecke am Bodengrund des Flusses stromabwärts getrieben. Jedoch lässt die an der Leiche vorhandene Bekleidung, auch wenn sie erhebliche Defekte aufweist, eine gute Beschreibung zu. Jacke, Pullover, Hose, Hemd, Unterwäsche

und Schuhe sind für eine identifikatorische Vergleichsarbeit mit unaufgeklärten Vermisstenfällen gut geeignet. Noch am gleichen Tage steht fest, dass der unbekannte Tote mit dem vermissten Alfred Großmann aus Pirna identisch ist.
Die tags darauf in einer Leichenhalle des Friedhofs Wittenberg durchgeführte Obduktion fördert überdies beweisrechtlich wichtige Befunde zutage. So kann trotz mehrwöchigen Aufenthalts im fließenden Wasser ein BAK-Wert von 2,9 Promille nachgewiesen werden. Nach Aussage der Obduzenten bewirkte bei einem solch beachtlichen Trunkenheitsgrad der Brückensturz aus nahezu 14 Metern Höhe in das vier Grad kalte Elbwasser einen durch ein Reflexgeschehen bedingten abgekürzten Ertrinkungstod. Dies wird gestützt durch den Nachweis von sieben unterschiedlichen Formen von Diatomeen in der Leber des Toten, die im Elbwasser vorkommen. Damit steht fest, dass Alfred Großmann lebend ins Wasser gelangt ist und ertrank.

Diatomeen oder Kieselalgen sind ubiquitäre, einzellige, pflanzliche Mikroorganismen mit hartschaligen Zellwänden aus Siliziumoxid. Internationale Schätzungen gehen von etwa 12000 unterschiedlichen Arten aus. Diatomeen sind von interessanter, ästhetischer Formenvielfalt. Ihr perfekter symmetrischer Aufbau verrät eine einzigartige Leichtbauweise, für die sich das Wissenschaftsgebiet der Bionik längst interessiert.
*In der gerichtsmedizinischen Untersuchungspraxis ist der Nachweis von Diatomeen in den Körperorganen des großen Kreislaufs unter bestimmten Voraussetzungen (neben anderen Befunden) ein Beleg für einen Tod durch Ertrinken. Grund: Beim Ertrinkungsvorgang, wenn nämlich Ertrinkungsflüssigkeit über die Atemwege in die Lunge und von dort über den großen Kreislauf weiter in die Organe gelangt, werden zwangsläufig Diatomeen eingeschwemmt. Unter der Bedingung artgleichen und gehäuften Vorkommens ist der Diatomeennachweis aus verascht*em Lungengewebe grundsätzlicher Nachweis eines Ertrinkungstodes.*
Bereits Anfang der 60er Jahre mehrten sich in der Fachwelt aber auch die Stimmen der Zweifler, die Bedenken an der Zuverlässigkeit des Nachweises eines Ertrinkungstodes anhand des Dia-

tomeenbefundes anmeldeten. Denn einerseits schließt das ubiquitäre Vorkommen der Diatomeen die Möglichkeit ein, sie auch bei Nichtertrunkenen (günstigstenfalls in nur geringen Mengen) vorzufinden, andererseits kann es auch bei Ertrunkenen vorkommen, die z. B. infolge von rasch ablaufenden Reflexereignissen keine oder nur wenig Ertrinkungsflüssigkeit eingeatmet haben, dass keine ausreichenden Diatomeenmengen nachgewiesen werden können. Also: Ein negativer Diatomeenbefund bei Wasserleichen spricht unter diesen Bedingungen nicht zwangsläufig gegen einen Ertrinkungstod.
Dennoch ist auch heutzutage der Diatomeenbefund auf der Basis eines speziellen histologischen Verfahrens (Versilberung nach Gomori) eine gängige Methode (neben anderen) zum Nachweis eines Ertrinkungstodes.

Einige Tage lang gelingt es Gerhard Schwabe, in der Vernehmung hartnäckig bei seiner Darstellung zu bleiben, er und Reißberg hätten die Tat allein begangen. Also, was ihn und Reißberg betrifft, sagt er, so gesehen, durchaus die Wahrheit. Allerdings bedeutet das auch, seinen Kumpan immer mehr zu belasten, der nämlich mit blinder Sturheit versucht, der verabredeten Verhaltensstrategie des strikten Leugnens treu zu bleiben. Ein vergebliches Unterfangen, das Reißbergs Widerstandsenergie angesichts des Bombardements immer neuer Vorhalte überfordert, so dass er in der Vernehmung vom 9. Januar sein Leugnen aufgibt und unumwunden die Wahrheit sagt. Nach seinen Einlassungen finden die Ermittler auch Reißbergs roten Schal, den er in einem Gulli entsorgte, weil er befürchtete, daran identifiziert zu werden.

Reißbergs Eingeständnisse bringen wiederum Gerhard Schwabe in arge Bedrängnis, weil in der Vernehmung mit einem Mal auch sein Bruder Peter, dritter Mitwirkender in diesem bösen Spiel, zur Sprache kommt. Mit dieser veränderten Situation konfrontiert, fühlt sich Gerhard Schwabe in der Zwickmühle und entschließt sich kraft der kriminalistischen Argumente, seinen Bruder nicht weiter aus den verbrecherischen Geschehnissen herauszuhalten.

Prompt eilen die Fahnder los und nehmen auch Peter Schwabe

fest, der schon in der ersten orientierenden Vernehmung ohne Umschweife bekennt, was sich in der Nacht vom 22. zum 23. November tatsächlich ereignet hat und wie Alfred Großmann zu Tode kam. Schon einen Tag später, am 10. Januar, wird Haftbefehl auch gegen ihn erlassen.

Die Männer der MUK befinden sich damit auf der Zielgeraden zur umfassenden Aufklärung des Falles, der am 20. Februar zur Anklageerhebung an den Staatsanwalt übergeben werden kann. Mit kritischer Gespanntheit verfolgen die Untersucher dann, was die psychiatrische Begutachtung der drei Beschuldigten erbringen wird. Denn es ist ungewiss, ob der tatbezogene Trunkenheitsgrad der Delinquenten eine Bejahung oder Verneinung der Einsichts- und Handlungsfähigfähigkeit rechtfertigt. Vor allem aber erfolgt diese Begutachtung vor dem Hintergrund der ungewöhnlichen psychiatrischen Vorgeschichte Gerhard Schwabes. Doch der Gutachter, der weithin bekannte, renommierte Dresdener Forensiker Prof. Lange, scheint den stillen Argwohn der Exekutive zu erahnen, denn er zieht vorsorglich einen zweiten kompetenten Fachmann hinzu.

Die gutachterliche Tätigkeit beginnt erfahrungsgemäß mit einer anamnestischen Erhebung. Unter anderem gestattet sie einen Blick in wichtige biografische Stationen und erleichtert das Urteil über die Persönlichkeit der drei Beschuldigten, weil auch die verschiedenen Beeinträchtigungen ihrer psychosozialen Entwicklung freilegt werden. So entstammen die Brüder Gerhard und Peter Schwabe neben weiteren sechs Geschwistern sozial höchst auffälligen familiären Verhältnissen. Der Vater, despotisch, egoistisch, mit chronischem Hang zum Alkohol, kehrte im Jahre 1948 aus der Kriegsgefangenschaft heim. Seit dieser Zeit bestimmten permanente finanzielle Schwierigkeiten, handfeste Auseinandersetzungen zwischen den Eheleuten und drakonische Züchtigungen der Kinder das Familienklima. Die kränkliche, hinsichtlich der häuslichen Belastung überforderte, Mutter verstarb im Jahre 1954. Der Vater zog alsbald zu seiner späteren Lebenspartnerin, und fortan blieben die Geschwister sich allein überlassen.

Gerhards erste vier Schuljahre verliefen kriegs- und nachkriegsbedingt sehr stockend. Mehrmals unterbrach er die Schule,

mehrfach erreichte er das Klassenziel nicht. Danach verließ er die Schule endgültig. Dadurch blieb er im Grunde genommen ein Analphabet. Eine Zeit lang verdingte er sich in der Landwirtschaft. Wegen einiger kleinerer Diebstähle wurde er auf gerichtliche Veranlassung psychiatrisch begutachtet. Ergebnis: Er erfüllte wegen eines vermeintlich „hochgradigen Schwachsinns" die Voraussetzungen des § 51 Abs. 1 StGB, wurde exkulpiert und für ein knappes Jahr in einer Heil- und Pflegeanstalt untergebracht. Drei Jahre später beging er eine strafrechtlich relevante Sachbeschädigung und wurde erneut eingewiesen. Wiederum nach drei Jahren erfolgte seine Entlassung. Seitdem arbeitete er in der Landwirtschaft, ging fleißig, fachgerecht und technisch geschickt mit Melkanlagen, Rübenkombine und Mähdrescher um. Doch seine Freizeit verbrachte er mit stupiden Saufkumpanen fast nur im Dorfkrug, kein Wunder, dass ihn ständige Geldsorgen plagten. Zwei Jahre später musste er sich wegen Körperverletzung und Sachbeschädigung erneut vor Gericht verantworten. Allerdings wurde das Verfahren leichtfertig unter Bezug auf seinen „hochgradigen Schwachsinn" eingestellt.
Prof. Lange und sein Gutachterkollege gelangen in dieser Hinsicht aber zu einer anderen Erkenntnis. Nämlich: Gerhard Schwabe ist keineswegs schwachsinnig. Gewiss, er verfügt nur über einen niedrigen Intelligenzgrad, doch bewegt dieser sich lediglich an den Grenzen des Schwachsinns, ohne sie jemals zu überschreiten. Und das bedeutet: Es gibt keinen Zweifel an Gerhard Schwabes strafrechtlicher Verantwortlichkeit, das heißt, er ist grundsätzlich in der Lage, wie es im Gesetz heißt, „das Unerlaubte der Tat einzusehen oder nach dieser Einsicht zu handeln".
Das gleiche Ergebnis trifft auch auf seinen Bruder Peter zu, obgleich auch bei ihm erhebliche Sozialisationsdefizite festzustellen sind. Eine kurzer Blick auf dessen bisherige Vita wiederum lässt aber erkennen, dass das auf seine Persönlichkeitsentwicklung wirkende destruktive Familienmilieu wenigstens vorübergehend abgebremst werden konnte, als er nämlich nach dem Tode der Mutter für vier Jahre in ein Kinderheim kam. Immerhin erreichte er unter diesen Bedingungen das Ziel der siebten Klasse, zog danach in das Lehrlingswohnheim der „MTS

Roter Stern" nach Burkhartswalde und erlernte dort den ehrbaren Beruf eines Traktoristen, in dem er auch eine Zeitlang tätig war. Später zog er in die Wohnung seiner älteren Schwester nach Pirna und leistete als Transportarbeiter und Beifahrer in der „GHG Lebensmittel Pirna" eine gute und zuverlässige Arbeit. Allerdings verbrachte auch er seine Freizeit zunehmend in Kneipen, um den Frust über sein stumpfsinniges Leben in reichlich Bier und Wodka zu ertränken, ohne zu merken, dass er sich auf schnurgeradem Weg in ein chronisches Alkoholproblem befand.

Auch Dieter Reißberg ist trotz aller intellektuellen und sozialen Defizite in seiner grundsätzlichen Einsichts- und Handlungsfähigkeit nicht beeinträchtigt. Sein bisheriger Lebensweg ist ebenso durch Freudlosigkeit und mangelnde ethisch-soziale Wertevermittlung gekennzeichnet. Der Vater an der Ostfront vermisst, die Mutter mit ihm und seinen vier älteren Geschwistern aus dem Nachkriegspolen vertrieben, wurde er schließlich in der Gemeinde Ebenheit ansässig. Nach acht Schuljahren endete seine Schulzeit mit der sechsten Klasse. Danach malochte der Halbwüchsige verhältnismäßig regelmäßig als Hilfsarbeiter. Als er 17 Jahre alt war, verstarb seine Mutter. Von da an lebte er allein, unreif, unorganisiert, ohne soziale Stabilität. Er fing an zu trinken, immer regelmäßiger und immer größere Mengen. Der Rausch wurde zum gewohnten Zustand und die innere und äußere Verwahrlosung nahm ihren Lauf. Dieter Reißberg wechselte die Arbeitsstellen öfter als seine Unterwäsche. Schließlich stellte er seine Bemühungen um einen regelmäßigen Broterwerb ganz ein. Die lokale Obrigkeit drohte mit der Anordnung von Arbeitserziehung. Der wollte er sich entziehen. Jetzt lockte ihn der goldene Westen, doch die allgegenwärtigen Sicherheitsorgane stoppten das Vorhaben im Versuch. Fünf Monate Gefängnis waren das Ergebnis. Halbherzig nahm er danach die behördlich zugewiesene Stelle eines Beifahrers im „VEB Fleischindustrie Pirna" an. Wieder bummelte er, betriebliche Disziplinarmaßnahmen folgten. Als herauskam, dass er sich längerfristige Krankschreibungen erschlich, wurde er vor die Betriebsleitung zitiert. Um dem Ungemach zu entgehen, kündigte er.

Die für die spätere gerichtliche Beurteilung wichtige Frage, inwieweit der taktaktuelle Alkoholisierungsgrad der drei Beschuldigten ihre Einsichts- und Handlungsfähigkeit gem. § 51 StGB erheblich beeinträchtigt haben könnte, stellt Prof. Lange und seinen Kollegen vor ein Problem. Denn: Die Tat liegt Monate zurück, eine objektive BAK-Bestimmung konnte aus verständlichen Gründen nicht erfolgen, alle Schätzungen über die genossenen Alkoholmengen sind von hoher Subjektivität, kommen von den Beschuldigten selbst und können durch Aussagen des Gaststättenpersonals nur halbwegs objektiviert werden. Deshalb beantworten die Gutachter diese heikle Frage mit gebührender Abgewogenheit: „Die alkoholtoxische Einwirkung des Peter Sch. dürfte am stärksten gewesen sein und einen Grad erreicht haben, der zur erheblichen Beeinträchtigung der Einsichts- und Handlungsfähigkeit geführt hat. Inwieweit im Falle des Dieter R. und Gerhard Sch. die alkoholisch bedingte erhebliche Beeinträchtigung der Einsichts- und Handlungsfähigkeit bejaht werden kann, bleibt in der Grenzentscheidung eine Ermessensfrage."

Diese Frage wäre vier Jahre später, nämlich nach Inkrafttreten des „Strafgesetzbuches der Deutschen Demokratischen Republik – vom 12. Januar 1968", anders beantwortet worden. Denn: Im Zusammenhang mit der Beurteilung der strafrechtlichen Verantwortlichkeit wäre lediglich der Nachweis erforderlich gewesen, dass sich die drei Beschuldigten schuldhaft in den die Zurechnungsfähigkeit ausschließenden Rauschzustand versetzt haben und in diesem Zustand ihre Untat begingen (§ 15 Abs. 3 StGB DDR). Dieser Nachweis allein hätte ausgereicht, um sie nach dem im Rausch verletzten Gesetz zu bestrafen. Überdies schloss dieser Nachweis in der künftigen Rechtsprechung aus, dass Täter damit rechnen konnten, wegen ihres taktaktuellen Alkoholisierungsgrads nicht, zumindest aber milder bestraft zu werden. Im Interesse der Kriminalitätsprävention und des Schutzes der Allgemeinheit vor Angriffen alkoholisierter Täter war es (und wäre es angesichts der Zunahme ähnlicher Fälle auch heutzutage) gerechtfertigt, die durch Alkohol oder andere Rauschmittel schuldhaft verursachte Zurechnungsunfähigkeit unter Strafe zu stellen.

Vier Monate nach Abschluss der kriminalpolizeilichen Ermittlungen, am 22. Juni 1964, beginnt vor dem 2. Strafsenat des Dresdener Bezirksgerichts in öffentlicher Sitzung die viertägige Hauptverhandlung gegen Gerhard Schwabe und Dieter Reißberg wegen gemeinschaftlich begangenen Mordes sowie gegen Peter Schwabe wegen schwerer Körperverletzung gem. §§ 223 und 223a StGB.

Die Zuhörerbänke sind bis auf den letzten Platz besetzt. Das große Interesse der Pirnaer Bürgerschaft erklärt sich vermutlich aus der durch die Staatsanwaltschaft in letzter Zeit forcierte Kampagne der Nationalen Front gegen Arbeitsbummelei und Alkoholmissbrauch, bei der der Fall auf der Elbbrücke immer wieder im Gespräch war. Auch ein gut besuchtes Einwohnerforum schien dazu beizutragen, auf dem der Staatsanwalt nämlich öffentlich beklagte, dass die Polizei allein in den vergangenen Wochen gegen achtzehn Beschuldigte ermitteln musste, die nach dem Besuch der übel beleumdeten Mitropa-Bahnhofsgaststätte im Zustand erheblicher Trunkenheit rowdyhafte Gewalttaten begingen und dabei Unbeteiligte attackierten.

Über Gerhard Schwabe und seinem Komplizen Reißberg schwebt das Damoklesschwert einer Todesstrafe. Denn: Der Mörder wird mit dem Tode bestraft, heißt es im Gesetz. Das wissen die Angeklagten und sind angesichts dieser Bedrohung durchweg geständig. Im Ergebnis der Beweisaufnahme gelangt das Gericht auch zu der Überzeugung, dass die Tötung des 49-jährigen Alfred Großmann der Vertuschung der vorangegangenen Körperverletzung galt.

In der Urteilsbegründung heißt es dazu: „... wobei diese Handlung bei beiden Angeklagten von außerordentlicher Gefühlskälte und Gefühlsrohheit gekennzeichnet ist. Diese Charaktereigenschaften der Angeklagten hängen teilweise mit dem Milieu zusammen, in dem sie aufgewachsen sind. Beide haben eine mangelhafte Erziehung im Elternhaus genossen. Das führte dazu, dass beide, innerlich verarmt, ein Leben führten, das bei voller strafrechtlicher Verantwortlichkeit keine soziale Stabilität ausweist.

Die Tatsache, dass beide Angeklagte unter deutlicher Alkoholeinwirkung zu ihrer strafbaren Handlung gekommen sind und

der Psychiater eine erhebliche Beeinträchtigung der Einsichts- und Handlungsfähigkeit nicht verneinen konnte, sondern es in seiner Grenzentscheidung als Ermessensfrage ansah, ließ den Senat in Übereinstimmung mit dem Staatsanwalt zu der Meinung kommen, dass zur Zeit der Tat eine erhebliche Verminderung der Einsichts- und Handlungsfähigkeit im Sinne § 51 Abs. 2 StGB infolge der alkoholtoxischen Einwirkung vorgelegen hat. Dies allein rechtfertigt ein Abgehen von der Todesstrafe und eine Strafmilderung gem. § 44 StGB in Form des Ausspruchs einer lebenslangen Zuchthausstrafe, wie sie von der Staatsanwaltschaft beantragt war."
Damit steht fest, Gerhard Schwabe und Dieter Reißberg müssen lebenslang ins Zuchthaus.
Was den Angeklagten Peter Schwabe betrifft, liegen die Dinge etwas anders, weil er sich an der direkten Tötung Großmanns nicht beteiligt hatte. Allerdings wird ihm zur Last gelegt, dass er die Arglosigkeit des Opfers „aufs gemeinste und hinterlistigste missbraucht" hat, indem er vorgab, es vor den anderen zu schützen und nach Hause zu begleiten. Seine Attacke erfolgte unvorhergesehen und unerwartet, als das Opfer ihn um Feuer bat. Dies wertet der Staatsanwalt in seinem Plädoyer im Sinne einer gefährlichen Körperverletzung gem. § 223a StGB als hinterlistigen Überfall und beantragt vier Jahre Gefängnis. Peter Schwabes Verteidiger vertritt jedoch die Auffassung, dass unter den gegebenen Umständen lediglich der Tatbestand einer einfachen Körperverletzung erfüllt wurde und plädiert für eine Gefängnisstrafe von einem Jahr und sechs Monaten. Dies sieht das Gericht nicht so und verurteilt Peter Schwabe, der seine Tat ehrlich bereut, unterhalb des staatsanwaltlichen Antrags zu einer Gesamtstrafe von drei Jahren.

Nachsatz:
Gerhard Schwabe verbüßt seine Strafe in einem Strafvollzugskommando, das in einem abgeschotteten Produktionsbereich des VEB Edelstahlwerk „8. Mai 1945" Freital auf eigene Weise zur Entwicklung der DDR-Volkswirtschaft beiträgt. Sechzehn Jahre Leben in Unfreiheit und unter härtesten Arbeitsbedingungen erwarten ihn. Immerhin lernt er in dieser Zeit nebenbei Lesen

und Schreiben. Im Frühherbst 1980, unterdessen 45 Jahre alt, erfolgt auf dem Gnadenwege seine Entlassung auf Bewährung. Fortan lebt und arbeitet er in der Nähe der oberlausitzer Kreisstadt Kamenz.

Dieter Reißberg sitzt seine Strafe in der berüchtigten StVE Brandenburg ab. Auch für ihn öffnen sich nach einer Gnadenentscheidung des Staatsrats der DDR im Frühherbst 1980 die Gefängnistore. Inzwischen 38 Jahre alt, erhält er im Rahmen der Wiedereingliederungsmaßnahmen in der Nähe von Elsterwerda Arbeit und Bleibe und führt seitdem ein einfaches Leben in streng kontrollierter Freiheit.

Peter Schwabe verbüßt seine Strafe in der STVE Bautzen. Im März 1966 beantragt er über seinen Rechtsanwalt eine bedingte Strafaussetzung. Das Gesuch wird jedoch vom Bezirksstaatsanwalt abgelehnt. Nach dreijährigem Freiheitsentzug wird der 24-jährige schließlich entlassen. Über sein weiteres Leben konnte nichts in Erfahrung gebracht werden.

Aufgedeckt, aber nicht aufgeklärt
Eine Nachbemerkung

Wiederholt wurde in den elektronischen und Printmedien der letzten Zeit sorgenvoll und mahnend darauf aufmerksam gemacht, dass gegenwärtig bereits jedes zweite Tötungsdelikt nicht erkannt wird und im Dunkelfeld verbleibt. Im Klartext heißt dies: Fachleute schätzen den Anteil an unerkannten Tötungsstraftaten auf jährlich etwa 2000 Fälle. Diese aus verschiedenen, längst bekannten und benannten Gründen unentdeckten Sachverhalte entziehen sich einer sachgerechten Todesermittlung. Sie bleiben den Ermittlungsbehörden entweder gänzlich verborgen oder werden schluderhaft und inkompetent bearbeitet. Und die Prognose ist düster, denn dieser besorgniserregende Trend wird sich angesichts politischer Ignoranz und leerer Taschen des Staates fortsetzen. Und dabei ließe er sich aufhalten. Nur müssten die antiquierten rechtlichen Rahmenbedingungen für Todesermittlungen endlich modernisiert werden. Auch die flächendeckenden „Strukturmodernisierungen" der forensischen Einrichtungen sollten primär nach fachlichen Erfordernissen und nicht nach puren marktwirtschaft-lichen und administrativen Überlegungen erfolgen. Und schließlich müsste sich die polizeiliche Tätigkeit bei Todesermittlungen stärker an den differentialdiagnostischen kriminalistischen Anforderungen orientieren, die eine Aufdeckung latenter Tötungsdelikte erst ermöglichen. Denn polizeiliche Todesermittlung bedeutet spezialisierte kriminalistische Tätigkeit und nicht die vielerorts festzustellende Delegierung in inkompetente schutzpolizeiliche Bereiche.

Gewiss, die Annahme, dass die Hälfte aller Tötungsdelikte im Dunkelfeld bleibt, beruht auf Schätzungen. Und der sogar in der Fachliteratur gelegentlich genannte Begriff der Dunkelziffer impliziert nur den verständlichen Wunsch nach genauen quantitativen Angaben. Der aber muss unerfüllt bleiben, denn so einfach liegen die Dinge nicht. So begreiflich das Bedürfnis nach konkreten Ziffern auch ist, die einen direkten Vergleich zwischen den aufgedeckten und den tatsächlich begangenen

Tötungsdelikten ermöglichen könnten, immer bleiben die Aussagen zum Dunkelfeld im Bereich subjektiver Wahrscheinlichkeit. Doch gerade bei verdächtigen Todesfällen, an deren Untersuchung sich ja die verschiedensten juristischen, kriminalistischen und forensischen Disziplinen beteiligen, sind die weitgehend spekulationsfreien Erkenntnisse zum Dunkelfeld fachkompetent, interdisziplinär und empirisch abgesichert. Längst sind sie öffentlich bekannt, wurden die Ursachen für das massenhafte Unentdecktbleiben von Tötungsdelikten beim Namen genannt und Konzepte ihrer Beseitigung vorgestellt. Doch bislang ohne Erfolg. Ungehört verhallt der Ruf der Mahner hinter den Mauern der Politik. So bleibt es dabei: Tote haben keine Lobby, wie Sabine Rückert in ihrem gleichnamigen, immerwährend aktuellen Buch zur Dunkelziffer vertuschter Morde schon vor vielen Jahren beklagte. Und das grundgesetzlich verbriefte Recht auf Unantastbarkeit der Würde des Menschen erreicht die Wehrlosen unserer Gesellschaft längst nicht mehr: Die Kinder, Alten, Kranken und Toten.

Dieses Dilemma hängt vermutlich auch mit einem anderen Widerspruch zusammen: Bekanntlich ist Kriminalität eine fortdauernde gesellschaftliche Erscheinung. Ihre Bekämpfung ist ohne hohe Effizienz der Ermittlungsbehörden aussichtslos. Der Staat fordert deshalb einerseits zu Recht ein hohes Niveau in der Verbrechensbekämpfung. Paradoxerweise schwächt er die Ermittlungsbehörden andererseits mit seinem Einsparungswahn, zwingt sie seit Jahren zu einer permanenten Selbstbeschäftigung und nimmt gerade im Bereich der Todesermittlungen einen bedrohlichen Qualitätsrückgang in der forensisch-kriminalistischen Arbeit leichtfertig in Kauf.

Liegt dies vielleicht an seiner Koketterie mit der Kriminalstatistik? Freilich ist es beeindruckend, wenn man die Aufklärungsquote bei der Tötungskriminalität zur Kenntnis nimmt. Denn mit gleichbleibend 95 bis 96 Prozent steht sie ja über Jahre hinweg einsam an vorderster Stelle der Aufklärungsquoten aller registrierten Straftatengruppen und ist für die öffentliche Wahrnehmung zu Recht ein wichtiges Kriterium für die Beurteilung des Erfolgs kriminalistischer Ermittlungstätigkeit.

Doch sollte man ein vorschnelles Entzücken zurückhalten. Denn

diese Aufklärungsquote bezieht sich nur auf die kleine, spezielle Gruppe von 2000 bis 2500 registrierten, aufgeklärten Tötungsdelikten pro Jahr. Diese macht aber lediglich den höchst geringen Anteil von 0,03 Prozent aus allen registrierten Straftaten pro Jahr aus, deren Gesamtheit immerhin etwa 6,6 Millionen umfasst. Darüber hinaus könnte die hohe Aufklärungsrate allzu leicht von den im Dunkelfeld verborgenen, geschätzten 2000 Tötungsdelikten ablenken, die ja unaufgedeckt bleiben und demzufolge statistisch gar nicht erfasst werden können.
Ein weiterer Aspekt kommt hinzu: Mord und Totschlag zählen bekanntlich zu einer Straftatenkategorie mit der höchsten Gesellschaftsgefährlichkeit, deren markanteste kriminologische Eigenheit es zugleich ist, in mehr als drei Vierteln der Fälle Beziehungsdelikte zu sein, was gemeinhin eine Ermittlung des Täters erheblich begünstigt, weil er aus dem sozialen Umfeld des Opfers stammt. Diese Tatsache erklärt, nebenbei bemerkt, nicht nur den abfällig-spöttischen Kommentar mancher Praktiker, „die meisten Morde sind leichter aufzuklären als Fahrraddiebstähle" – ein Satz, der schon in den Gründerzeiten der ersten Mordkommissionen in der deutschen Polizei zu vernehmen war –, sondern sie sichert vor allem fast automatisch passable Aufklärungsquoten.

Ins Dunkelfeld der Tötungskriminalität gehören aber nicht nur die unaufgedeckten Tötungsdelikte. Gleichwohl sind ihr auch jene Fälle zuzurechnen, die als statistisch erfasst und aufgedeckt gelten, aber unaufgeklärt bleiben. Es ist der unauffällige, leicht zu übersehende kleine Teil in der Kriminalstatistik, der die Differenz zur Gesamtheit der erfassten Delikte bildet. In Schätzzahlen ausgedrückt bedeutet das: Von den jährlich etwa 2000 bis 2500 aufgedeckten Tötungsdelikten werden 100 bis 125 nicht geklärt. Ähnliches wiederholt sich nun Jahr für Jahr. Bezogen auf die letzten dreißig Jahre heißt das überschlagsweise, dass 3000 bis 3750 der statistisch erfassten Tötungsdelikte ungeklärt blieben. Berücksichtigt man obendrein die Tatsache, dass Mord und Totschlag in der Bundesrepublik nicht verjähren, erhöht sich die Zahl entsprechend. Bei diesen Überlegungen bleibt allerdings unberücksichtigt, dass natürlich ein geringer Anteil der lange in der Latenz verbliebenen Delikte auch später aufgeklärt wird. Er umfasst aber nur Einzelfälle, die zumeist im Rahmen aktueller Straftaten oder sporadisch aufgeklärt werden können, wenn nämlich Asservate mit DNA-fähigem Material zur Verfügung stehen. Sie fallen aber angesichts der zahlenmäßig beträchtlichen Grundgesamtheit nicht ins Gewicht. Ähnliches trifft auch auf die gelegentliche Differenz zwischen der polizeilichen und der gerichtlichen Kriminalstatistik zu. Schließlich ist zu erwähnen, dass auch Serientäter ihren „Beitrag" zum Dunkelfeld liefern können, wenn ihnen nur einige Tötungsdelikte nachgewiesen werden können, obwohl sie noch weitere begangen haben. Aber auch dieser kleine Anteil kann in diesem Zusammenhang vernachlässigt werden.

In der DDR lag die durchschnittliche Aufklärungsquote für Tötungsdelikte bei 98 Prozent. Das bedeutete bei einer jährlichen Gesamtbelastung von etwa 130 bis 135 Delikten, dass drei bis vier Fälle ungeklärt blieben. Unter Berücksichtigung der für vorsätzliche Tötungsdelikte geltenden Verjährungsfrist von 25 Jahren blieben, gerechnet vom Jahr 1965 bis zur Wiedervereinigung, 75 bis 80 aufgedeckte Fälle unaufgeklärt. Dass diese Schätzungszahl durchaus realistisch ist, belegt eine Anfang des Jahres 1990 gegebene Information des damaligen Leiters der Abteilung IV in der Hauptabteilung Kriminalpolizei des MDI, Kriminaldirektor Herbert Grieschat, nach der 78 aufgedeckte, aber nicht aufgeklärte Tötungsdelikte als lästiges Erbgut dem wiedervereinigten Deutschland überlassen wurden. Hinzugezählt werden müssen aber auch die etwa 90 ungeklärten Vermisstenfälle, bei denen zwar die Wahrscheinlichkeit eines Tötungsdelikts bestand, die aber dennoch weiterhin in der Vermisstenstatistik mitgeführt wurden.
Der letztgenannte Umstand führt zwangsläufig zu der hochbrisanten, aktuellen Frage, wie viele Tötungsdelikte in den bei der zentralen Vermisstenstelle des BKA als „ständig vermisst" registrierten über 7000 Fällen eingelagert sind. Doch niemand kann diese Frage beantworten. Generell sind Vermisstenfälle ihrem Erscheinungsbild nach informationsarme, phänomenologisch gleichartige Sachverhalte, die selbst bei knallhartem Verdacht

einer exogenen Vermisstseinsursache nicht zwangsläufig gleich auf ein Tötungsdelikt hinweisen, weil auch andere Gründe das gleiche Erscheinungsbild erzeugen können, wie hilflose Lage, Verirrung, Entführung, Freiheitsberaubung, Unfall, Suizid und natürlicher Tod. Polizeilich gesehen liegen Vermisstenfälle daher im Spannungsfeld zwischen Abwarten, Gefahrenabwehr und Strafverfolgung. Die sich darauf gründende Vielfalt mit ihren qualitativen Unterschieden einerseits und die generelle Informationsarmut der Vermisstenfälle andererseits verleiten bei der Frage nach eingelagerten Tötungsdelikten jedoch allzu leicht zu Deutungen und Spekulationen.

Alles in allem muss in langfristigen Vermisstenfällen aber grundsätzlich mit einem sehr hohen Anteil an Tötungsdelikten gerechnet werden, denn sie verkörpern die typischen Erscheinungsbilder der Tötungsdelikte mit Opferbeseitigung. Sie liegen quantitativ zwar nur im Promillebereich der Vermisstenzahlen, was auf den ersten Blick sehr gering erscheinen mag. Setzt man sie aber zu den jährlich über 100000 polizeilich gemeldeten Vermisstenfällen in der Bundesrepublik in Beziehung, nehmen sie bereits ein solch beachtliches Ausmaß an, dass selbst, wenn genaue Zahlen unbekannt sind, deren Brisanz nicht mehr zu leugnen ist. Wohlgemeinte Erklärungen, wie etwa, der Betreffende würde noch leben, wäre untergetaucht, besäße eine neue Identität, sollten, falls sie durch Beweise nicht zu untermauern sind, zugunsten eines hartnäckigen Dranbleibens am Fall tunlichst unterbleiben.
Um das Problem des Dunkelfelds mit aller Drastik in ein Bild zu setzen: Würde man die skizzierten Latenzfaktoren allein für die letzten beiden Jahrzehnte täterbezogen quantifizieren, entstünde eine Masse an unentdeckten Mördern und Totschlägern, die der Einwohnerzahl einer mittelgroßen Stadt entspräche. Und wenn sie nicht gestorben sind, leben sie noch heute ...

Nach diesem beklemmenden Bild und einem Blick in die Zukunft der kriminalistischen Todesermittlungen stellt sich die provokatorische Frage, ob Polizei und Justiz angesichts der hohen Fallbelastung, der übermäßig bürokratischen Selbst-

beschäftigung, der prekären Personalsituation und der frevelhaften Wegrationalisierung bislang optimal funktionierender rechtsmedizinischer Institute überhaupt in der Lage sind, den drohenden Supergau noch rechtzeitig abzuwenden.
Gewiss, die Mordermittler kämpfen unter diesen, teilweise sehr schwierigen „Frontbedingungen" mit modernen spurenkundlichen und taktischen Waffen aufopferungsvoll und pflichtbewusst und sichern, jedenfalls bei der Untersuchung aktueller Fälle, respektable Aufklärungsquoten. Doch die physische und psychische, stressfördernde Dauerbelastung erlaubt keine systematische Hinwendung zu den sogenannten Altfällen, die selbst unter zeitlich und personell günstigen Bedingungen nicht automatisch einen Aufklärungserfolg versprechen und keinen sicheren Faktor für die Erfolgsbilanz polizeilicher Tätigkeit darstellen.
Der allenthalben wirkende Überlastungsfaktor in der kriminalistischen Praxis lässt unter den heutigen Bedingungen offenbar keinen Raum, ein strukturell stabiles „cold case mangament" zu installieren. Insofern hängt die Wiederaufnahme ungeklärter, längst archivierter Fälle von den sich nur selten bietenden, zeitlich und personell günstigen Gelegenheiten ab.
Seit einigen Jahren sind in den Landeskriminalämtern kleine Teams der OFA (operative Fallanalyse) erfolgreich tätig. Außerhalb jeder Ermittlungstätigkeit analysieren, vergleichen und bewerten sie objektive Tatbefunde aus vorrangig aktuellen Gewaltdelikten mit der Zielstellung, Täterprofile zu erstellen, Ermittlungsansätze zu finden oder Serientäter herauszufiltern. Ihre Arbeit ist Denkarbeit, die nicht dem Zwang der Stoppuhr unterliegen darf.
Sie sind auf Grund ihrer Sachkunde geradezu auch für die Aufarbeitung der Altfälle prädestiniert. Jedoch sind diese Teams gegenwärtig weder zeitlich noch personell in der Lage, eine zusätzlich dauerhafte Beschäftigung mit Altfällen zu garantieren, abgesehen davon, dass die geforderte Operativität im Akutfall einem „cold case management" entgegensteht, weil dieses keinem zeitlichen oder medialen Aufklärungsdruck ausgesetzt ist. Neben den Gleichartigkeiten in der analytischen Aufbereitung von Altfällen gibt es zur OFA insofern auch einen Unter-

schied, als die Ermittlungsansätze vorrangig auf die taktische Nutzung des psychologischen Faktors im postdeliktischen Täterverhalten abzielen.

Es ist deshalb durchaus keine Schnapsidee, sich neben der OFA – gewissermaßen als „AFA," also Altfallanalyse – ein zweites Team mit gleicher Sachkunde vorzustellen, das sich ausschließlich dem „cold cases management" widmet. Dann könnte, wie es die privaten Fernsehsender mit ihrer USA-Serie „Cold case – kein Opfer ist je vergessen" seit Jahren vormachen, aus der Fiktion Realität werden. Auch die personellen Probleme wären kein Hemmnis. Denn aus dem interdisziplinären Heer von pensionierten Fachleuten der Morduntersuchung könnten genügend Freiwillige rekrutiert werden. Mancher alte Haudegen der Untersuchungspraxis, mancher Forensiker, obwohl inzwischen außer Dienst, aber noch voller geistiger Frische, würde, anstatt als Pensionär im Laubenpieperverein Beiträge zu kassieren, aus alter Passion lieber ehrenamtlich dabei mitwirken, was, nebenbei bemerkt, die angespannte Personalsituation der OFA-Teams überhaupt nicht belastet. Im Gegenteil: Es böte sich im Interesse der Aufklärung von Gewaltdelikten vielmehr eine einzigartige Möglichkeit, unter der Ägide der OFA-Teams Kriminalisten und Forensiker an einem konkreten Untersuchungsgegenstand auf unkonventionelle Weise zusammenzuführen, ohne die prozeßrechtlichen Kompetenzen der Polizei zu tangieren.

Freilich könnte dennoch der Einwand laut werden, dass dieses Feld aus rechtlichen Gründen den Ermittlungsbehörden vorbehalten ist und nur von ihnen bestellt werden darf, demzufolge Privaties der Zutritt versagt bleibt. Das mag vielleicht formaljuristisch zutreffen, der Sache dienlich ist es allemal nicht, denn die Forderung, „private Initiativen" für die Tätigkeit der Exekutive bei der Straftatenbekämpfung zu nutzen ist beileibe nicht neu. Fernsehreporte wie „Aktenzeichen XY... ungelöst" (ZDF), „Kripo live" (MDR), „Täter-Opfer-Polizei" (RBB) „ungeklärte Morde – dem Täter auf der Spur" (RTL) belegen längst, dass dies möglich und sinnvoll ist.

Dr. Alfred Stümper, ehemals Landespolizeipräsident im Innenministerium Baden-Württemberg, hat mit Blick auf die Tätigkeit privater Ermittlungs- und Sicherheitsdienste in seinem Geleitwort zu einer Broschüre des Bundesverbandes der Detektive „Über die Zusammenarbeit der Kriminalpolizei mit Auskunfteien und Detekteien" bereits im Jahre 1985 die Forderung formuliert: „In einer Zeit, in der die Kriminalität in gefährlicher Weise im Steigen begriffen ist, ist es notwendig, dass neben den staatlichen Sicherheitsorganen auch private Initiative unterstützend mithilft."

Auch der legendäre Robert Heindl, der im Jahre 1958 im bayrischen Irschenhausen verstorbene Kriminalist und Nestor der Daktyloskopie in Deutschland, erhielt als ideenreicher, geistig frischer Pensionär und Privatmann den offiziellen Auftrag, in München ein „Zentralamt für Kriminalidentifizierung, Polizeitechnik und Polizeimeldewesen" aufzubauen.

Also, es geht, wenn man guten Willens ist!

Erläuterung wichtiger Begriffe und Abkürzungen

ABV Abschnittsbevollmächtigter der Volkspolizei, entspricht etwa dem heutigen Kontaktbereichsbeamten
Altruismus Selbstlosigkeit, Uneigennützigkeit
Autopsie Synonym für Leichenöffnung
BAK Blutalkoholkonzentration
Barkas Kastenwagen, Kleinbus aus dem VEB Barkas-Werke Karl-Marx-Stadt
BdVP Bezirksbehörde der Volkspolizei, oberste Polizeibehörde in einem Bezirk
Belastungsziffer kriminologischer Begriff zur Bezeichnung der Delikthäufigkeit bezogen auf 100000 Einwohner
Bezirksgericht höchstes Gericht in einem Bezirk, entspricht etwa einem heutigen Oberlandesgericht
BKA Bundeskriminalamt
Brenneke Flintenlaufgeschoss, benannt nach ihrem Hersteller Wilhelm Brenneke *(1898)*
BVG Berliner Verkehrsgesellschaft
CO-Hämoglobin mit Kohlenmonoxid angereicherter Farbstoff der roten Blutkörperchen
Cold case amerik., Kalter Fall, vor längerer Zeit aufgedecktes, aber unaufgeklärtes Verbrechen
ČSR Tschechoslowakische Republik
DDR Deutsche Demokratische Republik
DHG Diensthabende Gruppe der Kriminalpolizei
DNA englisch: deoxyribonucleic acid,
DNS Desoxyribonukleinsäure
DR Deutsche Reichsbahn
DRK Deutsches Rotes Kreuz
DSF Deutsch Sowjetische Freundschaft
Dunkelfeld unbekannte Deliktgröße
Embolie in die Blutbahn geratene körpereigene (z.B. Fett) oder körperfremde Substanzen (z.B. Luft)
endogen im Innern des Körpers entstehend
EO-Arbeit Tatortbesichtigung und -untersuchung
EOS Erweiterte Oberschule

FDGB Freier Deutscher Gewerkschaftsbund
FDJ Freie Deutsche Jugend
forensisch gerichtlichen, kriminologischen oder kriminalistischen Zwecken dienend
Gbl. Gesetzblatt
GMI Gerichtsmedizinisches Institut
Genese Entwicklung, Entstehung
Gomori, George ungarischer Histologe und Internist (1904–1957), wirkte in Chicago (USA)
GST Gesellschaft für Sport und Technik
HO Handelsorganisation
HOG Handelsorganisation Gaststättengewerbe
Indikation angezeigte medizinische Maßnahme
Implosion Zusammenfall, Zusammenbruch
Irrigator Spülgerät, vornehmlich für Dickdarm
IGG Jugendgerichtsgesetz
Kal. Abk. für Kaliber
K Kriminalpolizei, in der DDR war die Bezeichnung Kripo unerwünscht
K-Leiter Leiter der Abteilung Kriminalpolizei in einem VPKA oder in einer BDVP
Kohlenmonoxid bei unvollständiger Verbrennung von Stoffen entstehendes hochgiftiges Gas
KPP Kontroll- und Passierpunkt
Latenz Synonym für Dunkelfeld, kriminologischer Begriff zur Bezeichnung der unbekannten Deliktgröße
LPG Landwirtschaftliche Produktionsgenossenschaft
letal tödlich
MTS Maschinen- und Traktorenstation
MDN Mark der Deutschen Notenbank, Währung in der DDR bis 1.12.1967
MUK Morduntersuchungskommission
Nationale Front größte, parteienübergreifende Massenorganisation in der DDR
Nonsekretor Mensch, der keine Blutgruppensubstanz ausscheiden kann (20 Prozent der Bevölkerung)
Oberstes Gericht höchstes Gericht in der DDR
Obduktion Leichenöffnung, auch Autopsie oder Sektion

ODH Operativer Diensthabender

OFA Operative Fallanalyse, moderne kriminalpolizeiliche Organisationseinheit, die objektive Tatbefunde analysiert, vergleicht und bewertet und ihre Ergebnisse (z.B. Täterprofil) den Ermittlern zur Verfügung stellt

OvD Offizier vom Dienst

PdVP Präsidium der Volkspolizei, höchste Polizeibehörde in Berlin

Phänomenologie kriminologischer Begriff zur Bezeichnung der Erscheinungsformen und Begehungsweisen von Straftaten oder kriminalistisch bedeutsamen Sachverhalten (Unfälle, Selbstmorde, Brände, Havarien usw.)

Pitaval Sammlung von Rechtsfällen, benannt nach dem französischen Rechtsgelehrten François Gayot de Pitaval (1673–1743)

pönologisch unter psychologischem Aspekt: die Strafvollzugslehre betreffend

POS Polytechnische Oberschule

posttraumatisch Zustand nach einer traumatischen Einwirkung

prädeliktisch Zeitraum vor einem Delikt

promiskuös von Promiskuität, Geschlechtsverkehr mit häufig wechselnden Partnern

Psychopathie durch Abartigkeit des Gefühls- und Genmütslebens von der Norm abweichende, im Grunde nicht krankhafte Verhaltensweise

Psychose Oberbegriff für alle echten psychischen Krankheiten, unterteilt in endogene und exogene Psychosen

RAW Reichsbahnausbesserungswerk

SED Sozialistische Einheitspartei Deutschlands

Sekretor Ausscheider von Blutgruppensubstanz (80 Prozent der Menschen)

Sektion Leichenöffnung, auch Autopsie oder Obduktion

Signalemente Merkmale zur möglichst genauen Beschreibung von lebenden Personen und unbekannten Toten

StGB Strafgesetzbuch

StPO Strafprozeßordnung

StVE Strafvollzugseinrichtung, im Zuständigkeitsbereich der VP

Terrakotta gebrannte Tonerde verschiedener Farbe

Toterklärung Entscheidung über den Tod eines Menschen nach Reanimationsmaßnahmen oder nach Verschollensein
UHA Untersuchungshaftanstalt
VEB Volkseigener Betrieb
Viktimologie Lehre vom Opfer
vitale Zeichen im kriminalistischen Sinne Lebensäußerungen des Organismus kurz vor Eintritt des Todes
VK Verkehrskommando, Verkehrspolizei
VP Volkspolizei
VPI Volkspolizeiinspektion, höchste Polizeibehörde in einem Berliner Stadtbezirk
VU Verkehrsunfall
VUB Verkehrsunfallbereitschaft der Volkspolizei

Literaturverzeichnis

Autorenkollektiv, Sozialistische Kriminalistik, Bd. 2, Berlin 1979 und 3/1 sowie 3/2, Berlin 1984

Borrmann, N., Das große Lexikon des Verbrechens, Berlin 2003

Bundeskriminalamt, Polizeiliche Kriminalstatistik, KPS

Der Detektiv, Eine Informationsschrift des Bundesverbandes der Detektive, Bonn 1985, S. 4

Dienstanweisungen und Instruktionen des Ministeriums des Innern

Dotzauer, D. und Jarosch, K., Tötungsdelikte, Hrsg. BKA Wiesbaden 1971/1-3

Girod, H., Die kriminalistische Untersuchung verdächtiger Todesfälle, Berlin 1990

Judt, M., DDR-Geschichte in Dokumenten, Berlin 1997

Mayer, O., Erscheinungsbild, Täterperson und einige Ursachenaspekte sowie die Bekämpfung vorsätzlicher Tötungen von Neugeborenen und Säuglingen, Jur. Diss., Leipzig 1969

ngo-online, Internetzeitung für Deutschland, 19.08.2005

Presseerklärung der Gewerkschaft der Polizei vom 04.08.2005

Pressemitteilung pro familia-Bundesverband, 2006

Reimann, W. und Prokop, O., Vademecum Gerichtsmedizin, Berlin 1980

Schönbohm, J., Interview mit „Tagesspiegel, August 2005

Strafgesetzbuch der DDR und andere Strafgesetze, Kommentar, Berlin 1969 und 1981

Strafgesetzbuch der Bundesrepublik, in der Fassung vom 23.07.1998

Thorwald, Jürgen, Das Jahrhundert der Detektive, Zürich 1964

Trube-Becker, E., Gewalt gegen das Kind, Heidelberg 1987

Wörterbuch der sozialistischen Kriminalistik, Berlin 1981

Zeitschrift „Kriminalistik und forensische Wissenschaften", Berlin

Danksagung

Für Rechercheunterstützung und Auskünfte sei herzlich gedankt:

Bundesbeauftragte für die Unterlagen des Staatssicherheitsdienstes der ehem. DDR, Berlin und Außenstelle Erfurt
Brandenburgisches Landeshauptarchiv, Potsdam
Sächsisches Staatsarchiv Leipzig
Staatsanwaltschaft Erfurt
Landgericht Cottbus
Einwohnermeldeamt Leipzig
Amt Schenkenländchen, Teupitz
Landkreis Dahme-Spreewald, Lübben
KHK i. R. Hans Thiers, Gera
KHK Ullrich Zeppernick Gera
KHK i. R. Richard Blaha, Görlitz
Günter Röhrs, Zerbst
den ungenannten Informanten aus Zerbst, Leipzig, Cottbus und Rathenow.

Ganz besonderer Dank gebührt Herrn KHK Christian Krebs, LKA Dresden, für die aufopferungsvolle Hilfe bei der Datenerfassung, und nicht zuletzt bedanke ich mich bei Charlotte, die mich während der akuten Schreibphase nicht nur einfühlsam vor meiner lästigen Außenwelt abschirmte, sondern vor allem als konstruktive Mahnerin davor bewahrte, manche Textstelle zu sehr ins Wissenschaftliche abgleiten zu lassen.